[개정2판]

부동산전문변호사가 알려주는

상 가 임 대 차 분 쟁 해 법

변호사 김 덕 은 著

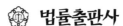 법률출판사

상가, 오피스텔 등 이른바 수익형 부동산이 애물단지 신세로 전락하고 있습니다. 한때 조물주 위에 건물주, 초등학생의 꿈이 건물주이던 시절도 있었으나 고금리, 상가임대차법 개정 등으로 상가의 공실률은 높아져만 가고 있습니다. 개정판을 출간한지 1년여 정도 지나 출판사로부터 인쇄된 책이 모두 소진되었다는 연락을 받았으나 이는 상가 분쟁이 많다는 반증일 것입니다.

책을 출간한 이후 변호사, 공인중개사, 상가투자자들, 임대인, 임차인분들에게 많은 도움을 받았다는 인사도 듣고 과분한 사랑을 받는 것은 감사하지만 시간이 지나니 책의 미진한 부분들도 눈에 띄고 책을 고치는 과정이 번거롭고 시간이 소요되는 일이기에 새로 책을 출간하는 것에 대한 부담감도 커졌습니다. 상가시장이 급변하고 있고, 새로운 상가임대차분쟁이 발생하고 있으며, 그에 따른 법원의 판결들도 새로 나오고 있는 현실에서 기존의 책을 그대로 다시 세상에 내어놓을 수도 없었습니다.

법원은 12월말부터 1월초까지 2주간이 법정휴정기입니다. 법정휴정기에 어느 정도 여유시간이 생겨 기존의 책의 불분명한 부분을 정리하고, 새로운 상가임대차 관련 법원의 판결 등을 각색하여 사례화하였습니다.

이 책은 변호사, 상가임대차분쟁조정위원회 조정위원으로 활동하면서 쌓아온 경험을 바탕으로 현실적인 문제에 대한 해결책을 제시하는 것을 목표로 하고 있습니다. 상가분쟁이 급증하고 있는 현실에서 이 책이 어느 정도 길라잡이 역할을 해주기를 기대해 봅니다.

2024년 1월
부동산전문변호사 김덕은

책을 세상에 내어놓고 과분한 사랑을 받았습니다. 인쇄된 책이 모두 소진되었다는 출판사의 연락을 받았으나 기존 책을 그대로 다시 세상에 내어 놓을 수는 없었습니다.

책이 세상에 나온 이후 코로나 19여파가 본격화 되었습니다. 이로 인해 국내 소비지출이 위축되고 상가임차인의 매출과 소득이 급감하여 차임연체로 영업기반을 상실할 위기에 처했습니다. 이에 법 시행 후 6개월의 기간 동안 연체한 차임액은 계약의 해지, 계약갱신 거절 등의 사유가 되는 차임연체액에 해당하지 않는 것으로 보도록 함으로써 경제적 위기 상황 동안 임대인의 계약 해지 등을 제한하는 임시적 특례를 두었고, '차임 등의 증감청구권 사유에 '제1급감염병 등에 의한 경제사정의 변동'을 명시하여 상가임차인에게 가장 큰 고충이 되고 있는 임대료 부담을 완화하려는 상가건물임대차보호법의 개정이 있었습니다. 임차인이 3개월 이상 감염병 예방을 위한 집합 제한 또는 금지 조치를 받음으로써 발생한 경제사정의 중대한 변동으로 폐업한 경우에는 사정 변경을 이유로 임대차계약을 해지할 수 있도록 명문 규정도 마련하였습니다.

그동안 불분명한 법조문을 정리한 대법원 판결도 나왔습니다. 대법원은 임차인의 권리금 회수청구권의 예외사유인 '임대차 목적물인 상가건물을 1년 6개월 이상 영리목적으로 사용하지 아니한 경우'의 의미, 임차인의 계약갱신요구권을 10년으로 연장하면서 둔 부칙 제2조 '이 법 시행 후 최초로 체결되거나 갱신되는 임대차'의 의미 등을 명확히 하였습니다.

이번 개정판에는 개정법, 대법원 판결 등을 반영하였고, 그동안 나온 하급심 판결 등도 각색하여 사례로 만들었습니다. 법논리나 체계면서에 한없이 부족한 책이지만 상가임대차 문제로 어려움을 겪고 계시는 분들에게 조금이라도 도움이 되고자 하는 마음을 담아 봅니다.

2022년 6월
부동산전문변호사 김덕은

최근 들어 상가건물임대차보호법이 자주 개정이 되고 있습니다. 2013년부터 개정이 되기 시작하여 거의 매년 개정이 되기 시작하였고, 특히 2013년 8월 13일, 2015년 5월 13일, 2018년 10월 16일 임차인의 중요한 권리인 대항력, 계약갱신요구권, 권리금 회수기회 보호 등의 규정에 관한 대폭 개정이 있었습니다. 2018년 10월 16일 임대인과 임차인의 상가건물임대차와 관련된 분쟁을 심의 · 조정하기 위한 상가건물임대차분쟁조정위원회에 대한 근거 규정이 마련되어, 2019년 4월 17일 서울, 수원, 대구, 대전, 부산, 광주 전국 6곳에서 개소하여 운영중에 있습니다.

그러나 법 개정과 위원회 등의 설치의 목적, 취지와는 달리 상가임대차 분쟁은 오히려 급증하고 있고, 잦은 법 개정으로 인하여 개별적인 사안마다 정확한 법적용과 판단을 하기가 쉽지 않게 되었습니다. 필자도 상가건물임대차분쟁조정위원회의 초대상임조정위원으로 많은 사건에 대한 자문과 조정을 하고 변호사로서 여러 사건을 처리한 경험을 가지고 있으나 막상 상가임대차분쟁 사건을 마주하게 되면 다시 법을 찾아보고 고심을 하여야 하고 즉답을 하기가 쉽지 않은 것이 현실입니다. 많은 변호사님들이 필자에게 상가임대차 관련 자문을 구하고 있는 것을 보더라도 법전문가들도 법적용에 어려움을 겪고 있다고 할 수 있습니다.

상가임대차분쟁과 관련된 법해석과 적용의 어려움은 판결결과에도 그대로 나타나고 있는 것으로 보입니다. 다른 일반적인 사건에 비해서 상가임대차 분쟁의 경우 하급심과 상급심의 판결이 다른 경우도 많이 나타나고 있으며 이는 판사들도 판단을 함에 있어 정확한 법해석이 쉽지 않음을 반증하는 것이라 할 것입니다.

법은 원칙적으로 분쟁을 사전에 예방하는 기능도 수행해야 합니다. 그러나 현행 상가건물임대차보호법은 법규정이 불분명한 경우도 많아 이러한 기능을 전혀 수행하지 못하고 있다고 보입니다. 기존의 상가임대차와 관련된 책이 많이 출간되어 있으나 대부분이 이론서에 머무르고 있고 분쟁사례와 관련된 책들도 질문에 대한 간단한 답을 알려주는 정도에 불과하였습니다. 개정된 법률들이 개별적인 분쟁사례에 어떻게 적용이 되고 그에 대한 판결은 어떻게 나오고 있는지 정리된 책들은 없는 것 같습니다. 필자는 부동산전문변호사, 상가건물임대차분쟁조정위원회 초대상임조정위원으로 활동해 온 여러 경험을 바탕으로 구체적인 분쟁사례에 대한 해결책 등을 제시해 주어야 할 필요성을 강하게 느꼈고 그동안의 상담사례, 판결 사례 등을 모아 정리를 해 보았습니다.

이론서가 아니다 보니 법논리나 체계가 부족할 수밖에 없고 다양한 분쟁사례를 모두 담을 수는 없었으나 상가임대차 문제로 어려움을 겪고 있는 분들에게 문제해결의 실마리를 제시해 주고 도움이 되기를 바래 봅니다.

2020년 8월
부동산전문변호사 김덕은

■ 일러두기

① 상가건물임대차보호법은 '상가임대차법'으로 칭하였습니다.

② 상가임대차 분쟁 뿐만아니라 부동산 분쟁과 관련된 더 많은 정보를
   네이버 블로그와 다음 카페를 통해 확인할 수 있습니다.
   https://blog.naver.com/truth365
   http://cafe.daum.net/2360222

③ 기타 궁금한 사항은 이메일(truth365@naver.com)로 문의주시기
   바랍니다.

차 례

I. 상가건물임대차보호법 적용범위 분쟁

Q 01 고액 임차보증금 상가임차인은 상가임대차법의 보호를 받지 못하나요. _ 20

Q 02 공장도 상가임대차법의 보호를 받나요? _ 25

Q 03 수수료 매장도 상가임대차법이 적용되나요? _ 28

Q 04 환산보증금에 부가가치세도 포함이 되나요? _ 31

Q 05 유치원도 상가임대차법이 적용되나요? _ 33

Q 06 전차인도 상가임대차법의 보호를 받을 수 있나요? _ 35

Q 07 일시사용을 위한 임대차도 상가임대차법이 적용되나요? _ 37

II. 대항력 관련 분쟁

Q 08 상가건물이 경매에 넘어갔는데 저는 보증금을 낙찰자에게 청구할 수 있나요? _ 40

Q 09 사업자등록을 신청할 때 도면을 첨부해야 하나요? _ 42

Q 10 사업자등록을 하지 않아도 상가임대차법의 보호를 받나요? _ 46

Q 11 영업을 폐업하였는데 대항력이 인정되나요? _ 48

Ⅲ. 임대료 인상, 연체 분쟁

Q 12 계약갱신 시 임대인의 차임 인상 요구, 무조건 따라야 하나요? _ 52

Q 13 공실 투성이 신도시 상가, 월세를 깎을 수 있나요? _ 56

Q 14 코로나19 사태로 차임감액을 요구할 수 있나요? _ 59

Q 15 월세 밀리는 임차인, 계약을 해지할 수 있나요? _ 63

Q 16 상가 월세를 세 달치 연체하면 바로 나가야 하나요? _ 66

Q 17 차임을 두 달 연체하였는데 임대인이 임대차계약을 해지할 수
있나요? _ 68

Q 18 코로나 19 사태로 두 달 월세를 연체하였는데 임차건물을 비워줘야
하나요? _ 70

Q 19 차임연체 도중 임대차계약이 갱신된 경우 차임연체의 시점은
언제인가요? _ 72

Q 20 차임 연체 도중 건물주가 변경되었는데 임대차계약을 해지할 수
있나요? _ 75

Q 21 고액보증금 임차인도 차임 인상 5%의 제한을 받나요? _ 77

Q 22 상가건물에 경매가 진행 중이면 차임을 지급하지 않아도 되나요. _ 79

Ⅳ. 계약갱신요구권 분쟁

Q 23 상가임대차법 개정 전에 계약하였는데 저도 10년 보호를 받나요?
_ 84

Q 24 재계약하면 그때부터 10년이 보장되나요? _ 87

Q 25 계약갱신요구는 반드시 명시적으로 해야 하나요? _ 89

Q 26 임차인의 3기 차임연체를 이유로 계약갱신요구를 기부할 수 있나요?
_ 92

Q 27 임차인의 건물 파손을 이유로 계약갱신요구를 거부할 수 있나요?
_ 95

Q 28 주택재건축사업구역의 경우 계약갱신요구권을 행사할 수 있나요?
_ 98

Q 29 아파트 건설을 이유로 계약갱신요구를 거절할 수 있나요? _ 101

Q 30 계약갱신 거절 사유인 다른 법령에 따라 철거 또는 재건축이
이루어지는 경우란? _ 104

Q 31 청년주택사업을 위하여 건물의 철거 및 재건축이 필요하다는 사유가
계약갱신거절 사유인가요? _ 106

Q 32 계약갱신을 요구하자 임대인이 '철거 또는 재건축계획 고지'를
갱신조건으로 제시하는데 거절할 수 있나요? _ 109

Q 33 임차인과 법적 분쟁중인데 계약갱신요구를 거절할 수 있나요? _ 111

Q 34 국립대학 학생회관을 임차하였는데 계약갱신을 할 수 있나요? _ 113

Q 35 상가임대차법 개정 후 묵시적 갱신된 경우도 10년 보호를 받나요?
_ 115

Q 36 구법의 의무임대차기간 5년이 경과되었는데 상가임대차법 개정 후
묵시적 갱신된 경우도 10년 보호를 받나요? _ 120

Q 37 계약갱신요구권 기간을 10년으로 제한하는 것은 묵시적 갱신의
경우도 적용되나요? _ 124

Q 38 임대차기간을 정하지 않은 경우, 임차인이 계약갱신요구권을 행사할
수 있나요? _ 127

V. 권리금 분쟁

Q 39 임대인을 상대로 권리금을 청구할 수 있나요? _ 132

Q 40 신규임차인을 주선하지 않아도 권리금을 받을 수 있나요? _ 135

Q 41 신규임차인과 권리금 계약은 반드시 체결해야 하나요? _ 138

Q 42 권리금 포기 특약을 하였는데 권리금을 청구할 수 있나요? _ 141

Q 43 권리금 포기 특약을 하였고 건물주가 직접 건물을 사용하는 경우도
권리금 청구할 수 있나요? _ 143

Q 44 제 소유 건물에서 직접 장사를 하고 싶은데 임차인에게 권리금을
지급해야 하나요? _ 146

Q 45 재개발, 재건축을 이유로 신규임차인과의 계약체결을 거절한 경우
권리금 청구가 가능한가요? _ 149

Q 46 철거 내지 대수선을 이유로 인도를 요구하는 경우 권리금 청구가
가능한가요? _ 152

Q 47 임대인의 임차인에 대한 권리금회수 방해행위란 무엇을 말하나요? _ 154

Q 48 신규임차인에게 '철거 또는 재건축계획 고지'를 임대차계약 조건으로
　　　제시하면 방해행위에 해당하나요? _ 157

Q 49 권리금 액수는 어떻게 정해지나요? _ 160

Q 50 권리금 상당 손해배상금에 대한 지연손해금은 언제부터 청구할 수
　　　있나요? _ 163

Q 51 허위임차인을 주선한 경우도 권리금을 지급해야 하나요? _ 165

Q 52 임대차기간 5년이 경과하면 권리금을 받을 수 없나요? _ 168

Q 53 상가건물을 1년 6개월 이상 비영리로 사용하는 경우 권리금을
　　　지급하지 않아도 되나요? _ 173

Q 54 상가건물을 1년 6개월 이상 비영리로 사용하겠다고 하면서
　　　신규임차인과 임대차계약 체결을 거절한 후 건물을 매도한 경우
　　　권리금을 청구할 수 있나요? _ 177

Q 55 월세를 과도하게 올리면 권리금을 청구할 수 있나요? _ 180

Q 56 월세를 세달 연체하였는데 권리금을 청구할 수 있나요? _ 186

Q 57 매출액을 부풀린 경우 권리금 계약을 해지할 수 있나요? _ 188

Q 58 대형마트의 상가 일부 임차인도 권리금을 청구할 수 있나요? _ 190

Q 59 약국 권리금 계약 후 병원이 이전한 경우 권리금계약을 취소할 수
　　　있나요? _ 193

Q 60 저는 권리금을 주지 않고 상가를 임차하였는데 저도 계약만료 시
　　　권리금을 받을 수 있나요? _ 196

Q 61 임대차기간이 1년 이상 남았는데 권리금을 받고 나갈 수 있나요?
　　　_ 199

Ⅵ. 원상회복 분쟁

Q 62 전 임차인이 설치한 부분까지 원상회복 해야 하나요? _ 202

Q 63 임대차기간이 만료되면 임대차보증금에서 원상회복비용을 공제할 수 있나요? _ 209

Q 64 원상회복은 임대차 할 당시의 건물상태와 동일한 상태로 되돌려야 하는 것인가요? _ 213

Q 65 비용상환청구권 포기 특약이 있는 경우 원상복구는 어떻게 하나요? _ 217

Ⅶ. 손해배상 분쟁

Q 66 화재로 인해 피해를 입었는데 임대인에게 보수비용을 청구할 수 있나요? _ 222

Q 67 임차 건물의 결로 현상이 심하여 피해를 입었는데 임대인에게 손해배상을 청구할 수 있나요? _ 225

Q 68 계약기간이 끝났는데 임차인이 나가지 않는 경우 손해배상은? _ 228

Q 69 계약기간이 끝난 후에도 상가를 점유하고 있는 임차인의 책임은? _ 230

Q 70 주택재건축사업의 경우 손실보상은 받을 수 있나요? _ 232

Q 71 임차인이 설치한 보일러, 온돌방, 계단전기 등의 비용을 청구할 수 있나요? _ 234

Q 72 약국 처방전 건수를 속여 권리금을 받은 경우 인테리어 업자에게
　　　손해배상을 청구할 수 있나요? _ 237

Ⅷ. 임차권등기명령

Q 73 임차권등기명령을 신청하려면 어떤 절차를 거쳐야 하나요? _ 240
Q 74 허위의 임대차계약서를 법원에 제출하여 임차권등기명령을 신청한
　　　경우 소송사기죄에 해당하나요? _ 244
Q 75 임차권등기를 말소하려면 임대차보증금을 먼저 반환해야 하나요?
　　　_ 247

Ⅸ. 기타 분쟁

Q 76 코로나 19사태에 따른 매출감소로 폐업을 하였습니다. 저는
　　　상가임대차계약을 중도 해지 할 수 있나요? _ 252
Q 77 분양계약서상 업종제한이 있는 상가를 임차한 자도 업종제한을
　　　받나요? _ 256
Q 78 미용실을 인수하였는데 양도인이 70m 떨어진 곳에 미용실을
　　　개업했어요. _ 258
Q 79 영어학원을 인수하였는데 양도인이 인근에 영어교습소를 시작했어요.
　　　_ 261
Q 80 임대차 기간 만료 전 3개월 전까지 해지 통보를 해야 한다고 특약을

한 경우 계약 해지의 효력은 언제 발생하나요? _ 267

Q 81 묵시적 갱신이 되었는데 임대인이 일방적으로 임대차계약을 해지할
수 있나요? _ 270

Q 82 차임을 신고하지 않기로 합의하였는데 누락신고임이 밝혀지면 누락된
세금은 누가 추가부담해야 하나요? _ 272

Q 83 권리금 거래도 법정 중개수수료만 지급하면 되나요? _ 276

Q 84 월차임을 신고하지 않기로 합의하였으나 이후 세무조사과정에서
밝혀진 경우 관련 세금은 누가 부담하나요. _ 278

Q 85 임대차계약의 종료일에 임대인이 임의로 임차인의 물건을
철거 · 폐기하기로 특약한 경우 효력이 있나요. _ 282

Q 86 보증금을 일부를 월차임으로 전환하려고 하는데 전환률에 대한 기준이
있나요. _ 284

Ⅹ. 제소전 화해

Q 87 제소전 화해란 무엇인가요? _ 288

Q 88 제소전 화해는 어느 법정에, 어떤 방법으로 신청해야 하나요? _ 290

Q 89 제소전 화해는 어떤 효력이 있나요? _ 299

Q 90 제소전 화해는 어떤 방법으로 다퉈야 하나요? _ 300

부 록

1. 상가건물임대차보호법

2. 상가건물임대차보호법시행령

3. 상가건물 임대차계약서상의 확정일자부여 및 임대차 정보제공에 관한 규칙

4. 임차권등기명령절차에 관한 규칙

5. 임차권등기에 관한 업무처리지침

6. 확정일자 신청서

7. 확정일자인, 확정일자용 관인

8. 확정일자부

9. 임대차 정보제공 요청서

10. 도면제공 요청서

11. 상가건물 임대차 표준계약서

12. 상가건물 임대차 권리금계약서

13. 상가건물 임대차 현황서

14. 사업자등록신청서

15. 송달료납부기준

I. 상가건물임대차보호법 적용범위 분쟁

Q 01 고액 임차보증금 상가임차인은 상가임대차법의 보호를 받지 못하나요.

질문　　　　저는 광주 상무지구에 상가를 임차하여 프랜차이즈 매장을 운영하기 위하여 건물주와 임대차계약을 체결하려고 합니다. 현재 임대인과 보증금 3억원, 차임 500만원, 임대차기간 2년으로 협의가 되었습니다. 그런데 저와 같은 고액 보증금의 임차인은 상가임대차법의 보호를 받지 못한다고 들었습니다. 저는 계약갱신요구권, 권리금 등의 권리행사를 할 수 없는 건가요.

답변　　　　2001년 12월 상가임대차법 제정 당시 법 적용 대상을 영세상인의 임대차계약에만 국한시킬 목적으로 일정한 보증금액을 초과하는 임대차에 대해서는 상가임대차법의 법적용을 제외하여 왔습니다. 그러한 이유로 일정 보증금액을 초과하는 상가임대차계약은 상가임대차법이 적용되지 않아 이러한 상가임차인의 보호를 포기했다는 비판이 있었습니다.

이에 상가임대차법 시행령 개정을 통해 보호대상 보증금액을 계속하여 상향하여 오고 있고, 상가임차인의 일정한 권리에 대해서는 환산보증금의 액수와 관계없이 보호하는 방식으로 보호범위도 점차 확대를 해오고 있습니다. 현재 상가임대차법 제3조(대항력), 제10조 제1항, 제2항, 제3항 본문(계약갱신요구권), 제10조의2(계약갱신의 특례), 제10조의3부터 제10조의7까지의 규정(권리금), 제10조의8(차임연체와 해지), 제19조 제1항 단서(표준계약서의 작성)의 규정에 대해서는 환산보증금 액수와 관계없이 모든 상가임차인에게 적용이 됩니다.

2019년 4월 2일 상가임대차법 시행령의 개정으로 현재 보증금액이 광주광역시의 경우 5억 4천만원, 전라남도의 경우 3억 7천만원을 초과하는 경우 상가임대차법이 적용되지 않습니다. 보증금액은 보증금 외에 차임이 있는 경우가 일반적이고 이러한 경우 월차임에 100을 곱한 금액과 보증금을 합하는 방법으로 환산한 금액인 소위 환산보증금을 기준으로 상가임대차법 적용범위를 판단합니다. 예를 들어 보증금 2억원에 월차임이 100만원인 임차인의 경우 환산보증금은 3억원[=보증금 2억원 + (월차임 100만원 x 100)]이므로 이러한 상가임차인이라면 광주광역시와 전라남도에서는 상가임대차법의 적용을 받게 되는 것입니다.

귀하의 경우 환산보증금은 8억원이고 [=보증금 3억원 +(차임 500만원 x 100)] 광주광역시의 경우 보증금이 5억 4천만원을 초과하는 경우 상가임대차법이 적용되지 않으므로 상가임대차법의 적용을 받지 못합니다.

다만 2013년 8월 상가임대차법 개정을 통해 임차인의 계약갱신요구권이 모든 상가임차인에게 적용이 되는 것을 시작으로 2015년 5월 대항력, 권리금회수청구권, 3기의 차임액 연체시 해지 등 일정규정에 대해서는 보증금액과 관계없이 모든 상가임차인에게 적용이 되는 것으로 개정이 되었습니다.

따라서 귀하의 경우 보증금액이 상가임대차법이 정하는 일정한 보증금액을 초과하고 있으나 계약갱신요구권을 행사하여 10년 동안 임차권을 갱신할 수 있고, 임대차 계약 종료시 권리금 회수기회도 보호받게 됩니다. 또한 임대차기간 도중에 건물주가 변경되더라도 대항력이 인정되어 귀하는 여전히 변경된 건물주를 상대로 자신의 임차권을 주장할 수 있고 임대차보증금반환 청구도 할 수 있는 것입니다.

상가임차인에 대한 보호범위의 확대로 귀하와 같은 고액 보증금의 임차인도 임차인의 핵심 권리라고 할 수 있는 대항력, 계약갱신요구권, 권리금, 3기 차임액 연체시 해지 등의 권리는 보증금 액수와 관계없이 행사할 수 있으나 여전히 다른 상가임대차법 규정들은 귀하에게 적용이 되지 않으므로 다른 법적 절차 등을 통해 자신의 권리를 보호할 수 있는 방안을 확보해야 할 것으로 보입니다.

★ 법 적용대상 기준 환산보증금

제·개정일	지역	법 적용대상 기준 환산보증금(원)
2002. 10. 14. 제정 [대통령령 제17757호]	서울특별시	2억 4,000만원
	수도권정비계획법에 의한 수도권 중 과밀억제권역(서울특별시 제외)	1억 9,000만원
	광역시(군지역과 인천광역시지역 제외)	1억 5,000만원
	그 밖의 지역	1억 4,000만원
2008. 8. 21. 개정 [대통령령 제20970호]	서울특별시	2억 6,000만원
	수도권정비계획법에 의한 수도권 중 과밀억제권역(서울특별시 제외)	2억 1,000만원
	광역시(군지역과 인천광역시지역 제외)	1억 6,000만원
	그 밖의 지역	1억 5,000만원
2010. 7. 21. 개정 [대통령령 제22283호]	서울특별시	3억원
	수도권정비계획법에 의한 수도권 중 과밀억제권역(서울특별시 제외)	2억 5,000만원
	광역시(수도권정비계획법에 따른 과밀억제권역에 포함된 지역과 군지역 제외),안산시, 용인시, 김포시, 광주시	1억 8,000만원
	그 밖의 지역	1억 5,000만원
2013. 12. 30. 개정 [대통령령 제25036호]	서울특별시	4억원
	수도권정비계획법에 따른 과밀억제권역(서울특별시 제외)	3억원
	광역시(수도권정비계획법에 따른 과밀억제권역에 포함된 지역과 군지역 제외), 안산시, 용인시, 김포시, 광주시	2억 4,000만원
	그 밖의 지역	1억 8,000만원

2018. 1. 26. 개정 [대통령령 제28611호]	서울특별시	6억 1,000만원
	수도권정비계획법에 따른 과밀억제권역(서울특별시 제외), 부산광역시	5억원
	광역시(수도권정비계획법에 따른 과밀억제권역에 포함된 지역과 군지역, 부산광역시 제외), 세종특별자치시, 파주시, 화성시, 안산시, 용인시, 김포시, 광주시	3억 9,000만원
	그 밖의 지역	2억 7,000만원
2019. 4. 2. 개정 [대통령령 제29671호]	서울특별시	9억원
	수도권정비계획법에 따른 과밀억제권역(서울특별시 제외), 부산광역시	6억 9,000만원
	광역시(수도권정비계획법에 따른 과밀억제권역에 포함된 지역과 군지역, 부산광역시 제외), 세종특별자치시, 파주시, 화성시, 안산시, 용인시, 김포시, 광주시	5억 4,000만원
	그 밖의 지역	3억 7,000만원

Q 02 공장도 상가임대차법의 보호를 받나요?

질문　　　저는 상가건물을 임대차보증금 25,000,000원, 임차기간 2018년 11월 8일부터 5년으로 정하여 임차하였습니다. 저는 건물주에게 보증금을 지급하고 상가건물을 인도받았으며 같은 날 세무서에 사업자 등록까지 마쳤습니다. 저는 임차한 상가건물을 공장용도로 사용하고 있습니다. 저도 상가임대차법의 보호를 받을 수 있나요.

답변　　　상가임대차법의 적용을 받기 위해서는 임차한 건물이 사업자등록의 대상이 되는 건물이어야 하고, 주된 부분을 영업용으로 사용하여야 하며 보증금액이 대통령령으로 정하는 금액을 초과하여서는 안됩니다. 다만 보증금액과 관련하여 법제정 당시에는 상가임대차법의 적용을 영세상인의 임대차계약에만 국한 시킬 목적으로 일정한 보증금액을 초과하는 임대차에 대해서는 법적용을 제외하였으나 수차례의 시행령 개정을 통해 상가임대차법의 보호를 받는 보증금액이 대폭 상향되었으며, 대항력, 계약갱신요구권, 권리금, 3기 차임연체 해지 규정은 보증금 액수와 관계없이 모든 상가임차인에 대해 상가임대차법을 적용하도록 법을 개정하여 보호범위가 확대되고 있습니다.

상가임대차법의 적용대상이 되는 상가건물은 사업자등록의 대상이 될 수 있으면 되고 실제 사업자등록이 반드시 이루어 져야 하는 것은 아닙니다. 다만 임차인이 사업자 등록을 하지 않으면 사업자 등록을 요건으로 하고 있는 대항력, 우선변제권 등에서 법적보호를 받을 수 없게 됩니다.

또한, 상가임대차법이 적용되기 위해서는 상가건물이 영리를 목적으로 하는 영업용으로 사용하는 임대차여야 합니다. 이때 영업용으로 사용되는지 여부는 공부상의 표시가 아닌 건물의 현황·용도 등에 비추어 영업용으로 사용하느냐에 따라 실질적으로 판단을 합니다. 단순히 상품의 보관·제조·가공 등의 사실행위만이 이루어지는 공장·창고 등은 영업용으로 사용하는 경우라고 할 수 없습니다. 그러나 그곳에서 그러한 사실행위와 함께 영리를 목적으로 하는 활동이 함께 이루어진다면 상가임대차법의 적용대상인 상가건물에 해당하는 것입니다.

임차인이 상가건물을 임차하여 ○○도금이라는 상호로 사업자등록을 마치고 임차한 상가건물에서 도금작업을 하여 온 사건에서 상가임대차법의 적용대상인 상가건물에 해당하는지가 문제가 된 바 있습니다. 이 사건에서 대법원은 '임차인은 이 사건 임차부분 및 인접한 컨테이너 박스에서 고객으로부터 도금작업에 관한 주문을 받고 완성된 도금제품을 고객들에게 인도하고 수수료를 지급받는 등의 영업활동을 하여 온 사실을 알 수 있다. 이러한 사실관계에 비추어 보면, 이 사건 임차부분과 인접한 컨테이너 박스는 일체로서 도금작업과 더불어 영업활동을 하는 하나의 사업장이라고 할 것이므로, 이 사건 임차부분은 상가건물임대차보호법이 적용되는 상가건물에 해당한다고 봄이 상당하다.(대법원 2011. 7. 28. 선고 2009다40967 판결 참조)'고 판결하였습니다.

서울고등법원은 임차인이 광고탑을 설치하기 위하여 임차한 건물의 옥상부분은 "업무시설"이라는 건물의 정상적인 목적과 용도에 사용하기 위한 부분이 아니라, 건물의 외벽 등과 마찬가지로 건물의 본래 기능을 유지하기 위하여 필수적으로 설치되는 것으로 주벽과 기둥, 지붕 같은 건물의 필수 부분도 갖추고 있지 않아 상가임대차법에서 말하는 상가건물에 해당한다고 볼 수 없다고 판시한 바 있고(서울고등법원 2014. 11. 21. 선고 2023나73645 판결),

최근 서울남부지방법원은 상가건물을 단순히 임차인의 통신설비를 보관할 목적으로 임차하여 통신설비 보관장소로 사용하였을 뿐이고, 건물에서 영리를 목적으로 별도의 영업활동을 하였다고 볼 수 없어 상가임대차법의 적용대상이 상가건물에 해당한다고 볼 수 없다고 판시하였습니다.(서울남부지방법원 2023. 4. 20. 선고 2022가단218473 판결)

반면 춘천지방법원 속초지원은 임차인이 LPG저장탱크 50톤 A탱크 1기 및 50통 B탱크 1기중 "50통 A탱크" 및 그에 필요한 부속시설물(이/충전장비 및 콤프레셔 외), 사무실, 용기보관창고 등에 관하여 임대차계약을 체결한 사건에서 임차인이 임차한 시설물 등은 저장탱크 등 LPG가스 보관시설 뿐만아니라 사무실도 포함되고, 임차인이 시설물 등에서 LPG가스를 공급ㆍ판매하고 그 대금을 수령하는 등의 영업활동을 해온 것으로 보이므로, 시설물 등은 영업활동을 위한 하나의 사업장으로서 상가임대차법이 적용되는 상가건물에 해당한다고 봄이 타당하다고 판결하였습니다.(춘천지방법원 속초지원 2021. 2. 16. 선고 2020가단20182 판결)

따라서 귀하의 경우도 상가건물에서 단순히 상품의 보관ㆍ제조ㆍ가공 등의 사실행위만 이루어지는 공장으로 사용한다면 상가임대차법의 적용을 받을 수 없으나 상행위, 즉 영업활동이 함께 이루어지고 있다면 상가임대차법의 적용을 받을 수 있습니다.

Q 03 수수료 매장도 상가임대차법이 적용되나요?

질문 저는 상가를 임차하여 영업을 하고 있습니다. 그런데 건물주와 상가건물임대차계약을 체결할 때에 보증금 2억, 월세는 순매출액의 20%로 계약을 하였습니다. 이와 같은 수수료 매장의 경우도 상가임대차법이 적용되나요.

답변 귀하는 상가를 임차하면서 건물주에게 보증금과 월 수수료(순매출액의 20%)를 지급하기로 약정을 하였습니다. 귀하가 지급한 보증금은 임차보증금과 실질적으로 동일하고, 귀하가 정기적으로 지급한 월 수수료도 일반적인 임대차계약에서의 월 차임과 실질적으로 동일한 성질을 갖는다고 할 것이므로 귀하의 계약도 상가임대차계약으로 봄이 상당하다 할 것입니다.

다만 상가임대차법이 적용되기 위해서는 ① 영업용 상가건물이어야 하고, ② 주된 부분의 사용이 영업용이어야 하며, ③ 보증금액이 대통령령으로 정하는 금액을 초과하지 않아야 합니다.

따라서 귀하의 경우 임차한 상가건물을 영업용으로 사용하고 있다면 ③ 보증금액이 대통령령으로 정하는 금액을 초과하지 않는 상가임대차계약인지가 문제가 됩니다. 상가임대차법 시행령의 개정으로 2019년 4월 2일을 기준으로 환산보증금이 서울특별시는 9억원, 수도권정비계획법에 따른 과밀억제권역 및 부산광역시는 6억 9천만원, 광역시, 세종특별자치시, 파주시, 화성시, 안산시, 용인시, 김포시 및 광주시는 5억 4천만원,

그 밖의 지역은 3억7천만원을 초과하지 않아야 합니다. 다만 보증금 이외에 차임이 있는 상가임대차계약의 경우는 차임액에 100을 곱하여 환산한 금액인 소위 환산보증금을 기준으로 합니다. 예를 들어 보증금 1억, 월세가 100만원이라면 환산보증금은 2억원(=1억 + 100만원 x 100)이 되는 것입니다.

그런데 귀하의 경우는 상가임대차의 대가로 확정된 월세를 지급하는 것이 아니라 매출액의 일정비율에 따른 불확정적이고 유동적인 금액을 임대인에게 지급하고 있으므로 매출액에 따라 매월 지급하는 수수료가 달라집니다. 따라서 이러한 수수료매장 임대차계약의 환산보증금 산정방법이 문제가 됩니다.

법원의 판결은 두 가지 경우로 나타나고 있습니다. 첫째, 수수료도 차임과 유사한 것이므로 월평균 수수료를 계산하여 이 액수에 100을 곱한 다음 보증금과 합산하는 방식입니다. 인천지방법원 부천지원은 "이 사건 계약은 피고가 이 사건 매장을 점유·사용하는 대신 원고에게 보증금과 월수수료를 지급하기로 하는 것으로서 피고가 지급한 보증금은 임차보증금과 실질적으로 동일하고, 피고가 정기적으로 지급한 월 수수료 역시 일반적인 임대차에서의 월 차임과 실질적으로 동일한 성질을 갖는다고 판단되므로 이 사건 계약을 상가임대차계약으로 봄이 상당하다."면서 "피고가 원고에게 지급한 월 수수료는 실질적으로 월 차임으로 볼 수 있어 이 사건 매장의 보증금액이 약 4억 1,500만원 내지 5억 1,500만원에 달하므로{보증금 1,500만원 + 월 차임(수수료) 400~500만원 x 100} 이 사건 계약은 상가임대차법의 적용범위에서 벗어난다 할 것이고"라고 판시한 바 있습니다.

둘째, 수수료는 차임과 본질적으로 다르고 변동하는 매출액에 따라 상가임대차법의 적용여부가 달라지게 되는 것은 법률관계를 불안정하게 만들게 되므로 환산보증금 산정에서 수수료액수는 완전히 배제하는 방식입니다. 서울중앙지방법원은 "상가임대차법은 보증금이나 인테리어 비용 등 중소상인들의 투자비용 회수를 최대한 보장함으로써 국민경제생활의 안정을 보장함을 목적으로 하고 있는 점, 피고가 월임대료 명목으로 매출액의 24%를 원고에게 지급하고 있지만 매출액은 유동적이어서 월 단위 임대료가 정액으로 특정될 수 없는 점, 매출액의 일정비율을 임대료 명목으로 지급하기로 하는 약정은 그 속에 임차목적물 사용대가로서의 차임 지급의 의미도 있지만 영업으로 인하여 얻는 수익의 배분이라는 성격도 포함되어 있는 점, 매출액의 일정비율을 차임으로 보아 이를 보증금 환산에 포함시키게 되면 매출액이 많고 적음에 따라, 동일 임대차에 대하여 상가임대차법이 적용되기도 하고 되지 않기도 하는 이상한 결과가 발생할 수 있는 점 등에 비추어 보면, 상가임대차법의 적용범위를 정함에 있어서 매출액의 일정비율을 임대료 명목으로 지급하기로 하는 약정이 있다 하더라도 그 평균금액을 월차임으로 보아 그것에 100을 곱한 금액을 더하여 보증금액을 환산할 수 없다고 봄이 상당하다"고 판시하였습니다.

사견으로는 수수료 매장의 법률관계가 실질적으로 임대차계약관계이고 월 수수료는 일반적인 임대차계약에서의 월차임과 동일한 성질을 갖는다 할 것이므로 전자의 방식이 타당하다고 보입니다.

다만 현행 상가임대차법은 기준 보증금액과 상관없이 상가임차인 보호를 위해 일정한 법규정은 모든 상가임차인에게 적용이 됩니다. 상가임차임의 핵심적인 권리인 대항력, 계약갱신요구권, 권리금, 3기 차임 연체 계약해지 규정은 보증금 액수와 관계없이 인정이 되므로 귀하의 경우 환산보증금 산정방식에서 전자의 방법을 따라 환산보증금을 초과하 더라도 대항력, 계약갱신요구권, 권리금, 3기 차임연체 계약해지 규정은 동일하게 적용된 다 할 것입니다.

Q 04 환산보증금에 부가가치세도 포함이 되나요?

질문　저는 상가건물을 임차하여 식당을 운영하고 있습니다. 상가임대차법은 환산보증금이 일정금액 이하인 경우에만 적용이 된다고 하는데 저는 보증금과 월세를 환산하면 환산보증금이 상가임대차법이 정하는 금액 이하이나 부가가치세를 포함하여 계산을 하면 환산보증금이 초과됩니다. 환산보증금을 계산할 때 부가가치세도 포함이 되나요?

답변　상가임대차법은 2001년 12월 법 제정 당시 법 적용을 영세상인의 임대차계약에만 국한시킬 목적으로 일정한 보증금액을 초과하는 임대차에 대해서는 법적용을 제외하고 있습니다. 따라서 일정 보증금액을 초과하는 상가임차인은 상가임대차법의 보호를 받지 못해 이에 대한 비판이 있었고 상가임대차법 시행령의 개정으로 현재는 기준 보증금액이 상당히 상향이 된 상태입니다.

뿐만 아니라 기준 보증금액과 관계없이 상가임차인 보호를 위하여 일정한 법규정은 적용이 되어야 한다는 필요성이 부각되면서 현재는 계약갱신요구권, 대항력, 상가권리금 회수청구권, 3기의 차임액 연체시 계약해지 등의 규정은 보증금액에 구애되지 않고 모든 상가임차인에게 적용이 됩니다. 그러나 여전히 상가임대차법의 다른 규정들은 기준 보증금액 이하인 경우만 적용이 되므로 임대차계약을 체결할 때에 상가임대차법의 보호를 받을 수 있는 지 여부를 검토하셔야 합니다.

보증금 이외에 차임이 있는 임대차계약의 경우는 기준 보증금액을 산정하기 위해 차임액에 일정한 비율을 곱하여 환산한 금액인 환산보증금을 기준으로 합니다. 즉 환산보증금은 월차임에 100을 곱한 금액과 보증금을 합산한 금액으로 산정을 하게 됩니다. 예를 들어 보증금 1억에 월차임이 100만원이 상가임대차계약이라면 환산보증금은 2억원이 됩니다.[1억원 + (100만원x100)]

그런데 환산보증금을 계산할 때 월차임만을 기준으로 하는지 부가가치세가 포함된 월차임을 기준으로 하는지 논란이 있습니다. 이에 대해 수원지방법원은 "월세를 정하면서 '부가가치세 별도'라는 약정을 하였다면 이는 임대용역에 관한 부가가치세의 납부의무자가 임차인이라는 점, 약정한 월세에 위 부가가치세액이 포함된 것은 아니라는 점, 나아가 임대인이 임차인으로부터 위 부가가치세액을 별도로 거래징수할 것이라는 점 등을 확인하는 의미로 해석함이 상당하고, 정해진 월세 외에 위 부가가치세액을 상가건물임대차보호법 제2조 제2항에 정한 '차임'에 포함시킬 이유가 없다"고 판단을 하면서 부가가치세를 제외해서 환산보증금을 계산하면 이 임대차계약이 상가임대차법의 보호를 받는 임대차계약에 해당하고 상가 임차인은 계약갱신요구권을 5년간 행사할 수 있으므로 임대인이 임차인의 갱신요구를 거절하고 명도를 요구한 임대인의 명도청구를 기각하였습니다.(수원지방법원 2009. 4. 29. 선고 2008나27056 판결 참조)

이에 대한 대법원 판결을 존재하지 않으나 수원지방법원이 판시하고 있는 것처럼 약정 월세에 부가가치세는 포함되지 않는다고 보는 것이 타당해 보이고 귀하의 경우도 부가가치세를 제외한 환산보증금은 상가임대차법이 정하는 금액 이하이므로 상가임대차법이 적용된다 할 것입니다.

참고로 임차인은 월 차임외에 권리금, 관리비 등도 납부하고 있으나 이는 건물사용에 대한 대가인 차임과는 전혀 성격이 다르므로 이와 같은 금액들은 환산보증금 계산시 포함이 되지 않습니다.

Q 05 유치원도 상가임대차법이 적용되나요?

질문 　　저는 아파트 단지내 상가를 임차하여 유치원을 운영하고 있습니다. 2021년 1월 17일 보증금 1,500만원, 월차임 100만원, 임대차기간을 2년으로 정해서 건물을 임차했습니다. 주변에서 유치원은 상가임대차법의 보호를 받지 못한다고 하는데 저도 계약갱신요구권을 행사하여 10년 동안 유치원을 운영할 수 있나요.

답변 　　상가임대차법이 적용되기 위해서는 ① 상가건물(사업자등록의 대상이 되는 건물)의 임대차여야 하고, ② 상가임대차법 및 시행령이 정하는 환산보증금의 범위 내에 있어야 합니다(상가임대차법 제2조 제1항).

상가임대차법은 이 법의 적용대상을 상가건물 즉 상가임대차법 제3조 제1항에 따른 사업자등록의 대상이 되는 건물로 한정을 하고 있고, 상가임대차법 제3조 제1항은 부가가치세법 제8조, 소득세법 제168조 또는 법인세법 제111조에 따른 사업자등록이라고 규정하고 있습니다.

따라서 상가임대차법이 적용되는 상가건물은 "부가가치세법 제8조, 소득세법 제168조 또는 법인세법 제111조에 따른 사업자등록의 대상이 되는 건물"을 말합니다.

유치원의 경우는 학교교육법, 유아교육법, 고등학교 이하 각급학교설립 운영규정 및 동규정 시행규칙, 사립학교법이 정하는 일정한 설립기준을 갖추고 교육감의 인가를 받아야 합니다. 유치원은 사업자등록을 하지 않고 고유번호를 발급받습니다.

따라서 유치원은 사업자등록의 대상이 되는 건물에 해당하지 않고 상가임대차법의 적용 대상이 되지 않는다 할 것입니다. 이러한 이유로 사업자등록번호가 아닌 고유번호가 부여되는 업종인 교회, 유치원, 어린이집, 종중사무실, 향우회, 동창회 등은 상가임대차법이 적용되지 않는 것입니다.

그러므로 귀하의 경우 상가임대차법이 적용이 되지 않으므로 상가임대차법상의 계약갱신요구권, 권리금 등의 보호도 받을 수 없게 됩니다.

Q 06 전차인도 상가임대차법의 보호를 받을 수 있나요?

질문 저는 임차인(전대인)과 보증금 1천만원, 월차임 50만원, 임차기간 1년으로 하여 상가건물 전대차계약을 체결하였습니다. 임대인의 동의를 받아 사업자등록도 하였습니다. 저와 같은 전차인도 상가임대차법상 규정된 계약갱신요구권, 권리금 등의 보호를 받을 수 있는지가 궁금합니다.

답변 전대차란 '임차인이 다시 임대인이 되어 임차목적물을 타인에게 임대하는 것'을 말합니다. 민법은 '임차인은 임대인의 동의 없이 그 권리를 양도하거나 임차물을 전대하지 못한다(제629조 제1항). 임차인이 그에 위반하여 무단양도·무단전대한 경우 임대인은 계약을 해지할 수 있다(제629조 제2항)'라고 규정하고 있습니다.

따라서 임대인이 동의하지 않은 전대차의 경우 전차인은 보호받지 못합니다. 뿐만아니라 상가임대차법은 임차인이 임대인의 동의 없이 목적 건물의 전부 또는 일부를 전대한 경우 임대인이 임차인의 계약갱신요구를 거절할 수 있고(법 제10조 제1항 제4호), 임차인의 권리금 회수 기회도 보호받지 못한다고 규정하고 있습니다.(법 제10조의4 제1항 단서)

그에 반해 임대인의 동의를 받고 전대차를 한 경우 전차인은 임대인에 대해 직접 권리를 갖지는 못하지만 임차인에게 권리를 주장하거나 임차인의 권리를 대위하여 임대인에게 청구할 수 있습니다.

귀하의 경우 상가임대차법 제10조 계약갱신요구권과 동법 제10조의 4 권리금 보호 규정이 전차인에게도 적용되는지 여부가 문제됩니다.

먼저, 계약갱신요구권의 경우 상가임대차법 제13조 1항에 의해 '전대인과 전차인의 전대차관계에 적용한다'라고 규정되어 있습니다.

따라서 전차인은 전대차 계약의 상대방인 임차인을 상대로 최초의 임대차기간을 포함한 전체 임대차기간 10년 이내에서 계약갱신요구권을 행사할 수 있을 뿐만 아니라, 임대인의 동의를 받고 전대차 계약을 체결한 전차인은 임차인의 계약갱신요구권 행사 기간 이내에서 임차인을 대위하여 임대인에게 계약갱신요구권을 행사할 수도 있습니다.

권리금 규정은 2015년 5월 13일 상가임대차법의 개정으로 도입이 되었고 임대인이 임대차기간 종료 6개월 전부터 임대차 종료 시까지 임차인이 신규임차인이 되려는 자로부터 권리금을 회수하려는 것을 방해하면 임대인이 권리금 상당의 손해배상책임을 지게 됩니다. 그러나 상가임대차법 제13조는 제1항은 제10조(계약갱신 요구 등), 제10조의2(계약갱신의 특례), 제10조의8(차임연체와 해지), 제11조(차임 등의 증감청구권) 및 제12조(월 차임 전환시 산정률의 제한)는 전대인과 전차인의 전대차관계에 적용 한다고 규정하면서 권리금 규정은 포함시키지 않고 있습니다.

따라서 전대인과 전차인의 전대차 관계에는 상가임대차법 제10조의4(권리금 회수기회 보호 등)는 적용되지 않으므로 전차인은 상가임대차법 상 권리금 회수기회를 보호 받을 수 없다 할 것입니다.

그러므로 귀하의 경우 임차인의 계약갱신요구권 행사 기간 이내에서 임차인을 대위하여 임대인에게 계약갱신요구권을 행사할 수 있고, 임차인을 상대로 10년 이내에서 계약갱신을 요구할 수도 있으나 권리금 회수기회 보호 규정은 적용이 되지 않으므로 권리금은 보호받지 못할 것으로 보입니다.

Q 07 일시사용을 위한 임대차도 상가임대차법이 적용되나요?

질문   저는 비어있던 상가를 의류 할인판매를 하기 위해 3개월간 임차하였습니다. 계약조건은 보증금 없이 월세 100만원으로 하기로 하였고 임대인과 특약으로 "임차인은 3개월 후 원상회복하여 임대인에게 양도한다"고 명시하였습니다. 임대차 계약 후 3개월이 지났으나 저는 재고 상품이 남아 있어 상가임대차법에 따라 1년의 계약기간을 보장해 달라고 하였으나 임대인이 이를 거부하고 있습니다. 저는 임대인에게 1년의 계약기간을 요구할 수 있나요.

답변   상가임대차법 제9조 제1항은 기간을 정하지 아니하거나 기간을 1년 미만으로 정한 임대차는 그 기간을 1년으로 본다고 규정하고 있습니다. 즉 상가임대차법은 상가임차인에게 최단 1년의 임차권 존속을 보장하고 있습니다. 이는 임대인의 우월적 지위로 말미암아 임차인이 진정한 의사에 반하여 1년보다 짧게 임대차기간을 약정함으로써 경제생활의 안정이 침해되는 결과를 방지하고, 최소한 1년간의 존속기간을 보장하여 줌으로써 임차인을 보호하려는 데 입법취지가 있습니다.

다만 일시사용을 위한 임대차임이 명백한 경우에는 상가임대차법이 적용되지 않으므로 (법 제16조), 극히 단기간의 임대차에까지 1년간의 임대차기간의 존속이 보장된다고 보기는 어렵다 할 것입니다.

따라서 귀하가 체결한 임대차가 일시사용을 위한 임대차인지가 문제가 됩니다. 일시

사용을 위한 임대차임이 명백한 지를 판단하기 위해서는 단순히 약정된 임대차 기간만을 기준으로 할 것이 아니라 그 밖의 계약의 내용, 계약의 동기, 상가건물의 이용 형태, 보증금의 존부 등을 종합하여 판단하여야 합니다.

귀하의 경우는 업종자체가 재고가 소진되지 않을 경우 임대차를 계속 유지할 필요가 있고, 상품판매점의 경우 본질상 장소를 자주 옮기는 업종이 아니라는 측면에서 일시사용을 위한 임대차를 부정할 요소도 있다 할 것이나 보증금이 없이 계약을 하였고, 3개월 후 반환한다고 특약을 하였으며 임대차의 목적이 단기간에 의류를 할인판매하기 위한 목적이었다는 점에서 일시사용을 위한 임대차로 볼 여지가 커 보입니다.

이와 관련된 법원의 판결들을 살펴보면 대법원은 공중접객업인 숙박업을 경영하는 자가 투숙객과 체결하는 숙박계약은 숙박업자가 고객에게 숙박을 할 수 있는 객실을 제공하여 고객으로 하여금 이를 사용할 수 있도록 하고 고객으로부터 그 대가를 받는 일종의 일시사용을 위한 임대차계약이라고 판시를 하였고(대법원 1994. 1. 28. 선고 93다43950), 대전지방법원은 임차인이 임대인의 동생이 운영하는 식당에서 일하는 것을 전제로 하여, 위 근무기간 동안만 2층을 임대하였고, 임대차계약서도 없으며, 보증금도 없이 월세만 20만원으로 저렴하게 책정한 사건에서 이는 주택임대차보호법 제11조에서 정한 일시사용을 위한 임대차에 해당한다고 판시하였습니다.

의정부지방법원 고양지원은 매매대금 중 잔금 채권 2억 5천만원을 임대차보증금으로 전환하면서 임대차기간을 매수인에게 이전등기를 마쳐준 날로부터 44일 동안으로 약정하고 쌍방 합의하에 44일간 임차인 거주조건이라고 특약을 한 사건에서 이러한 임대차계약을 임차인의 매매잔금 채권의 회수 및 담보를 위하여 44일이라는 짧은 기간 동안 일시사용을 위한 임대차임이 명백하다고 판시하기도 하였습니다.

따라서 귀하의 경우 다툼의 여지는 있으나 여러 가지 사정을 종합해 보면 이 사건 임대차는 일시사용을 위한 임대차에 해당한다고 보이고 일시사용을 위한 임대차라면 상가임대차법이 적용되지 않으므로 1년의 임대차기간을 주장할 수 없을 것입니다.

Ⅱ. 대항력 관련 분쟁

Q 08 상가건물이 경매에 넘어갔는데 저는 보증금을 낙찰자에게 청구할 수 있나요?

질문   저는 2022년 10월 상가건물을 임차하여 사업자 등록을 마치고 세탁소를 운영해 오고 있습니다. 그런데 최근 이 상가건물에 대한 경매가 진행되고 있습니다. 제가 상가건물을 임차할 때에는 근저당권 등은 전혀 설정되어 있지 않았었는데 저는 임대차기간 동안 장사를 하고 낙찰자에게 보증금도 청구할 수 있나요.

답변   상가임대차법 제3조는 대항력 등이라는 제목하에 임차인이 건물의 인도와 부가가치세법 제8조, 소득세법 제168조 또는 법인세법 제111조에 따른 사업자등록을 신청하면 그 다음날부터 제3자에 대하여 효력이 생기고, 임차건물의 양수인은 임대인의 지위를 승계한 것으로 본다고 규정하고 있습니다. 즉, 대항력의 의미는 변경된 건물주에 대해서도 임차인은 종전 임대인과 마찬가지로 기존 임대차계약상 권리들인 임대차기간 보장, 임대차보증금반환청구권등의 권리를 주장할 수 있다는 뜻이고 이는 경매로 소유권이 변경되는 경우에도 마찬가지입니다.

이러한 대항력은 주거용 주택에 대해서는 1981년 주택임대차보호법 제정시부터 해당 임대차목적물에 대한 전입신고(주민등록)와 점유라는 일정한 요건을 갖춘 임차인에게 대항력을 보장해 왔지만, 상가점포의 임차인에게는 2001년 상가임대차법 제정을 통해 뒤늦게 인정이 되었습니다.

다만 상가임대차법은 주택임대차와는 달리 환산보증금이 일정금액을 초과하는 경우에는 상가임대차법이 적용이 되지 않는다고 규정하고 있어 일정한 보증금액을 기준으로 대항력 보호범위를 달리 정하고 있었으나 2015년 5월 13일 상가임대차법의 개정으로 대항력의 경우도 보증금 액수와 관계없이 2015년 5월 13일 이후 처음으로 체결되거나 갱신되는 임대차 계약부터는 모든 상가임차인은 대항력을 주장할 수 있게 되었습니다.

따라서 귀하의 경우 보증금 액수와 관계없이 대항력을 주장할 수 있고 상가건물의 소유자가 변경되고 그 원인이 경매로 인한 것이더라도 대항력을 취득하는 시점에 저당권, 가압류, 가등기 등의 선순위 권리가 없고 말소기준권리보다 선순위라면 귀하는 낙찰자에게도 임차권을 주장하고 임대차기간이 만료되면 낙찰자에게 보증금의 반환도 청구할 수 있다 할 것입니다.

Q 09 사업자등록을 신청할 때 도면을 첨부해야 하나요?

질문　저는 3층 304호부터 310호, 4층 401호부터 410호, 5층 501호부터 510호까지 구분 등기되어 사우나 시설로 사용중인 상가건물에서 음료 등의 판매를 할 목적으로 ◆◆빌딩 ○○사우나 3~5층 9평으로 표시하여 임대차계약을 체결하였습니다. 이후 세무서에 사업자등록을 하면서 임대차계약서만 첨부하고 해당 부분에 대한 도면은 생략하였습니다. 사업자등록증상 사업장 소재지도 ◆◆빌딩 3~5층으로 기재 되어 있습니다. 저는 상가임대차법의 보호를 받나요.

답변　상가임차인이 임차권의 대항력을 취득하려면 상가건물을 인도받을 뿐만 아니라 부가가치세법 제5조, 소득세법 제168조, 또는 법인세법 제111조에 따른 사업자등록을 신청하여야 합니다.(법 제3조 제1항)

사업자등록이란 정부가 조세채권을 확보함에 있어 필요한 납세의자의 인적사항, 즉 상호·성명·주소·주민등록번호·사업장 소재지 및 사업의 종류 등과 사업의 개시일 기타 과세자료를 파악하는데 필요한 사실을 납세의무자로부터 신청을 받아 세무관서의 대장에 등재하는 것을 말합니다.

사업자등록은 거래의 안전을 위하여 임차권의 존재를 제3자가 명백히 인식할 수 있게 하는 공시방법으로서 마련된 것이므로, 사업자등록이 어떤 임대차를 공시하는 효력이 있는지 여부는 일반 사회통념상 그 사업자등록으로 당해 임대차건물에 사업장을 임차한 사업자가 존재하고 있다고 인식할 수 있는지 여부에 따라 판단하여야 합니다.(대법원 2008. 9. 25. 선고 2008다44238 판결 참조) 즉, 상가임대차의 대항요건인 사업자등록은 임대차 목적물에 대한 임대차관계를 포함하고 있어야 공시방법으로서 유효합니다.

사업자등록을 할 때 사업자는 사업장마다 ① 사업자의 인적사항, ② 사업자등록 신청사유, ③ 사업개시연월일 또는 사업장 설치 착수연월일, ④ 기타 참고사항을 기재한 사업자등록신청서를 관할 세무서장에게 제출하여야 합니다.(법인세법 시행령 제11조 제1항)

사업자등록신청서에는 다음 표의 구분에 따른 서류를 첨부하여야 합니다.(법인세법 시행령 제11조 제3항)

구분	첨부서류
1. 법령에 따라 허가를 받거나 등록 또는 신고를 하여야 하는 사업의 경우	사업허가증 사본, 사업등록증 사본 또는 신고 확인증 사본
2. 사업장을 임차한 경우	임대차계약서 사본
3. 「상가건물 임대차보호법」 제2조제1항에 따른 상가건물의 일부분만 임차한 경우	해당 부분의 도면
4. 「조세특례제한법」 제106조의3제1항에 따른 금지금(이하 '금지금'이라 한다) 도매 및 소매업	사업자금 명세 또는 재무상황 등을 확인할 수 있는 서류로서 기획재정부령으로 정하는 서류
5. 「개별소비세법」 제1조제4항에 따른 과세유흥장소에서 영업을 경영하는 경우	사업자금 명세 또는 재무상황 등을 확인할 수 있는 서류로서 기획재정부령으로 정하는 서류
6. 법 제6조제3항부터 제5항까지의 규정에 따라 사업자 단위로 등록하려는 사업자	사업자 단위 과세 적용 사업장 외의 사업장(이하 "종된 사업장"이라 한다)에 대한 이 표 제1호부터 제5호까지의 규정에 따른 서류 및 사업장 소재지·업태(業)·종목 등이 적힌 기획재정부령으로 정하는 서류
7. 액체연료 및 관련 제품 도매업, 기체연료 및 관련 제품 도매업, 차량용 주유소 운영업, 차량	사업자금 명세 또는 재무상황 등을 확인할 수 있는 서류로서 기획재정부령으로 정하는 서류

용 가스 충전업, 가정용 액체연료 소매업과 가정용 가스연료 소매업	
8. 재생용 재료 수집 및 판매업	사업자금 명세 또는 재무상황 등을 확인할 수 있는 서류로서 기획재정부령으로 정하는 서류

대법원은 "사업자가 상가건물의 일부분을 임차하는 경우에는 사업자등록신청서에 해당 부분의 도면을 첨부하여야 하고, 이해관계인은 임대차의 목적이 건물의 일부분인 경우 그 부분 도면의 열람 또는 제공을 요청할 수 있도록 하고 있으므로, 건물의 일부분을 임차한 경우 그 사업자등록이 제3자에 대한 관계에서 유효한 임대차의 공시방법이 되기 위해서는 사업자등록 신청시 그 임차 부분을 표시한 도면을 첨부하여야 할 것이다"고 판시하였습니다.(대법원 2008. 9. 25. 선고 2008다44238 판결 참조)

"다만 앞서 본 사업자등록이 상가건물 임대차에 있어서 공시방법으로 마련된 취지에 비추어 볼 때, 상가건물의 일부분을 임차한 사업자가 사업자등록시 임차 부분을 표시한 도면을 첨부하지는 않았지만, 예컨대 상가건물의 특정 층 전부 또는 명확하게 구분되어 있는 특정 호실 전부를 임차한 후 이를 제3자가 명백히 인식할 수 있을 정도로 사업자등록 사항에 표시한 경우, 또는 그 현황이나 위치, 용도 등의 기재로 말미암아 도면이 첨부된 경우에 준할 정도로 임차 부분이 명백히 구분됨으로써 당해 사업자의 임차 부분이 어디인 지를 객관적으로 명백히 인식할 수 있을 정도로 표시한 경우와 같이 일반 사회통념상 그 사업자등록이 도면 없이도 제3자가 해당 임차인이 임차한 부분을 구분하여 인식할 수 있을 정도로 특정이 되어 있다고 볼 수 있는 경우에는 그 사업자등록을 제3자에 대한 관계에서 유효한 임대차의 공시방법으로 볼 수 있다"고 판시하면서

임차인이 건물 중 지하 1층의 일부와 지상 2층의 일부만을 임차하였으면서도 사업자등록 신청을 함에 있어 각 임차 부분의 해당 도면을 첨부하지 않은 사건에서, 위 사업자등록의 내용으로 볼 때 도면이 없더라도 일반 사회통념상 그 등록사항의 기재만으로 이 사건 건물 중 임차인이 각 임차한 부분이 다른 부분과 명백히 구분될 수 있을 정도로 특정되어

있다고 보기도 어렵다면서 임차인의 사업자등록은 유효한 공시방법이 될 수 없다고 하였습니다.(대법원 2011. 11. 24. 선고 2010다56678 판결)

따라서 귀하의 경우 사업장의 일부만을 임차하였음에도 불구하고 임대차계약서만을 첨부하고 해당부분의 도면은 첨부하지 않았고 상가건물의 특정 층 전부 또는 명확하게 구분되어 있는 특정 호실 전부를 임차한 후 이를 제3자가 명백히 인식할 수 있을 정도로 사업자등록사항에 표시한 경우나 그 현황이나 위치, 용도 등의 기재로 말미암아 도면이 첨부된 경우에 준할 정도로 임차 부분이 명백히 구분됨으로써 당해 사업자의 임차 부분이 어디인지를 객관적으로 명백히 인식할 수 있을 정도로 표시한 경우에 해당한다고 보기 어려워 제3자에 대한 관계에서 유효한 임대차의 공시방법이 될 수 없으므로 대항력도 없다고 보입니다.

Q 10   사업자등록을 하지 않아도 상가임대차법의 보호를 받나요?

질문   저는 2020년 7월경 대구에서 조그만 상가를 1년 계약으로 임차하였습니다. 상가보증금 300만원, 월세 30만원에 임차하여 동네분들을 대상으로 음식을 만들어 팔고 있습니다. 그런데 저는 아직까지 사업자등록을 하지 않고 있습니다. 제가 사업자등록을 하지 않고 계속해서 음식을 만들어 팔아도 상가임대차법의 보호를 받아 임대차계약을 갱신할 수 있나요.

답변   상가건물임대차보호법이 적용되기 위해서는 두 가지 요건을 충족해야 합니다. 첫째 상가건물의 임대차여야 합니다. 상가건물은 부가가치세법 제8조, 소득세법 제168조 또는 법인세법 제111조에 따른 사업자 등록의 대상이 되는 건물이어야 하고 임대차 목적물의 주된 부분을 영업용으로 사용하는 경우를 말합니다. 사업자 등록의 대상이 될 수 있으면 족하고, 실제 사업자등록이 이루어질 필요까지는 없습니다.

다만 임차인이 사업자 등록을 하지 않으면 사업자 등록을 해야지만 주장할 수 있는 대항력 등 법이 보호하고 있는 일정한 사항에서 보호를 받지 못할 수가 있습니다.

둘째 보증금액이 일정 금액 이하여야 합니다. 보증금 이외에 차임이 있는 경우에는 차임액에 일정한 비율을 곱하여 환산한 금액인 소위 환산보증금을 기준으로 합니다. 환산보증금은 월차임에 100을 곱한 금액과 임차보증금을 합산하는 방법으로 산정을 하게 됩니다. 예를 들어 보증금 2억원에 월차임이 100만원인 임대차계약의 환산보증금은 3억이 되는 것입니다.[(100만원 x 100) + 2억원]

2019년 상가건물임대차보호법 시행령의 개정으로 상가건물 임대차보증금의 상한액이 대폭 상향되었습니다. 대구광역시의 경우 3억 9천만원에서 5억 4천만원으로 상향되었습니다. 2019년 4월 2일 이후 임대차 계약을 체결한 상가임차인은 상향된 보증금액이 적용 됩니다. 다만 상가임차인 보호를 위하여 일정한 법규정은 보증금액과 상관없이 적용되어야 한다는 필요성이 커지면서 현재는 상가임차인의 대항력, 계약갱신요구권, 권리금회수청구권, 3기 차임액 연체시 해지 등의 규정들은 보증금액과 관계없이 상가임차인에게 적용이 됩니다.

따라서 귀하는 사업자등록을 하지 않았다고 하더라도 부가가치세법, 소득세법 또는 법인세법에 따른 사업자등록의 대상이 되는 건물이고 주된 부분을 영업용으로 사용하고 있으므로, 일정 부분 상가임대차법의 보호를 받을 수 있습니다.

상가임대차법은 임차인에게 계약갱신요구권을 인정하고 있습니다. 귀하의 경우 사업자등록을 하지 않았다고 하더라도 계약갱신요구권은 임차인의 사업자등록을 요건으로 하고 있지 않으므로 임대차기간이 만료되기 6개월 전부터 1개월 전까지 사이에 최초의 임대차기간을 포함한 전체 임대차기간이 10년을 초과하지 아니하는 범위내에서 계약갱신을 요구할 수 있습니다.

따라서 귀하는 사업자등록 여부와 무관하게 임대차기간이 10년을 초과하지 아니하는 범위내에서 임대인에게 계약갱신을 요구할 수 있다 할 것입니다.

Q 11 영업을 폐업하였는데 대항력이 인정되나요?

질문   저는 상가건물을 임차하여 식당을 운영해 왔습니다. 그런데 식당을 운영하면서 계속해서 적자가 났고 더 이상 식당을 유지하기가 어려웠습니다. 저는 식당 영업을 포기하고 영업을 폐업하였는데 저는 대항력 및 우선변제권을 주장할 수 있나요.

답변   상가건물의 임차인이 임대차보증금 반환채권에 대하여 상가임대차법 제3조 제1항 소정의 대항력 또는 같은 법 제3조 제2항 소정의 우선변제권을 가지려면 임대차의 목적인 상가건물의 인도 및 부가가치세법 등에 의한 사업자등록을 구비하고, 관할세무서장으로부터 확정일자를 받아야 하며, 그 중 사업자등록은 대항력 또는 우선변제권의 취득요건일 뿐만 아니라 존속요건이므로 배당요구의 종기까지 존속하고 있어야 합니다.(대법원 2006. 1. 15. 선고 2005다64002 판결 참조)

그런데 신규로 사업을 개시한 자가 휴업 또는 폐업하거나 사업개시일 전에 등록한 자가 사실상 사업을 개시하지 아니하게 되는 때에는 지체 없이 관할 세무서장에게 신고하여야 합니다. 사업자가 폐업하거나 사업개시일 전에 등록한 자가 그 후 사실상 사업을 개시하지 아니하게 되는 때에는 사업장 관할세무서장은 지체없이 그 등록을 말소하여야 한다고 규정하고 있는 부가가치세법 제8조 제7항, 제8항의 규정 취지에 비추어 보면, 상가건물을 임차하고 사업자 등록을 마친 사업자가 임차건물의 전대차 등으로 당해 사업을 개시하지 않거나 사실상 폐업한 경우에는 그 사업자등록은 부가가치세법 및 상가임대차법이 상가임대차의 공시방법으로 요구하는 적법한 사업자등록이라고 볼 수 없습니다.

따라서 귀하의 경우 식당영업을 포기하고 폐업을 하였다면 그 사업자 등록은 상가임대차
법이 상가임대차의 공시방법으로 요구하는 적법한 사업자등록이라고 볼 수 없고 대항력
및 우선변제권을 상실한다고 할 것입니다.

Ⅲ. 임대료 인상, 연체 분쟁

Q 12 계약갱신 시 임대인의 차임 인상 요구, 무조건 따라야 하나요?

질문   저는 임대인과 보증금 5,000만원, 차임 100만원, 임대차기간 2019년 9월 1부터 2021년 8월 31일까지로 하여 임대차계약을 체결하고 상가를 임차하여 식당을 운영하고 있습니다. 임대차계약 당시 특약으로 "임대인은 일정요건 아래 차임의 증액을 요구할 수 있고, 이때 임차인은 증액요구에 응해야 한다"고 약정한 사실이 있습니다. 임대차기간 만료일이 다가와 저는 임대인에게 임대차계약을 갱신하겠다고 이야기 하자, 임대인은 상가임대차법과 특약에 따라 차임과 보증금을 5% 인상하겠다고 합니다. 저는 차임과 보증금을 인상하여 주어야 하나요.

답변   상가임대차법 제10조는 '갱신되는 임대차는 전 임대차와 동일한 조건으로 다시 계약한 것으로 본다. 다만 차임과 보증금은 제11조에 따른 범위에서 증감할 수 있다고 규정하고 있고, 동법 제11조는 차임 또는 보증금이 임차건물에 관한 조세, 공과금, 그 밖의 증감이나 경제 사정의 변동으로 인하여 상당하지 아니하게 된 경우에는 당사자는 장래의 차임 또는 보증금에 대하여 증감을 청구할 수 있다. 그러나 증액의 경우에는 대통령령으로 정하는 기준에 따른 비율을 초과하지 못한다.'고 정하고 있으며 대통령령은 청구 당시의 차임 또는 보증금의 100분의 5의 금액을 초과하지 못한다고 규정하고 있습니다.

따라서 임차인이 계약갱신을 요구하면 모든 조건이 전임대차와 동일한 조건으로 갱신이 되지만 차임과 보증금은 일정 요건하에 5%까지 인상이 가능한 것입니다.

귀하의 경우 먼저 임대차계약 당시 특약으로 "임대인은 일정요건 아래 차임의 증액을 요구할 수 있고, 이때 임차인은 증액요구에 응해야 한다"고 약정하였으므로 임대인이 차임의 증액을 요구하면 임차인은 반드시 보증금과 차임을 인상해주어야 하는지 다시 말해 특약의 효력이 유효한지 살펴보아야 합니다.

법원은 '임대인은 일정 요건 아래 임차인에게 차임의 증액을 요구할 수 있고, 이 때 임차인은 증액요구에 응해야 한다'고 특약하거나 '보증금 및 임대료의 변경요인이 발생하였을 때에는 1개월 전에 임차인에게 사전 통지하여 조정할 수 있으며, 임차인은 이에 대하여 이의를 제기할 수 없다'고 특약을 한 경우 이러한 특약은 모두 상가임대차법에 위반하는 약정으로 임차인에게 불리한 것이므로 효력이 없다고 판결하였습니다.

또한 임대인과 임차인이 '차임은 최초 계약일로부터 2년 후 매 1년마다 협의조정하며, 임대인이 임대차계약기간 중 매 1년마다 주변의 동종 또는 유사업종 상가의 사례, 물가상승률, 공조공과의 증감 기타 제반 사정을 감안하여 임차보증금, 차임을 조정할 수 있다'고 특약을 하였으나 임차인이 협의 자체를 거부한 사건에서 법원은 '임대인이 위와 같은 차임증액청구권에 기하여 임차인에게 사정변경에 따른 차임의 조정에 관한 협의를 요구하였으나 임차인이 그 협의 자체를 거부할 뜻을 명확히 하였다고 하더라도 이는 당사자 사이에 차임 조정에 관한 협의가 불성립한 것에 불과한 것으로 이를 이유로 임대차계약 자체를 해지할 수 없다'고 판시한 바도 있습니다.(대법원 2003. 2. 14. 선고 2002다60931 판결)

따라서 귀하와 임대인의 특약은 귀하에게 불리한 약정으로 무효이고 임대인은 상가건물임대차보호법 제11조에 따른 요건 즉, 기존 차임 또는 보증금이 임차건물에 관한 조세, 공과금, 그 밖의 증감이나 경제 사정의 변동으로 인하여 상당하지 아니하게 된 경우라는 요건이 충족될 때에 차임과 보증금을 5% 범위내에서 인상이 가능하다 할 것입니다.

그러나 임차인이 임대인의 이러한 차임과 보증금의 인상요구를 받아들이지 않으면 결국 법원에 차임증액청구소송을 제기하여야만 차임과 보증금 인상이 가능합니다.

대법원은 상가임대차계약에 있어서 임대차기간 중에 당사자의 일방이 차임을 변경하고자 할 때에는 상대방의 동의를 얻어야 하고, 그 동의가 없는 경우에는 상가임대차법 제11조에 의하여 차임의 증감을 청구하여야 한다.(대법원 2014. 2. 27. 선고 2009다39233 판결 참조)고 판시하였고, 임료의 인상요인이 생겼는데도 임차인이 인상을 거부하여 합의가 성립하지 아니하는 경우에도 인상에 관한 합의가 없었다 하여 종전의 임료에 의하도록 하는 것은 신의칙이나 형평에 반한다고 할 것이므로 인상액에 관한 협의가 있었으나 합의가 성립되지 아니한 경우에는 임료의 증액이 전혀 허용되지 않는 것은 아니고 물가상승요인 등을 고려하여 법원이 인정하는 상당한 액수의 임료에 의하는 취지의 약정이라고 판시하였습니다.[대법원 1993. 3. 23. 선고 92다39334, 39341(병합)]

또한, '임대차계약을 할 때에 임대인이 임대 후 일정 기간이 경과할 때마다 물가상승 등 경제사정의 변경을 이유로 임차인과의 협의에 의하여 그 차임을 조정할 수 있도록 약정하였다면, 그 취지는 임대인에게 일정 기간이 지날 때마다 물가상승 등을 고려하여 상호 합의에 의하여 차임을 증액할 수 있는 권리를 부여하되 차임 인상요인이 생겼는데도 임차인이 그 인상을 거부하여 협의가 성립하지 않는 경우에는 법원이 물가상승 등 여러 요인을 고려하여 정한 적정한 액수의 차임에 따르기로 한 것으로 보아야 한다'(대법원 1993. 3. 23. 선고 92다39334, 39341 판결 등 참조)고 판시하였고,

'임대인이 민법 제628조에 의하여 장래에 대한 차임의 증액을 청구하였을 때에 당사자 사이에 협의가 성립되지 아니하여 법원이 결정해 주는 차임은 그 증액청구의 의사표시를 한 때에 소급하여 그 효력이 생기는 것이므로(대법원 1974. 8. 30. 선고 74다1124 판결 등 참조), 특별한 사정이 없는 한 증액된 차임에 대하여는 법원 결정 시가 아니라 증액청구의 의사표시가 상대방에게 도달한 때를 그 이행기로 보아야 한다.'고 판시하고

있습니다.

결국, 귀하의 계약갱신 요구시 임대인이 차임과 보증금을 인상하겠다고 하더라도 귀하가 이를 거부할 때는 임대인이 법원에 차임증액청구소송을 제기하여 기존의 차임과 보증금이 조세, 공과금, 그 밖의 증감이나 경제사정으로 인해 상당하지 않음을 입증하여야 할 것이나 실제 차임 증액을 인정해준 법원의 판결을 찾아보기 어렵습니다.

Q 13 공실 투성이 신도시 상가, 월세를 깎을 수 있나요?

질문
　　　　저는 임대인과 보증금 3000만원, 차임 150만원, 임대차기간 2020년 7월 1부터 2022년 6월 30일 까지로 하여 임대차계약을 체결하고 상가를 임차하여 식당을 운영하고 있습니다. 이곳은 새로 개발된 신도시로 상권이 형성되고 전망이 좋다고 하여 임차를 하였는데 예상과는 달리 주변 상가들이 대부분 공실 상태이고, 상권도 발달하지 않아 식당운영에 큰 어려움을 겪고 있습니다. 저는 임대인을 상대로 차임을 깎아 달라고 할 수 있나요.

답변
　　　　민법과 상가임대차법은 임차인의 차임감액청구권에 대한 규정을 하고 있습니다. 민법 제628조는 임대물에 대한 공과부담의 증감 기타 경제사정의 변동으로 인하여 약정한 차임이 상당하지 아니하게 된 때에는 당사자는 장래에 대한 차임의 증감을 청구할 수 있다고 규정하고 있고 상가임대차법(시행 2020. 9. 29. 법률 제17490호, 2020. 9. 29. 일부개정) 제11조는 차임 또는 보증금이 임차건물에 관한 조세, 공과금, 그 밖의 증감이나 감염병의 예방 및 관리에 관한 법률 제2조 제2호에 따른 제1급 감염병 등에 의한 경제 사정의 변동으로 인하여 상당하지 아니하게 된 경우에는 당사자는 장래의 차임 또는 보증금에 대하여 증감을 청구할 수 있다고 하여 임차인의 차임감액청구권을 규정하고 있는 것입니다.

임대인이 일정한 요건하에 임차인을 상대로 차임 증액을 요구할 수 있는 것과 마찬가지로 임차인도 조세, 공과금, 그 밖의 증감이나 감염병의 예방 및 관리에 관한 법률 제2조 제2호에 따른 제1급 감염병 등에 의한 경제 사정의 변동으로 인하여 차임이 상당하지 아니하게 된 경우 차임을 감액해 달라고 청구할 수 있는 것입니다.

다만 상가임대차법은 환산보증금이 일정 금액 이하인 경우에 대통령령으로 정하는 기준에 따른 비율을 초과하지 못한다고 규정하고 있어 차임 인상폭을 제한하고 있으므로 차임을 5%의 범위내에서만 인상이 가능하나 차임 감액 청구의 경우는 이러한 하한의 제한이 없는 차이점이 있습니다.

임차인은 조세, 공과금, 그 밖의 증감이나 감염병의 예방 및 관리에 관한 법률 제2조 제2호에 따른 제1급 감염병 등에 의한 경제 사정 변동으로 인하여 차임이 상당하지 않게 된 경우 상가임대차법에 따라 임대인에게 차임 감액 청구를 할 수 있으나 임대인이 이에 동의하지 않으면 결국 법원에 차임감액소송을 제기해야 합니다.

법원은 임차인의 차임감액청구를 엄격한 요건하에서만 인정하고 있습니다. 울산공항의 식당을 낙찰받은 임차인이 입찰 당시에는 전혀 예상할 수 없는 경제위기의 발생으로 경제사정이 현저히 변경되어 사용료(임차료)가 적정하지 않다며 감액을 청구한 사건에서 부산고등법원은 "이 사건 식당과 스낵코너에 대한 입찰 당시에는 예상하지 못하였던 경제위기로 인하여 경제사정이 현저히 변경되었고, 이러한 경제사정의 변경은 원고들에게 책임없는 사유로 발생한 것으로서 이 사건 식당과 스낵코너에 대한 사용료약정에 원고들을 그대로 구속시키는 것이 현저히 부당하다고 보이므로, 원고들은 피고에 대하여 그 사용료의 감액을 청구할 수 있고, 그 감액비율은 30% 정도로 봄이 상당하다"고 판시하였으나

대법원은 "임차인들이 이 사건 식당과 스낵코너에 대한 입찰을 한 날은 1997. 10. 29.로서 앞서 본 경제위기가 시작되기 직전이었고, 이 사건 사용계약이 체결된 이후로서 본격적으로 경제위기가 시작된 1997. 말경부터 1998.까지 사이에 울산공항 이용 여객이 감소하여 1998.에는 1997. 대비 28.7% 감소(1996년 대비 15.5% 감소)하였으며, 임차

인들이 이 사건 식당과 스낵코너를 반납한 후에 실시된 입찰에서 이 사건 식당은 사용료율약 30%, 이 사건 스낵코너는 사용료율 약 10%에 각 낙찰된 점을 종합하면 임차인들의영업수익이 당초 예상과 달리 저조하게 되었으리라고 추정되나, 울산 신공항청사의개청과 함께 이 사건 식당과 스낵코너를 임대받은 임차인들의 영업실적이 예상보다저조하였다고 하여도 이는 경영예측과 이에 따른 투자의 실패로서 임차인들 스스로가이를 감수하여야 할 사정에 불과하고, 이 사건 식당과 스낵코너에 대한 사용료 약정이임차물에 대한 공과부담 기타 경제사정 등의 변경으로 인하여 현저히 부당하게 된 것이라고 할 수는 없다. 원심이 임차인들의 차임감액청구를 일부 인용한 것은 위법하다"고판결하였습니다.(대법원 2004. 1. 15. 선고 2001다12638)

귀하의 경우 신도시에 상가를 임차할 때 예상했던 사정과는 달리 상권이 전혀 형성되지않고 있고 주변의 상가들도 대부분이 공실이라면 이러한 사정을 이유로 임대인에게차임 감액을 청구할 수 있으나 임대인과 차임감액에 대한 협의가 되지 않는다면 결국법원에 차임감액 청구를 하여 현재의 차임이 조세, 공과금, 그 밖의 증감이나 경제사정의 변동으로 인하여 상당하지 아니하게 된 경우라는 사정을 입증해야 합니다.

차임 감액의 요건이 입증이 된다면 차임이 감액될 것이나 위 대법원의 판결에 비추어보면 신도시가 예상과는 달리 상권형성이 되지 않고 있고, 이로 인해 오히려 영업손실이발생하고 있다 하더라도 이와 같은 이유만으로는 차임감액 판결을 이끌어 내기가 쉽지는않아 보입니다.

Q 14 코로나19 사태로 차임감액을 요구할 수 있나요?

질문 저는 2020년 7월 15일 보증금 4,000만원, 월차임 300만원, 임대차기간 2년으로 정하여 상가를 임차하여 커피전문점을 운영하고 있습니다. 그런데 코로나19 사태로 인하여 현재 매출이 80%가량 감소하였고 더 이상 장사를 계속해서 할 수 없는 지경에 이르고 있습니다. 저는 임대인에게 월차임을 감액해 달라고 요구할 수 있나요.

답변 코로나 19 사태로 인하여 많은 임차인들이 어려움을 겪고 있습니다. 임차인들의 어려운 사정을 고려하여 자발적으로 임대료를 인하하는 착한임대인도 늘어가고 있습니다. 이와 같이 임대인이 임대료를 인하해 주거나 임대인과 임차인 사이에 협의가 성립하는 경우에는 당연히 월차임을 감액할 수 있습니다.

임대인과 임차인 사이에 차임감액에 대한 합의가 되지 않을 경우 임차인은 상가임대차법 제11조에 따라 차임감액을 청구할 수 있습니다. 상가임대차법 제11조는 차임 또는 보증금이 임차건물에 관한 조세, 공과금, 그 밖의 부담의 증감이나 경제 사정의 변동으로 인하여 상당하지 아니하게 된 경우에는 당사자는 장래의 차임 또는 보증금에 대하여 증감을 청구할 수 있다고 규정하고 있고 증액의 경우에는 5%의 상한액이 있으나 감액의 경우에는 하한액이 없습니다.

다만 상가임대차법에 감액을 요구할 수 있는 법적 근거가 있으나 코로나 19 사태가 차임 또는 보증금이 임차건물에 관한 조세, 공과금, 그 밖의 부담의 증감이나 경제사정의 변동으로 인하여 상당하지 아니하게 된 경우에 해당한다는 입증을 임차인이 하여야 하고 법원은 위 요건을 상당히 엄격하게 판단하고 있습니다. 실제 상가임대차법 제11조를 근거로 차임감액을 인정한 판결을 찾아보기도 힘듭니다.

이에 2020년 9월 29일 상가임대차법(시행 2020. 9. 29. 법률 제17490호, 2020. 9. 29. 일부개정) 제11조를 개정하여 차임 등의 증감청구권 사유에 '제1급 감염병 등에 의한 경제사정의 변동'을 명시하였고, 개정이유를 다음과 같이 밝히고 있습니다.

코로나 19의 여파로 국내 소비지출이 위축되고 상가임차인의 매출과 소득이 급감하고 있는 가운데, 임대료가 상가임차인의 영업활동에 큰 부담이 되고 있는 실정임.

그런데 현행법에 따르면 차임연체액이 3기의 차임액에 달하는 경우 등은 계약의 해지, 계약갱신의 거절 또는 권리금 회수기회 제외 사유에 해당하여 많은 임차인이 소득 감소에 따른 차임연체로 영업기반을 상실할 위기에 처해지고 있음.

또한 현행 차임 등의 증감청구권 요건이 제한적으로 해석되고, 임대료의 증액상한에 의해 임대인이 수용 가능한 감액규모가 한정될 수 있어 경제적 위기 상황에도 불구하고 증감청구권이 활용되기 쉽지 않은 상황임.

이에 이 법 시행 후 6개월의 기간 동안 연체한 차임액은 계약의 해지, 계약갱신 거절 등의 사유가 되는 차임연체액에 해당하지 않는 것으로 보도록 함으로써 경제적 위기 상황 동안 임대인의 계약 해지 등을 제한하는 임시적 특례를 두는 한편, 차임 등의 증감청구권 사유에 '제1급감염병 등에 의한 경제사정의 변동'을 명시하고, 제1급감염병에 의한 경제사정의 변동으로 차임 등이 감액된 후 임대인이 증액을 청구하는 경우에는 증액된 차임 등이 감액 전 차임 등의 금액에 달할 때까지는 증액상한이 적용되지 않도록 함으로써 상가임차인에게 가장 큰 고충이 되고 있는 임대료 부담을 완화하려는 것임.

그러나 상가임대차법의 개정에도 불구하고 법원은 임차인의 차임감액청구에 대해 여전히 보수적으로 판단을 하고 있습니다. 서울중앙지방법원은 임차인이 2020년 6월 17일 상가를 임차하여 영어학원을 운영하다 2020년 12월 8일부터 코로나 대응을 위한 사회적 거리두기가 격상되어 영업매출이 50%이상 급감하였다며 임대인을 상대로 차임감액을 청구한 사건에서

"① 코로나바이러스감염증은 이 사건 임대차계약 체결 이전에 이미 발생한 상태였으므로 이를 차임 약정 당시 당사자들이 예견할 수 없었던 것이라고 볼 수 없다. ② 원고들은 코로나바이러스감염증이 곧 진정이 될 것이라는 기대하에 이 사건 임대차계약을 체결하였다고 주장하나, 그와 같은 기대가 이루어지지 아니하고 코로나 19가 확산되었다는 사정은 경영예측의 실패에 불과할 뿐 차임감액을 할 경제사정의 변경이라고 볼 수 없다. ③ 원고들의 주장에 의하더라도 2020년 매출액은 2019년 대비 20% 정도 감소하였다는 것인데, 그 감소의 폭이 종래의 차임으로 당사자를 구속하는 것이 정의와 형평에 어긋나 불합리할 정도에 이른다고 보기 어렵다. ④ 원고들이 차임감액을 청구한 2021. 2. 10.은 학원을 이전하여 피고들 소유 점포에서 영업을 시작한 것으로 보이는 2020. 8. 21.부터 6개월도 지나지 않은 시점이다. 이 점에 있어서도 학원 이전 전 영업이 이루어진 2019년의 매출액을 그 비교의 대상으로 삼아 원고들의 매출액이 감소하였다고 판단하는 것은 적절하다고 보이지 아니한다."면서 임차인의 차임감액청구를 기각하였습니다.

광주지방법원은 2015년 5월 16일 임대차계약을 체결하고 커피전문점을 운영하다 코로나19 바이러스 감염증의 유행으로 매출이 현저히 줄었다며 차임감액을 청구한 사건에서 "코로나19 사태가 2020.초경 시작되어 장기화된 사실, 이 사건 카페의 매출액은 2019년 상반기 73,854,297원, 2019년 하반기 67,150,007원, 2020년 상반기 59,668,943원, 2020년 하반기 34,865,706원이고, 2021년 1월 3,854,200원, 2021년 2월 6,248,300원인 사실이 인정된다.

그런데 다음과 같은 사정에 비추어 보면 임차인의 차임감액 청구는 이유가 없다. ① 카페나 식당 영업은 맛, 서비스나 인테리어 만족도, 주변상권의 변화 등 다양한 사유로 인하여 매출이나 영업수익이 감소할 수 있다. 이 사건 카페의 경우 코로나19사태가 발생하기 이전임에도 2019년 하반기 매출액은 상반기에 비하여 상당히 감소한 바 있고, 2021년 2월 매출액은 여전히 코로나19 사태에 있음에도 1월 매출액에 비하여 대폭 증가하기도 하였다. 위와 같은 매출액의 증감 상태에 비추어 볼 때 이는 코로나19 사태뿐만 아니라 앞서 본 바와 같은 사유 등으로 인하여 상당한 영향을 받은 것으로 판단된다. ② 카페의 경우 코로나19 사태가 발생한 이후에도 영업시간은 단축되었으나 영업중단 대상에는 포함되지 않아 계속 영업을 하였던 것으로 보인다. ③ 원고는 이 사건 카페를 운영하면서 매월 인건비 960만 원, 관리비 200만 원, 재료비 200만 원의 비용을 부담한다고 주장하나, 이를 인정할 만한 증거가 없다. ④ 이 사건 각 임대차계약의 보증금과 차임은 2015.경에 약정된 것이고, 원고는 2017.경 보증금과 차임의 인상 없이 동일한 조건으로 승계하였다."

따라서 법원의 이러한 판결들을 보면 귀하의 경우도 상가임대차법이 개정되어 차임 등의 증감청구권 사유에 '제1급 감염병 등에 의한 경제사정의 변동'이 추가되기는 하였으나 코로나바이러스감염증은 귀하가 임대차계약을 체결하기 이전에 이미 발생한 상태였고, 카페의 경우 영업중단 대상에 포함되지 않았던 점, 기존 판결들의 차임감액을 부정한 판결이유 등을 종합해 보면 여전히 차임감액을 받기는 쉽지 않아 보입니다.

Q 15 월세 밀리는 임차인, 계약을 해지할 수 있나요?

질문　저는 2021년 4월 말경 임차인과 상가건물을 보증금 2천만원, 월차임 100만원(매월 1일 선불), 임대차기간 2021년 5월 1일부터 2023년 4월 30일까지로 하는 상가임대차계약을 체결하였습니다.

임차인은 임대차계약을 체결한 첫 달과 두 번째 달은 차임을 전부 지급하였으나, 이후 영업이 잘 되지 않는다며 차임을 아예 지급하지 않거나 일부만을 지급해 오고 있습니다. 임차인은 2021년 5월 1일 100만원, 6월 1일 100만원, 8월 1일 30만원, 9월 8일 40만원, 10월 1일 80만원을 차임으로 지급하였을 뿐입니다.

2021년 4월 1일부터 10월분까지 차임은 600만원이나, 임차인이 실제로 지급한 차임은 350만원이고 현재까지 연체된 차임은 250만원입니다. 현재 임차인은 2021년 7월분부터 10월분까지 4달째 차임을 연체하고 있고 연체액이 250만원인데 저는 임차인과의 상가임대차계약을 해지 할 수 있나요.

답변　상가임대차법은 임차인의 차임연체액이 3기의 차임액에 달하는 때 임대인은 계약을 해지할 수 있다고 규정하고 있습니다. 민법은 임차인의 차임연체액이 2기의 차임액에 달하는 때에는 임대인은 계약을 해지할 수 있다고 규정하고 있었습니다. (민법 제640조) 따라서 상가 임대차도 이전에는 민법의 규정을 적용하여 왔으나 2015년 5월 13일 상가임대차법이 개정되면서 상가점포의 경우에는 차임연체가 3기 이상이어야만 계약을 해지할 수 있도록 한 규정을 신설한 것입니다. 또한 임차인의 3기 차임연체에 따른 임대인의 해지권은 환산보증금액과 관계없이 법 개정 후 최초로 체결하거나 갱신되는 모든 상가임차인에게 적용이 되도록 하였습니다.

귀하의 경우 임차인이 2021년 7월분부터 10월분까지 4달째 차임을 연체하고 있으므로 상가임대차법이 규정하고 있는 "3기의 차임액에 달하는 때"에 해당하는지 살펴봐야 합니다. "3기의 차임액에 달하는 때"의 의미는 차임 연체의 횟수가 3회라는 의미가 아니라 연체된 차임의 누적액이 3기분에 달하는 경우를 말합니다. 즉 귀하의 경우 차임이 월 100만원이므로 임차인이 차임을 연체한 횟수와 관계없이 현재까지 연체한 차임의 누적액이 300만원에 달하는 때 임대차 계약을 해지할 수 있는 것입니다.

현재 귀하의 상가를 임차한 임차인은 4달째 차임을 연체하고 있으나 연체된 차임은 250만원으로 누적액이 3기분인 300만원에는 미달하므로 현재 시점에서는 차임연체를 이유로 임차인과의 임대차계약을 해지 할 수 없습니다. 그러나 임차인이 다음 달에도 차임을 연체하여 누적 연체액이 300만원에 달하게 되면 귀하는 임대차계약을 해지 할 수 있는 것입니다.

다만 임차인이 다음 달에도 차임을 연체하여 3기분의 차임액이 연체되었는데 귀하가 임대차 계약을 해지하지 않고 있는 동안에 임차인이 차임의 일부라도 지급하여 연체액이 3기분에 미달하게 되면 그때는 임대차 계약을 해지할 수 없게 됩니다. 3기 차임연체를 이유로 하는 임대인의 계약해지권은 임차인의 차임연체액이 3기분에 달해 있는 경우에만 행사 할 수 있기 때문입니다.

차임연체 해지와 관련하여 임대차계약서에 특약으로 차임연체액이 2기의 차임액에 달하는 때 임대인은 계약을 해지할 수 있다고 적시를 하는 경우도 종종 있습니다. 그러나 이러한 특약은 임차인에게 불리한 약정으로 모두 무효이므로 2기 차임연체만을 이유로 임대차계약을 해지 할 수는 없습니다.

※ 코로나 19의 여파로 국내 소비지출이 위축되고 상가임차인의 매출과 소득이 급감하였고, 임대료가 상가임차인의 영업활동에 큰 부담이 되었습니다. 그런데 상가임대차법에 따르면 차임연체액이 3기의 차임액에 달하는 경우 등은 계약의 해지, 계약갱신의 거절 또는 권리금 회수기회 제외 사유에 해당하여 많은 임차인이 소득 감소에 따른 차임연체로 영업기반을 상실할 위기에 처해지자 상가임대차법을 개정(법률 제17490호, 2020. 9. 29. 일부 개정, 시행 2020. 9. 29.)하여 개정 법 시행 후 6개월의 기간 동안 연체한 차임액은 계약의 해지, 계약갱신 거절 등의 사유가 되는 차임연체액에 해당하지 않는 것으로 보도록 함으로써 경제적 위기 상황 동안 임대인의 계약 해지 등을 제한하는 임시적 특례를 두었습니다.

위 개정법은 임시적 특례로 이 법 시행일인 2020년 9월 29일부터 6개월까지 기간동안의 연체 차임만을 계약갱신요구의 갱신거절사유, 차임연체 계약해지 사유, 권리금 회수기회 보호 규정에서의 차임연체액으로 보지 않으므로 위 기간 이후나 이전에 연체한 차임은 상가임대차법 개정 전과 마찬가지로 차임연체액으로 보고 3기분의 차임액을 연체할 경우 계약해지 사유, 계약갱신요구 거절사유, 권리금 회수기회 보호의 임대인의 정당한 사유가 됩니다.

Q 16   상가 월세를 세 달치 연체하면 바로 나가야 하나요?

질문   저는 2021년 4월 3일 보증금 5,000만원, 월차임 100만원, 기간 2년으로 정해서 가게를 하나 임차했습니다. 창업 컨설팅회사의 도움을 받아 식당을 시작하였으나, 장사가 처음이다 보니까 처음 몇 달간은 영업이 부진하여 2021년 6월, 8월, 10월에 임대인에게 월세를 지급하지 못했습니다. 다행히도 식당 사정이 조금 나아져서 2021년 12월 9일 임대인에게 지금까지 밀린 월세 300만원 중 200만원을 지급했습니다. 그런데 그로부터 며칠 뒤, 임대인은 다짜고짜 계약해지를 통보했습니다. 저는 밀린 월세 300만원 중 200만원은 지급했는데 이대로 임대인에게 당장 점포를 비워 줘야만 하나요?

답변   임차인의 차임 연체액이 3기의 차임액에 달하는 때에는 임대인은 계약을 해지할 수 있습니다(상가임대차법 제10조의8). 사안의 경우 월차임이 100만원이므로, 차임 연체액이 300만원에 달하는 때 임대인은 계약을 해지할 수 있습니다.

차임을 연달아 연체하였는지 여부는 상관이 없습니다. 즉 임차인이 연속해서 차임을 연체했든 중간 중간에 차임을 연체했든 간에, 차임 연체액의 합계액이 3개월분에 이르면 임대인은 임대차계약을 일방적으로 해지할 수 있습니다. 즉 3기의 차임액의 의미는 횟수가 아니라 연체액의 합이 3개월분에 이르러야 한다는 뜻입니다. 사안의 경우 귀하는 6월분, 8월분, 10월분 차임을 지급하지 못했고, 연체한 월차임의 합계가 300만원이 되었으므로 임대인은 임대차계약을 해지할 수 있다고 할 것입니다.

다만 법상으로 해지권이 발생해도 계약을 해지할지 말지는 전적으로 임대인의 의사에 달려 있고 임대인이 해지의 의사표시를 하지 않고 있다면 계약은 여전히 유효합니다. 따라서 임대인이 해지의 의사표시를 하지 않는 동안 임차인이 연체 차임 중 일부를 지급하여 차임 연체액이 3개월분 미만으로 줄어들게 된 때에는 임대인은 더 이상 차임 연체를 이유로 계약을 해지할 수 없습니다. 임차인의 누적된 차임 연체액이 3개월분에 미치지 못하면 임대인은 더 이상 해지를 할 수 없는 것입니다.

귀하께서는 임대인의 계약해지통보가 있기 전에 밀린 월세 300만원 중 200만원을 지급하였습니다. 이에 차임 연체액이 100만원으로 줄어들게 되었으므로, 앞으로 또다시 차임을 연체하여 연체액의 합계가 300만원에 달하여야만 임대인은 귀하의 차임 연체를 이유로 계약을 해지할 수 있는 것입니다.

그런데 여기서 한 가지 주의해야 할 점은 임차인에게는 5년 또는 10년 동안 계약기간을 연장할 수 있는 계약갱신요구권이 있습니다. 임차인이 계약갱신요구에 대해 임대인은 임차인이 3기의 차임액에 해당하는 금액에 이르도록 차임을 연체한 '사실'이 있는 경우라면 임차인의 계약갱신 요구를 거절할 수 있습니다(상가임대차법 제10조 제1항 내지 제2항). 3기 차임연체 해지와 다른 점은 임대차기간 만료시, 즉 임차인의 계약갱신 요구시에 연체액이 전혀 없더라도 과거에 단 한 번이라도 차임 연체액이 3개월분에 이른 사실이 있다면 임대인은 임차인의 계약갱신 요구를 거절할 수 있는 것입니다. 뿐만 아니라 과거에 3기의 차임액을 연체한 사실이 있으면 권리금 상당의 손해배상도 청구할 수 없게 되므로 임차인은 3기분의 차임이 연체되지 않도록 주의하셔야 할 것입니다.

※ 상가임대차법 개정(법률 제17490호, 2020. 9. 29. 일부 개정, 시행 2020. 9. 29.)으로 개정 법 시행 후 6개월의 기간 동안 연체한 차임액은 계약의 해지, 계약갱신 거절 등의 사유가 되는 차임연체액에 해당하지 않는 것으로 하는 임시적 특례를 신설하였습니다. 위 개정법은 임시적 특례로 이 법 시행일인 2020년 9월 29일부터 6개월까지 기간 동안의 연체 차임만을 차임연체액으로 보지 않습니다.

Q 17 차임을 두 달 연체하였는데 임대인이 임대차계약을 해지할 수 있나요?

질문　　저는 상가를 임차하여 영업을 하고 있습니다. 그런데 최근 경기침체로 영업이 부진하여 2개월째 월세를 연체하고 있습니다. 그런데 며칠 전 건물주는 차임연체를 이유로 임대차계약을 해지하겠다는 내용증명을 보내 왔습니다. 저는 건물주와 임대차 계약 체결 당시 월세를 2개월 연체하면 임대인이 계약을 해지할 수 있다고 특약을 한 사실이 있습니다. 건물주는 이러한 특약을 근거로 임대차계약 해지 통보를 하였는데 임대인의 임대차 계약해지 통보는 정당하고 저는 임차건물을 명도 해 주어야만 하나요.

답변　　상가임대차법 제10조의 8은 임차인의 차임연체액이 3기의 차임액에 달하는 때에는 임대인은 계약을 해지할 수 있다고 규정하고 있습니다. 차임연체 해지 규정은 2015년 5월 13일 상가임대차법이 개정이 되면서 새로 도입이 된 제도입니다.

2015년 5월 13일 이전에는 상가임대차법에 차임연체 해지 규정이 따로 없어 임차인이 차임을 연체하는 경우 민법이 적용되었습니다. 민법 제640조는 건물 기타 공작물의 임대차에는 임차인의 차임연체액이 2기의 차임액에 달하는 때에는 임대인은 계약을 해지할 수 있다고 규정하고 있어 임차인의 연체액이 2기의 차임액만 되어도 임대인은 계약을 해지할 수 있었습니다.

임대인과 임차인이 작성하는 임대차 계약서를 보면 민법이 규정과 같이 차임을 2개월 연체하면 임대인이 계약을 해지 할 수 있다고 특약을 하는 경우가 많이 있습니다. 그러나 현행 상가임대차법은 3기의 차임액에 달하는 때 임대인은 계약을 해지 할 수 있다고 규정하고 있으므로 임대인과 임차인이 2기 차임연체 해지 특약을 하더라도 이는 임차인에게 불리한 특약으로 무효가 됩니다.

상가임대차법은 보증금이 일정금액 이하인 경우에만 적용이 됩니다. 그러나 상가임대차법의 3기 차임연체 해지 규정은 보증금 액수와 상관없이 모든 임차인들에게 적용이 됩니다.

따라서 귀하의 경우 귀하의 보증금과 차임이 얼마인지와 관계없이 상가임대차법의 3기 차임연체 해지 규정의 적용을 받고 귀하가 임대인과 한 특약은 무효이므로 건물주가 귀하를 상대로 한 계약해지는 이유가 없고 임차건물을 명도해 주지 않아도 됩니다. 다만 귀하가 차임을 한번 더 연체하여 3기분을 연체하게 되면 임대인의 계약해지 통보는 정당하고 귀하는 임차건물을 명도해 주어야 할 것입니다.

이때 3기의 의미는 세 번을 연체했다는 의미가 아니라 연체액이 3기분이라는 의미입니다. 즉, 차임연체 누적분이 3기분이라는 의미입니다. 예를 들어 차임이 100만원이라면 연체된 차임액의 누적 합계액이 300만원이 될 때를 의미합니다. 또한 임대인은 임차인이 3기분을 연체하고 있을 때 계약을 해지할 수 있으므로 임대인이 계약해지권을 행사하지 않고 있는 동안 차임의 일부라도 임대인에게 지급하여 연체액이 3기분에 미달하게 되면 그때는 임대인은 임차인을 상대로 차임연체를 이유로 계약을 해지할 수 없게 됩니다.

임차인은 3기의 차임을 연체하게 되면 임대차 계약을 해지 당할 수 있고, 계약갱신요구권, 권리금도 주장할 수 없게 되므로 주의하셔야 할 것입니다.

Q 18 코로나 19 사태로 두 달 월세를 연체하였는데 임차건물을
비워줘야 하나요?

질문   저는 상가를 임차하여 영업을 하고 있습니다. 그런데 최근 코로나

19사태로 인하여 영업에 큰 타격을 받았고 2개월째 월세를 납부하지 못하고 있습니다.

아직 임대차기간은 1년 가까이 남아있는데 건물주가 최근 차임연체를 이유로 임대차계약

을 해지하겠다는 내용증명을 보내 왔습니다. 임대차계약서 특약에는 월세를 2개월 연체

하면 임대인이 계약을 해지할 수 있다고 기재되어 있습니다. 코로나 확진자가 줄어들면서

장사도 조금씩 나아지고 있는 상황인데 건물주는 계약을 해지하겠다고만 하네요. 건물주

의 임대차 계약해지 통보는 정당하고 저는 임차건물을 명도해 주어야만 하나요.

답변   귀하는 특약으로 월세를 2개월 연체하면 임대인이 계약을 해지할

수 있다고 약정하였습니다. 따라서 위 특약의 효력이 문제가 됩니다.

임대인과 임차인이 작성하는 임대차 계약서를 보면 차임을 2개월 연체하면 임대인이

계약을 해지 할 수 있다고 특약을 하는 경우가 많이 있습니다. 그러나 현행 상가임대차법

제10조의 8은 임차인의 차임연체액이 3기의 차임액에 달하는 때에는 임대인은 계약을

해지할 수 있다고 규정하고 있습니다. 차임연체 해지 규정은 2015년 5월 13일 상가임대

차법이 개정이 되면서 새로 도입이 된 제도입니다. 또한 상가임대차법 제15조는 상가임대

차법에 위반된 약정으로서 임차인에게 불리한 것은 효력이 없다고 규정하고 있습니다.

따라서 상가임대차법이 3기의 차임액에 달하는 때 임대인은 계약을 해지 할 수 있다고

규정하고 있으므로 임대인과 임차인의 2기 차임연체 해지 특약을 하더라도 이는 임차인에게 불리한 특약으로 무효가 됩니다.

상가임대차법은 보증금이 일정금액 이하인 경우에만 적용이 됩니다. 그러나 상가임대차법의 3기 차임연체 해지 규정은 보증금 액수와 상관없이 모든 임차인들에게 적용이 됩니다.

따라서 귀하의 경우 귀하의 보증금과 차임이 얼마인지와 관계없이 상가임대차법의 3기 차임연체 해지 규정의 적용을 받고 귀하가 임대인과 한 특약은 무효이므로 건물주가 귀하를 상대로 한 계약해지는 이유가 없고 임차건물을 명도해 주지 않아도 됩니다. 다만 귀하가 차임을 한 번 더 연체하여 3기분을 연체하게 되면 임대인의 계약해지 통보는 정당하고 귀하는 임차건물을 명도해 주어야 할 것입니다.

이때 3기의 의미는 세 번을 연체했다는 의미가 아니라 연체액이 3기분이라는 의미입니다. 즉, 차임연체 누적분이 3기분이라는 의미입니다. 예를 들어 차임이 100만원이라면 연체된 차임액의 누적 합계액이 300만원이 될 때를 의미합니다. 또한 임대인은 임차인이 3기분을 연체하고 있을 때 계약을 해지할 수 있으므로 임대인이 계약해지권을 행사하지 않고 있는 동안 차임의 일부라도 임대인에게 지급하여 연체액이 3기분에 미달하게 되면 그때는 임대인은 임차인을 상대로 차임연체를 이유로 계약을 해지할 수 없게 됩니다.

따라서 귀하는 차임 연체액이 3기분에 달하기 전에 일부 차임이라도 지급하여야만 임대차 계약의 해지를 피할 수 있을 것입니다.

※ 상가임대차법 개정(법률 제17490호, 2020. 9. 29. 일부 개정, 시행 2020. 9. 29.)으로 개정 법 시행 후 6개월의 기간 동안 연체한 차임액은 계약의 해지, 계약갱신 거절 등의 사유가 되는 차임연체액에 해당하지 않는 것으로 하는 임시적 특례를 신설하였습니다. 위 개정법은 임시적 특례로 이 법 시행일인 2020년 9월 29일부터 6개월까지 기간 동안의 연체 차임만을 차임연체액으로 보지 않습니다.

Q 19 차임연체 도중 임대차계약이 갱신된 경우 차임연체의 시점은 언제인가요?

질문　　　　저는 2020년 4월 1일 상가건물을 보증금 20,000,000원, 월세 100만 원, 임대차기간 2020년 4월 1일부터 2022년 3월 31일까지로 정하여 임차하였고 현재 미용실을 운영하고 있습니다. 저는 계약기간 만료 전 2기분 차임 200만원을 연체한 상태였고 2022년 4월 1일 계약이 갱신되었습니다. 저는 계약이 갱신된 이후 또 한차례 차임을 연체하여 현재 총 300만원이 연체가 된 상태입니다. 임대인은 3기의 차임이 연체되었다며 임대차계약을 해지하겠다고 하는데 저는 상가건물을 비워 줘야만 하나요.

답변　　　　상가임대차법 제10조의8은 임차인의 차임연체액이 3기의 차임액에 달하는 때에는 임대인은 계약을 해지할 수 있다고 규정하고 있습니다. 3기의 차임액의 의미는 3번 연체의 횟수가 아니라 연체액의 합이 3개월분에 이르러야 한다는 뜻입니다. 귀하의 경우는 현재 3기분의 차임액이 연체가 되어 있는 상태입니다. 다만 귀하가 차임을 연체하고 있던 도중 임대차계약이 갱신이 되었다는 점에서 최초 계약시점을 차임연체의 기산점으로 삼아야 하는지, 계약이 갱신된 이후 차임연체만을 기준으로 삼아야 하는지 문제가 됩니다.

전자에 따른다면 임대인이 3기 차임연체를 이유로 계약을 해지할 수 있으나 후자를 따른다면 귀하는 아직 3기분의 차임을 연체하지 않고 있기 때문입니다.

이에 대해 대법원은 상가건물의 임차인이 갱신 전부터 차임을 연체하기 시작하여 갱신 후에 차임연체액이 2기의 차임액에 이른 경우에도 임대차계약 해지사유에 해당한다고 판시하여 갱신 전 연체한때로 부터 기산을 하고 있습니다.(대법원 판결은 상가임대차법에 3기 차임연체 계약해지 규정이 도입되기 전으로 민법 제640조가 적용된 사건입니다.)

대법원은 '상가건물의 임대차계약이 상가임대차법 제10조 제1항에 따라 임차인의 일방적인 갱신요구에 의하여 갱신된 경우에 계약이 갱신된 때로부터 새로이 2기 이상의 차임을 연체하여야만 임대차계약을 해지할 수 있다고 한다면, 그 임대인이 계약 갱신 전후로 2기의 차임액에 이르는 연체차임채권을 보유하더라도, 갱신 이후의 차임연체만으로는 임대차계약을 해지할 수 없게 된다. 이는 임대인으로 하여금 신뢰를 상실한 임차인과 사이의 계약관계에서 벗어날 수 없게 하고, 오히려 차임지급의무를 성실하게 이행하지 아니한 임차인을 보호하는 것으로서 형평에 반한다.

또한 임대차계약이 갱신된 후에는 임차인이 갱신 전에 연체한 차임을 지급할 유인이 사라지게 되므로, 앞서 본 바와 같이 민법 제640조가 차임의 연체를 이유로 임대인이 계약을 해지할 수 있는 근거를 마련하여 임차인에게 차임지급의무의 성실한 이행을 요구하는 입법 취지에도 반한다.

위와 같은 갱신 전후 상가건물 임대차계약의 내용과 성질, 임대인과 임차인 사이의 형평, 상가임대차법 제10조와 민법 제640조의 입법 취지 등을 종합하여 보면, 상가건물의 임차인이 갱신 전부터 차임을 연체하기 시작하여 갱신 후에 차임연체액이 2기의 차임액에 이른 경우에도 임대차계약의 해지사유인 '임차인의 차임연체액이 2기의 차임액에 달하는 때'에 해당하므로, 이러한 경우 특별한 사정이 없는 한 임대인은 2기 이상의 차임연체를 이유로 갱신된 임대차계약을 해지할 수 있다고 보아야 한다.'(대법원 2014. 7. 24. 선고 2012다28486 판결)고 판시하였습니다.

그리고 최근 서울중앙지방법원은 '2차 임대차계약과 동일한 조건으로 묵시적 갱신이 되었다고 하더라도 계약이 갱신된 2019년 1월 28일부터 새로이 3기의 차임액을 연체하여야만 위 예외사유에 관한 규정이 적용되는 것은 아니다'고 판시하면서 '임차인이 3기 이상의 차임액에 해당하는 금액에 이르도록 차임을 연체한 사실이 인정되므로 권리금 회수 방해로 인한 손해배상을 청구할 수 없다.'고 판시하였습니다.

따라서 위 판결들에 따르면 귀하는 현재 3기분의 차임을 연체하고 있고 임대인의 임대차계약 해지는 정당하다고 보이므로 임대인에게 상가건물을 명도해 줘야 할 것으로 보입니다.

Q 20 차임 연체 도중 건물주가 변경되었는데 임대차계약을 해지할 수 있나요?

질문   저는 상가건물을 임차하여 장사를 하던 중 장사가 잘되지 않아 차임을 계속해서 연체해 오고 있습니다. 5개월분의 차임이 연체된 상태인데 건물주가 상가건물을 매도하였습니다. 상가건물을 매수한 건물주는 차임연체를 이유로 임대차계약을 해지 통고를 하고 상가건물을 명도해 달라고 요구하고 있습니다. 저는 상가건물을 명도해야만 하나요.

답변   상가임대차법 제10조의8은 임차인의 차임연체액이 3기의 차임액에 달하는 때에는 임대인은 계약을 해지할 수 있다고 규정하고 있습니다. 그런데 귀하의 경우와 같이 차임을 연체하고 있던 중에 건물주 변경이 되면 바뀐 건물주가 전소유주와의 관계에서 연체된 차임을 이유로 상가임대차계약을 해지 할 수 있는지가 문제가 됩니다.

상가임대차법 제3조는 '대항력 등'이라는 표제로 제1항에서 대항력의 요건을 정하고, 제2항에서 "임차건물의 양수인인 임대인의 지위를 승계한 것으로 본다"고 정하고 있습니다. 이 조항은 임차인이 취득하는 대항력의 내용을 정한 것으로, 상가건물의 임차인이 제3자에 대한 대항력을 취득한 다음 임차건물의 양도 등으로 소유자가 변동된 경우에는 양수인 등 새로운 소유자가 임대인의 지위를 당연히 승계한다는 의미입니다. 소유권 변동의 원인이 매매 등 법률행위든 상속·경매 등 법률의 규정이든 상관없이 이 규정이 적용됩니다. 따라서 임대를 한 상가건물을 여러 사람이 공유하고 있다가 이를 분할하기 위한 경매절차에서 건물의 소유자가 바뀐 경우에도 양수인이 임대인의 지위를 승계합니다.(대법원 2017. 3. 22. 선고 2016다218874 판결 참조)

위 조항에 따라 임차건물의 양수인이 임대인의 지위를 승계하면, 양수인은 임차인에게 임대보증금반환의무를 부담하고 임차인은 양수인에게 차임지급의무를 부담합니다. 그러나 임차건물의 소유권이 이전되기 전에 이미 발생한 연체차임이나 관리비 등은 별도의 채권양도절차가 없는 한 원칙적으로 양수인에게 이전되지 않고 이전 임대인만이 임차인에게 청구할 수 있습니다. 차임이나 관리비 등은 임차건물을 사용한 대가로서 임차인에게 임차건물을 사용하도록 할 당시의 소유자 등 처분권한 있는 자에게 귀속된다고 볼 수 있기 때문입니다.

따라서 임대인 지위가 양수인에게 승계된 경우 이미 발생한 연체차임채권은 따로 채권양도의 요건을 갖추지 않는 한 승계되지 않고, 따라서 양수인이 연체차임채권을 양수받지 않은 이상 승계 이후의 연체 차임액이 3기 이상의 차임액에 달하여야만 비로소 임대차계약을 해지할 수 있는 것입니다.(대법원 2008. 10. 9. 선고 2008다3022 판결 참조)

그러므로 귀하의 경우 건물주가 변경되기 전에 5개월분의 차임을 연체하고 있었으나 건물매수인이 위 연체차임채권을 양수받지 않은 이상 건물주가 변경된 이후 새롭게 3기 이상의 차임을 연체하여야만 매수인이 임대차계약을 해지할 수 있다 할 것입니다.

Q 21 고액보증금 임차인도 차임 인상 5%의 제한을 받나요?

질문   저는 서울 서초동에서 약국을 운영하려고 임차보증금 3억, 차임 1000만원, 임대차기간 2020월 7월 1일부터 2022년 6월 30일까지 정하여 약국자리를 임차하였습니다. 그런데 건물주가 2022년 6월 30일 임대차기간이 만료가 되면 차임을 550만원으로 인상하겠다고 합니다. 상가임대차법은 계약갱신시 차임 인상률을 5%로 제한하고 있다고 알고 있는데 저는 차임을 임대인이 원하는 대로 올려줘야만 하나요.

답변   2001년 12월 상가임대차법 제정 당시 법 적용 대상을 영세상인의 임대차계약에만 국한시킬 목적으로 일정한 보증금액을 초과하는 임대차에 대해서는 상가임대차법의 법적용을 제외하여 왔습니다. 2019년 4월 2일 상가임대차법 시행령의 개정으로 현재 환산보증금액이 서울특별시 9억원, 수도권정비계획법에 따른 과밀억제권역과 부산광역시는 6억 9,000만원, 광역시는 5억 4,000만원을 초과하는 경우에는 상가임대차법이 적용되지 않습니다.

귀하의 경우 환산보증금이 13억원[=보증금 3억원 + (차임 1,000만원 x 100)]이므로 상가임대차법이 적용되지 않습니다. 다만 귀하와 같은 고액보증금의 상가임차인이라고 하더라도 상가임차인의 보호를 위해 상가임대차법의 개정을 통해 일정한 권리에 대해서는 보증금의 액수와 관계없이 보호범위를 확대해 오고 있으며 현재 상가임대차법 제3조(대항력), 제10조 제1항, 제2항, 제3항 본문(계약갱신요구권), 제10조의2(계약갱신의 특례), 제10조의3부터 제10조의7까지의 규정(권리금), 제10조의8(차임연체와 해지), 제19조 제1항 단서(표준계약서의 작성)의 규정에 대해서는 보증금 액수와 관계없이 모든 상가임차인에게 적용이 됩니다.

따라서 귀하의 경우도 임대인을 상대로 계약갱신요구권을 행사하여 10년의 범위 내에서 임대차기간을 유지할 수 있습니다. 임차인이 계약갱신을 요구하여 임대차계약이 갱신되는 경우 갱신되는 전 임대차와 동일한 조건으로 다시 계약된 것으로 봅니다.(상가임대차법 제10조 제3항 본문) 즉, 모든 조건이 동일하게 임대차기간만 연장이 되는 것입니다. 다만 차임과 보증금은 상가임대차법 제11조에 따른 범위에서 증감할 수 있고(상가임대차법 제10조 제3항 단서), 상가임대차법 시행령은 차임 등 증액청구의 기준을 5%로 제한하고 있습니다.(시행령 제4조)

그런데 귀하와 같은 고액보증금의 임차인에게 상가임대차법 제10조 제3항 본문은 적용이 되나 단서는 적용이 되지 않습니다. 고액보증금의 임차인의 차임증액에 대해서는 상가임대차법 제10조의2가 "제2조제1항 단서에 따른 보증금액을 초과하는 임대차의 계약갱신의 경우에는 당사자는 상가건물에 관한 조세, 공과금, 주변 상가건물의 차임 및 보증금, 그 밖의 부담이나 경제사정의 변동 등을 고려하여 차임과 보증금의 증감을 청구할 수 있다"고 별도의 계약갱신의 특례로 규정을 하고 있습니다. 즉 고액보증금의 임차인에 대해서는 증액을 할 수 있는 범위에 대해 제한을 두고 있지 않습니다. 따라서 임대인은 고액보증금 임차인에게는 5% 이상 차임증액을 요구할 수 있는 것입니다.

다만 임대인이 차임을 인상하기 위해서는 상가건물에 관한 조세, 공과금, 주변 상가건물의 차임 및 보증금, 그 밖의 부담이나 「감염병의 예방 및 관리에 관한 법률」제2조제2호에 따른 제1급 감염병 등에 의한 경제사정의 변동 등을 고려하여 차임과 보증금의 증감을 청구할 수 있으므로 이러한 사정에 대한 입증이 있어야 할 것이고 임차인이 차임 인상에 동의하지 않으면 차임증액소송을 통해 법원의 판결을 받아야 할 것입니다.

Q 22 상가건물에 경매가 진행 중이면 차임을 지급하지 않아도 되나요.

질문　　　저는 2022년 12월 상가건물을 임차하여 식당을 운영하고 있습니다. 그런데 건물주가 상가건물의 대출이자를 연체하기 시작하였고, 근저당권자인 은행은 상가건물에 대한 경매를 신청하였고, 법원은 강제경매개시결정을 하였습니다. 저는 상가건물에 강제경매개시결정이 내려지자 이후 월차임 및 관리비를 납부하지 않았습니다. 그런데 건물주는 제가 3개월분의 차임 및 관리비를 연체하였다는 이유로 임대차계약의 해지를 통보하고 상가건물의 명도를 요구하고 있습니다. 저는 상가건물을 명도해야 하나요.

답변　　　상가임대차법은 임차인의 차임연체액이 3기의 차임액에 달하는 때에는 임대인은 임대차계약을 해지할 수 있다고 규정하고 있습니다. 또한 임차인은 3기 이상의 차임액을 연체한 사실이 있는 경우 계약갱신요구를 거절당할 수 있고, 임대차계약 종료시 권리금회수기회도 보호받지 못하는 불이익을 받게 됩니다.

그런데 귀하의 경우와 같이 상가를 임차하여 영업을 하고 있는 도중에 건물주의 사정으로 상가건물이 경매에 넘어가는 경우가 있습니다. 대부분의 상가건물의 임차인은 후순위인 경우가 많고 최선순위 임차인이 아니라면 경매절차가 완료되면 임차인은 상가건물에서 퇴거해야 하고, 임대차보증금을 전액 돌려받지 못하게 되는 위험도 있습니다.

이러한 경우 임차인의 입장에서는 상가건물에 대한 경매절차가 진행중이면 차임, 관리비를 납부하지 않는 방법으로 손해를 최소화 하는 방안을 고민하게 됩니다. 문제는 임차인이 차임연체를 하게 되면 위에서 살펴본 임대차계약 해지 등의 불이익을 받게 되고 상가임대차법은 경매절차가 진행 중인 상가건물의 임차인이 차임을 지급하지 않는 경우 이를 차임연체로 보지 않는 규정이 존재하지 않습니다. 상가임대차법상으로는 경매절차가 진행중이다는 이유가 임차인이 차임을 지급하지 않을 수 있는 사유가 되지는 않는 것입니다.

그러나 경매절차가 진행중인 상가건물의 경우에도 임차인이 차임을 연체하면 상가임대차법이 정하는 불이익을 부과하는 것은 자신의 보증금을 지키고자 하는 임차인의 입장에서 상당히 불합리한 면이 있습니다.

법원은 이와 유사한 사건에서 상가건물에 대한 경매절차가 진행 중인 경우 임차인이 차임을 지급하지 않았다고 하더라도 이는 민법 제536조 제2항의불안의 항변권을 행사한 것으로 적법하다고 판결한 바 있습니다.

구체적인 사건의 내용을 보면 실제 임차인이 상가건물을 임차하여 원룸텔을 운영하던 도중 상가건물에 대한 경매개시결정이 내려졌고, 임차인은 경매개시결정이 내려지자 이후 월차임과 관리비를 납부하지 않은 사건에서

건물주는 강제경매개시결정과 관련한 금원을 공탁하여 강제집행정지결정을 받았고, 임차인을 상대로는 3기 차임연체를 이유로 임대차계약을 해지하는 통고를 하였습니다.

인천지방법원은 '이 사건 임대차계약 체결 후 이 사건 건물에 관하여 이 사건 강제경매개시결정이 내려진 점, 이 사건 건물에는 채권최고액 2,520,000,000원의 근저당권이 설정되어 있는 점, 이 사건 임대차계약에 따라 수수된 임대차보증금이 50,000,000원에 이르는 점, 피고는 이 사건 강제경매개시결정이 내려지기 전에는 월 차임 및 관리비를 연체한 적이 없는 점, 비록 원고가 40,000,000원을 공탁하고 강제집행정지결정을 얻었다고 하더라도 이는 관련 본안 사건의 항소심 판결 선고시까지의 임시적인 조치에 불과한

점, 원고가 들고 있는 이 사건 건물의 시가, 이 사건 건물에 설정된 근저당권의 실제 피담보채무액, 이 사건 강제경매개시결정의 기초가 된 집행권원상 청구금액, 원고의 재산상태 등의 사정을 감안하더라도, 이 사건 건물 부분의 임차인인 피고로서는 경매절차가 진행되어 배당이 완료될 때까지는 자신에게 실제로 배당될 금액을 예측하기 어려운 점 등을 종합적으로 고려할 때,

피고가 2017. 7.분 이후의 월 차임 및 관리비를 납부하지 않은 것은 민법 제536조 제2항 소정의 불안의 항변권을 행사한 것으로 적법하다고 할 것이다. 그렇다면, 피고가 2017. 7.분 이후의 월 차임 및 관리비를 납부하지 않은 것을 이유로 한 원고의 이 사건 임대차계약 해지는 부적법하여 효력이 없으므로, 위 해지가 적법함을 전제로 하는 원고의 주장은 받아들이지 않는다.'고 판시하였습니다.

따라서 귀하의 경우도 상가건물에 대한 강제경매개시결정이 내려졌고, 이를 이유로 차임 및 관리비를 납부하지 않았다면 이는 민법 제536조 제2항 소정의 불안의 항변권을 행사한 것으로 볼 수 있고, 건물주의 임대차계약 해지는 부적법하여 효력이 없다 할 것입니다.

IV. 계약갱신요구권 분쟁

Q 23 상가임대차법 개정 전에 계약하였는데 저도 10년 보호를 받나요?

질문 저는 상가건물을 임대차보증금 25,000,000원, 차임 150만원, 임차기간 2016년 11월 8일부터 2019년 11월 7일까지로 정하여 임차하여 식당을 하고 있습니다. 최근 상가임대차법이 개정되어 임차인이 10년 동안 계약갱신요구권을 행사할 수 있다고 들었는데 저도 10년 동안 보호를 받을 수 있나요.

답변 최근 임차인의 계약갱신요구권 관련 규정은 2차례 개정이 있었습니다. 2013년 8월 상가임대차법의 개정으로 보증금 액수와 상관없이 모든 상가임차인이 계약갱신요구권을 행사할 수 있도록 개정을 하였고 임대인의 계약갱신거절 사유를 더 엄격하게 하는 내용으로 개정이 되었으며, 2018년 10월 16일 개정으로 임차인의 계약갱신요구권 행사기간이 5년에서 10년으로 연장이 되었습니다.

다만 상가임대차법 개정 규정은 시행 후 최초로 체결되거나 갱신되는 임대차부터 적용이 됩니다. 따라서 2018년 10월 16일 이전에 계약을 체결한 임차인은 개정 전 법이 적용되어 5년의 범위내에서 계약갱신요구권을 행사할 수 있고, 2018년 10월 16일 이후에 계약을 체결한 임차인은 개정법의 적용을 받아 10년을 초과하지 아니하는 범위 내에서 계약갱신요구권을 행사할 수 있는 것입니다.

개정된 법은 기존의 상가임차인들에게는 적용이 되지 않으나 상가임대차법 개정 전에 임대차 계약을 체결할 상가임차인이라고 하더라도 경우에 따라서는 개정된 법의 적용을 받는 경우가 있습니다.

기존의 임차인이라고 하더라도 개정 전 법률에 따라 5년의 범위내에서 계약갱신요구권을 행사할 수 있는 임차인은 계약갱신요구권을 행사하여 계약을 갱신하면 개정법의 적용을 받아 10년의 기간동안 임대차기간을 보장받을 수 있게 되는 것입니다. 상가임대차법 부칙이 시행 후 최초로 갱신되는 임대차의 경우에도 개정된 법이 적용된다고 규정하고 있기 때문입니다. 그러나 현재 임대차기간이 5년을 경과한 상가임차인이라면 개정 전 법에 따라서는 더 이상 계약갱신요구권을 행사할 수 없게 되고 개정된 법은 적용이 되지 않으므로 더 이상 임대차 기간을 갱신할 수 없게 되는 것입니다.

구체적으로 예를 들면 임대기간 2년의 임대차계약을 체결하고 임대차기간이 진행 중인 임차인은 2년의 임대차기간이 만료되는 시점에 개정 전 법에 따라 5년의 범위내에서 계약갱신요구권을 행사할 수 있으므로 계약갱신 요구를 하여 계약이 갱신되면 개정법 시행 후 최초로 갱신되는 계약이 되어 개정된 법이 적용되므로 10년의 기간을 보장받을 수 있고, 임대기간 2년의 임대차계약을 체결하고 1회 갱신을 하여 4년째 임대기간이 진행 중인 임차인도 개정전 법에 따라 계약갱신요구를 하여 10년의 기간을 보장받을 수 있는 것입니다. 그러나 임대기간 5년의 임대차계약을 체결하고 임대차기간이 진행 중인 임차인이나 임대기간 2년의 임대차계약을 체결하고 2회 갱신하여 6년째 임대기간이 진행 중인 임차인은 임대차기간이 만료되면 개정 전 법에 따르더라도 이미 5년이 경과하여 더 이상 계약갱신요구권을 행사할 수 없고 개정된 법은 적용이 되지 않으므로 10년의 임대차기간을 보장받을 수 없는 것입니다.

정리하면 2018년 10월 16일 이전에 임대차계약을 체결한 임차인이라고 하더라도 2018년 10월 16일 이후에 재계약을 하거나 계약이 갱신되면 이러한 임차인들은 개정된 법이 적용되어 10년의 임대차기간을 보장받게 되는 것입니다.

귀하의 경우 개정 전 법에 따라 5년의 범위 내에서 계약갱신요구권을 행사할 수 있는 권리가 있으므로 2018년 10월 16일 이후 계약갱신요구권을 행사하여 계약이 갱신되면 부칙 규정에 따른 시행 후 최초로 갱신되는 임대차에 해당하게 되어 10년의 기간을 보장받을 수 있습니다.

Q 24 재계약하면 그때부터 10년이 보장되나요?

질문   저는 2017년 1월 1일 상가를 임차하여 식당을 운영하고 있습니다. 계약기간 2년이 만료되자 임대인은 임대차계약서를 다시 쓰자고 하였고 2019년 1월 1일 월세를 인상하는 임대차계약서를 다시 작성하였습니다. 저는 2019년 1월 1일 임대차 계약을 새로 하였으므로 이때부터 10년을 보장받는 건가요.

답변   2018년 10월 16일 상가임대차법의 개정으로 임차인의 계약갱신요구 권 행사기간이 5년에서 10년으로 연장이 되었습니다.

상가임대차법 개정 규정은 시행 후 최초로 체결되거나 갱신되는 임대차부터 적용이 됩니다. 따라서 2018년 10월 16일 이전에 계약을 체결한 임차인은 개정 전 법이 적용되어 5년의 범위 내에서 계약갱신요구권을 행사할 수 있고, 2018년 10월 16일 이후에 계약을 체결한 임차인은 개정법의 적용을 받아 10년을 초과하지 아니하는 범위내에서 계약갱신 요구권을 행사할 수 있는 것입니다.

다만 상가임대차법 개정 전에 임대차 계약을 체결할 상가임차인이라고 하더라도 상가임 대차법 부칙에 따라 개정법 시행 후 최초로 체결되거나 갱신이 되었다면 10년의 범위 내에서 계약갱신을 요구할 수 있습니다.

귀하의 경우 2018년 10월 16일 이전에 임대차 계약을 체결하였으므로 원칙적으로 개정 전 법에 따라 5년의 범위 내에서 계약갱신요구권을 보장받으나 법 개정 후인 2019년 1월 1일 다시 임대차계약을 체결하였으므로 상가임대차법 부칙 시행 후 최초로 체결된 계약에 해당하여 10년의 범위 내에서 계약갱신요구권을 행사할 수 있다 할 것입니다.

임차인이 10년간 행사할 수 있는 계약갱신요구권은 상가건물이 매매, 상속, 증여 등의 사유로 건물주가 바뀌더라도 최초 임대차 기간부터를 기준으로 합니다.

따라서 귀하의 경우와 같이 임대료를 인상하면서 다시 재계약을 하였다고 하더라도 최초의 임대차기간을 포함한 전체 임대차 기간이 10년을 초과하지 아니하는 범위 내에서만 계약갱신요구권을 행사할 수 있다 할 것입니다.

대법원도 "상가임대차법 제10조 제2항은 '임차인의 계약갱신요구권은 최초의 임대차기간을 포함한 전체 임대차기간이 5년을 초과하지 않는 범위 내에서만 행사할 수 있다'라고 규정하고 있는 바, 위 법률 규정의 문언 및 임차인의 갱신요구권을 전체 임대차기간 5년의 범위 내에서 인정하게 된 입법 취지에 비추어 볼 때 '최초의 임대차기간'이라 함은 위 법 시행 이후에 체결된 임대차계약에 있어서나 위법 시행 이전 전에 체결되었다가 위법 시행이후에 갱신된 임대차계약에 있어서, 모두 당해 상가건물에 관하여 최초로 체결된 임대차기간을 의미한다 할 것이다"고 판시하였습니다.(대법원 2006. 3. 23. 선고 2005다74320 판결)

Q 25 계약갱신요구는 반드시 명시적으로 해야 하나요?

질문　　　저는 상가건물을 임차하여 식당을 운영하고 있습니다. 임대차기간은 2022년 4월 30일에 만료가 되는 데 임대인이 2022년 4월 초경 임대차계약의 갱신을 거절하겠다고 통지를 하였습니다. 그러나 저는 갱신 거절의 통지를 받고도 임대인에게 명시적으로 계약갱신을 요구한 사실은 없습니다. 저는 권리금과 인테리어 비용으로 큰 돈을 지출하였고 임대차기간 만료 후 1년치 월차임을 모두 지급한 사실이 있습니다. 저는 상가건물을 명도해 줘야 하나요.

답변　　　상가임대차법은 임대인은 임차인이 임대차기간이 만료되기 6개월 전부터 1개월 전까지 사이에 계약갱신을 요구할 경우 정당한 사유없이 거절하지 못한다고 규정하고 있습니다.(법 제10조 제1항) 즉 법은 임차인의 명시적인 계약갱신을 요구하고 있습니다. 임차인의 계약갱신 요구는 임대차관계를 계속하여 유지하겠다는 의사가 표현이 되면 됩니다. 계약갱신을 요구하는 형식이나 방법에따로 제한이 있지는 않으므로 갱신요구의 사유를 명시하거나 기간을 특정할 필요도 없습니다.

임차인이 계약갱신을 요구하면 임대인에게 계약갱신을 거절한 정당한 사유가 없는 한 갱신되는 임대차는 전 임대차와 동일한 조건으로 다시 계약이 되는 것입니다. 따라서 임대차 기간도 최초 임대차기간이 1년이면 갱신 요구된 기간도 다시 1년이고, 최초 임대차기간이 3년이면 갱신 요구된 기간도 다시 3년이 되는 것입니다. 묵시적 갱신의 경우는 임대차 기간이 1년으로 갱신이 되므로 묵시적 갱신과의 가장 큰 차이점이 바로 임대차 기간입니다.

또한 임차인의 계약갱신 요구는 반드시 임대차기간이 만료되기 6개월 전부터 1개월 전까지 하여야 합니다. 이 기간을 준수하지 않으면 임차인의 계약갱신요구권의 행사가 효력이 없습니다. 다만 임대인도 위 기간 이내에 갱신 거절의 통지 또는 조건 변경의 통지를 하지 않았다면 묵시적 갱신이 될 수는 있습니다.

즉 상가임대차법이 정하는 임차인의 계약갱신요구권은 임차인이 임대차기간이 만료되기 6개월 전부터 1개월 전까지 사이에 계약의 갱신을 요구하면 그 단서에서 정하는 사유가 없는 한 임대인이 그 갱신을 거절할 수 없는 것을 내용으로 하여서 임차인의 주도로 임대차계약의 갱신을 달성하려는 것이고, 묵시적 갱신은 임대인이 위 기간 내에 갱신거절의 통지 또는 조건변경의 통지를 하지 아니하면 임대차기간이 만료된 때에 임대차의 갱신을 의제하는 것으로서 기간의 만료로 인한 임대차관계의 종료에 임대인의 적극적인 조치를 요구하고 있는 것입니다.

귀하의 경우는 임대인이 갱신 거절의 통지를 분명히 하였습니다. 따라서 임대차계약이 묵시적 갱신이 될 가능성은 없습니다. 또한 귀하는 임대인에게 계약갱신을 요구한 사실도 없으므로 임대차계약이 갱신되었다고 주장하기도 쉽지 않은 상황입니다.

다만 제주지방법원은 귀하와 유사한 사안에서 임대인이 2016년 11월경 임차인에게 찾아와 임대차계약의 갱신거절을 통지한 사실, 임차인이 기존 임차인에게 2015년 8월 24일과 2015년 8월 25일 권리금 등 명목으로 1,150만원을 지급한 사실, 임차인은 점포를 개업하면서 인테리어 비용으로 2015년 9월경 700만원을 지급하는 등 공사비를 지출한 사실, 임차인이 2017년분 임료를 지급한 사실이 인정되고, 위 인정사실에 의하여 알 수 있는 다음과 같은 사정, 즉 임대인이 2016년 11월경 임차인을 찾아와 임대차계약의 갱신거절을 통지할 당시에는 임차인이 영업을 시작한지 불과 1년이 조금 넘은 시점이었다는 점, 임차인이 점포를 개업하기 위하여 권리금과 인테리어 비용 등으로 큰 돈을 지출하였던 점, 임차인이 임대인에게 2017년분 임료 전액을 지급한 점 등에 비추어 보면, 2016년 11월경 비록 임차인이 명시적으로 임대인에게 갱신을 요구한다는 의사를 표명하지는 않았더라도 적어도 묵시적으로는 점포의 인도를 거부하고 임대차계약을 계속 유지하고자 하는 의사를 표시하였다고 봄이 상당하다고 하여 묵시적 계약갱신요구를 인정하는 듯한 판결을 하였습니다.

따라서 귀하의 경우도 명시적으로 계약갱신요구를 하지는 않았으나 묵시적으로 계약갱신요구를 하였다고 인정할 만한 사정들을 잘 입증한다면 "묵시적" 계약갱신요구가 인정될 수도 있으나 위 판결은 극히 예외적인 판결이므로 가능한 한 명시적으로 계약갱신요구를 하고 내용증명 등의 방법으로 그 증거를 명확히 하여야만 임차인이 임대차 기간 연장기회를 상실하는 피해를 피할 수 있을 것입니다.

Q 26 임차인의 3기 차임연체를 이유로 계약갱신요구를 거부할 수 있나요?

질문
저는 상가건물을 임대차보증금 1,500만원, 차임 월 130만원(매월 1일 지급), 임대차기간 2020년 5월 1일부터 2022년 4월 30일까지로 정하여 임차하였습니다. 저는 2021년 4월분, 5월분, 8월분 각 차임을 연체하였고, 그중 2021년 8월분 차임은 지급시기 이후인 2021년 9월 8일 지급하였습니다. 저는 임대차기간 만료일이 다가오자 임대인에게 임대차계약의 갱신을 요구하였으나 임대인은 제가 월 차임의 3기 이상을 연체한 사실이 있다며 갱신거절의 요사를 표시하였습니다. 저는 임대인에게 임대차계약의 갱신을 요구할 당시에는 월 차임의 3기 이상을 연체하지 않았는데 임대인의 갱신거절은 정당한가요.

답변
상가임대차법은 제10조는 임차인에게 최초의 임대차기간을 포함한 전체 임대차기간이 10년을 초과하지 아니하는 범위에서 계약갱신요구권을 보장하고 있습니다. 다만 상가임대차법 제10조 제1항 단서 제1호는 임대인이 임차인의 계약갱신 요구를 거절할 수 있는 사유로 '임차인이 3기의 차임액에 해당하는 금액에 이르도록 차임을 연체한 사실이 있는 경우'를 규정하고 있습니다.

임차인이 3기의 차임액에 해당하는 금액에 이르도록 차임을 연체한 사실의 의미는 차임연체의 횟수가 3회라는 의미가 아니라 연체된 차임의 누적액이 3기분에 달하는 경우를 말합니다.

귀하의 경우 과거에 3기의 차임액을 연체하였다가 이후 연체차임을 지급하여 계약갱신요구권을 행사할 시점에는 차임연체액이 3기분에 이르지 않고 있습니다. 따라서 귀하가 3기 이상의 차임을 연체한 상태에서만 임대인이 계약갱신을 거절할 수 있는 것인지, 계약갱신을 요구할 시점에는 3기 이상의 차임을 연체하지 않았지만 과거에 3기 이상의 차임을 연체한 적이 있다면 임대인이 계약갱신을 거절할 수 있는지가 문제가 됩니다.

이와 유사한 규정으로 상가임대차법 제10조의8은 임차인의 차임연체액이 3기의 차임액에 달하는 때에는 임대인은 계약을 해지할 수 있다고 규정하고 있습니다. 계약갱신 거절사유로서 차임연체는 '차임을 연체한 사실이 있는 경우'라고 규정한 반면에 계약해지 사유로써 차임연체는 '차임액에 달하는 때'라고 다르게 규정을 하고 있는 것입니다.

이와 같은 문언상의 차이를 보더라도 계약갱신 거절사유로서 차임연체는 과거에 3기 이상의 차임을 연체한 적이 있다면 임차인이 계약갱신을 요구한 시점에 차임을 연체하지 않고 있다고 하더라도 임대인이 계약갱신을 거절할 수 있다고 보아야 할 것입니다. 반면에 계약해지 사유로써 차임연체는 임대인이 차임연체를 이유로 계약해지 통지를 하는 시점에 연체된 차임의 누적액이 3기분에 달하고 있어야 한다는 차이가 있는 것입니다.

대법원은 "상가임대차법 제10조의8은 임대인이 차임연체를 이유로 계약을 해지할 수 있는 요건을 '차임연체액이 3기의 차임액에 달하는 때'라고 규정하였다. 반면 임대인이 임대차기간 만료를 앞두고 임차인의 계약갱신 요구를 거부할 수 있는 사유에 관해서는 '3기의 차임액에 해당하는 금액에 이르도록 차임을 연체한 사실이 있는 경우'라고 문언을 달리하여 규정하고 있다(상가임대차법 제10조 제1항 제1호).

그 취지는, 임대차계약 관계는 당사자 사이의 신뢰를 기초로 하므로, 종전 임대차기간에 차임을 3기분에 달하도록 연체한 사실이 있는 경우에까지 임차인의 일방적 의사에 의하여 계약관계가 연장되는 것을 허용하지 아니한다는 것이다(대법원 2014. 7. 24. 선고 2012다58975 판결 참조).

위 규정들의 문언과 취지에 비추어 보면, 임대차기간 중 어느 때라도 차임이 3기분에 달하도록 연체된 사실이 있다면 그 임차인과의 계약관계 연장을 받아들여야 할 만큼의 신뢰가 깨어졌으므로 임대인은 계약갱신 요구를 거절할 수 있고, 반드시 임차인이 계약갱신요구권을 행사할 당시에 3기분에 이르는 차임이 연체되어 있어야 하는 것은 아니다."고 판시하였습니다.(대법원 2021. 5. 13. 선고 2020다255429 판결)

따라서 귀하는 과거에 월 차임의 3기분을 연체한 사실이 있는바 임대인은 그 사유를 들어 귀하의 계약갱신 요구를 거절할 수 있다 할 것입니다.

Q 27 임차인의 건물 파손을 이유로 계약갱신요구를 거부할 수 있나요?

질문   저는 2년 계약으로 상가를 임차해서 설렁탕집을 운영하고 있습니다. 임대차기간이 끝나기 3개월 전쯤 임대인에게 계약갱신을 하겠다고 통보 하였습니다. 그런데 임대인은 제가 식당을 운영하는 과정에서 가스관 및 간판 설치를 위해 건물에 구멍을 뚫고 지하층으로 연결되는 철제 난간을 절단하여 그곳 바닥을 부엌의 일부로 사용한 것을 거론하며 제가 건물을 파손하였으니 계약갱신요구를 거절하겠다고 합니다. 임대인의 계약갱신요구 거절은 정당한 가요?

답변   상가건물의 임차인은 최초의 임대차기간을 포함한 전체 임대차기간이 10년을 초과하지 않는 범위 내에서 임대인에게 임대차계약의 갱신을 요구할 수 있습니다. (상가임대차법 제10조) 다만 임대인은 상가임대차법이 정하고 있는 정당한 사유가 있는 경우에는 임차인의 갱신요구를 거절할 수 있습니다.

상가임대차법이 정하고 있는 정당한 사유는 ① 임차인이 3기의 차임액에 해당하는 금액에 이르도록 차임을 연체한 사실이 있는 경우, ② 임차인이 거짓이나 그 밖의 부정한 방법으로 임차한 경우, ③ 서로 합의하여 임대인이 임차인에게 상당한 보상을 제공한 경우, ④ 임차인이 임대인의 동의 없이 목적 건물의 전부 또는 일부를 전대(轉貸)한 경우, ⑤ 임차인이 임차한 건물의 전부 또는 일부를 고의나 중대한 과실로 파손한 경우, ⑥ 임차한 건물의 전부 또는 일부가 멸실되어 임대차의 목적을 달성하지 못할 경우, ⑦ 임대인이 다음 각 목의 어느 하나에 해당하는 사유로 목적 건물의 전부 또는 대부분을 철거하거나 재건축하기 위하여 목적 건물의 점유를 회복할 필요가 있는 경우 가. 임대차계약 체결 당시 공사시기 및 소요기간 등을 포함한 철거 또는 재건축 계획을 임차인에게 구체적으로 고지하고 그 계획에 따르는 경우, 나. 건물이 노후·훼손 또는 일부 멸실되는 등 안전사고의 우려가 있는 경우, 다. 다른 법령에 따라 철거 또는 재건축이 이루어지는 경우, ⑧ 그 밖에 임차인이 임차인으로서의 의무를 현저히 위반하거나 임대차를 계속하기 어려운 중대한 사유가 있는 경우입니다.

상가임대차법이 임차인에게 5년 내지 10년의 범위 내에서 계약갱신요구권을 부여하고 있는 취지는, 임대차계약을 통하여 상가건물을 영업장으로 확보하고 영업을 시작하는 상인들의 경우 영업초기의 투자비용이나 시설비용이 과다함에도 불구하고 임대차기간의 만료로 인하여 영업장을 옮겨야 한다면 그 초기비용을 회수하지 못하는 손실을 입게 되므로, 상가건물 임차인에게 영업개시일로부터 최소한의 임대차기간을 보장함으로써 위와 같은 비용회수를 용이하게 하려는 데 있습니다. 따라서 임대인의 갱신요구 거절사유는 임차인의 보호를 위해 엄격하게 해석하는 경향이 있습니다.

귀하의 경우 상가임대차법이 규정하고 있는 갱신요구 거절사유인 ⑤ 임차인이 임차한 건물의 전부 또는 일부를 고의나 중대한 과실로 파손한 경우 또는 ⑧ 임차인이 임차인으로서의 의무를 현저히 위반하거나 임대차를 계속하기 어려운 중대한 사유가 있는 경우에 해당하는지 살펴보아야 합니다.

귀하는 가스관 및 간판 설치를 위해 건물에 구멍을 뚫었고 철제 난간을 절단하는 등의 행위를 하였는데 이와 같은 경우 귀하가 고의나 중대한 과실로 건물의 전부 또는 일부를 파손한 것으로 볼 수 있습니다.

서울서부지방법원은 이와 유사한 사건에서 "① 임차인은 이 사건 점포에서 설렁탕 등을 판매하는 식당을 운영하기 위하여 천장과 내벽에 각 도배지를 시공하고, 우측벽 고정창 상단부의 유리를 절단한 후 배기휀을 설치하였으며, 주방 좌측 기존 샷시 유리창을 철거한 다음 하부에는 샌드위치 판넬을, 상부에는 하이샷시 창문을 각 설치하였다.

② 임차인은 이 사건 건물의 배면 지하실 입구 통로부분에 철제문 1개, 이 사건 건물의 배면 통로 우측부분에 샌드위치 판넬 지붕을 각 설치하였고, 지하층으로 연결되는 철제 난간을 절단하여 그곳 바닥에 냉장고와 가마솥을 놓고 이를 음식점 영업을 위한 부엌의 일부로 사용하고 있다. ③ 임차인 이 사건 건물 좌측의 주차장에 있던 화단을 철거한 후 그곳에 가건물을 설치하여 사용하다가 임대인의 항의를 받고 이를 철거하였다. ④ 임차인은 이 사건 건물의 배면 외벽에는 가스관을 설치하였는데, 이로 인하여 이 사건 건물의 배면 외벽의 화강석 4장에는 구멍이 생긴 상태이고, 좌측면 외벽의 화강석 3장에도 뚫린 구멍을 메운 흔적이 있는데, 이는 임차인이 임대인의 동의를 얻지 아니하고 가스관을 설치함으로써 발생한 것이다. 또한, 이 사건 건물의 전면 외벽의 화강석에도 간판을 설치하는 과정에서 8개의 구멍이 발생하였다. ⑤ 이 사건 건물의 우측면에 있는 주차장 외벽에 화강석 2장이 깨져 있다.

이는 이 사건 점포에서 설렁탕 등을 판매하는 식당을 운영하기 위한 부득이한 행위로 보이고, 임차인이 가스관 및 간판 설치를 위하여 이 사건 건물의 배면과 좌측, 전면의 화강석에 구멍을 뚫어 이 사건 건물을 일부 훼손하였다고 하더라도, 이 사건 건물의 안전이나 미관을 훼손한다고 보기 어렵고, 간판 설치를 위하여 불가피한 것으로서 차후 임대차 종료시 적은 비용으로 원상회복이 가능할 것으로 보인다. 따라서 임차인이 이 사건 건물의 전부 또는 일부를 고의 또는 중대한 과실로 파손하였다고 보기 어렵다. 임차인으로서 의무를 현저히 위반하였다거나 그 밖에 임대차를 존속하기 어려운 중대한 사유가 있다고 보기 어렵다"고 판시한 바 있습니다(서울서부지방법원 2006. 11. 1. 선고 2006가합3158 판결 참조).

따라서 귀하의 경우 가스관 및 간판 설치를 위해 건물에 구멍을 뚫었다고 해도 차후 임대차 종료시 적은 비용으로 원상회복이 가능해 보이고 임차한 건물의 전부 또는 일부를 고의나 중대한 과실로 파손한 경우로 보기도 어렵고 이와 같은 사유만으로 임차인으로서 의무를 현저히 위반하였다거나 그 밖에 임대차를 존속하기 어려운 중대한 사유가 있다고 보기 어렵다 할 것이므로 상가임대차법이 보장하고 있는 10년의 범위 내에서 임대인에게 계약의 갱신을 요구할 수 있고 임대인의 갱신요구 거절은 정당한 사유가 없다 할 것입니다.

Q 28 주택재건축사업구역의 경우 계약갱신요구권을 행사할 수 있나요?

질문　저는 2020년 6월 15일 보증금 4,000만원, 월차임 200만원, 임대차기간 2년으로 정하여 상가를 임차하여 장사를 하고 있습니다. 그런데 주택재건축정비사업조합이 이 사건 상가 건물 일대를 구역으로 하는 정비사업인가를 받아 설립되었고, 북구청장으로부터 관리처분계획인가를 받은 이후 상가건물에서 퇴거할 것을 요구하고 있습니다.

저는 임차한 상가에서 10년 동안 장사를 할 수 있을 것이라고 생각하고 인테리어 비용 등을 투자하였는데 상가건물을 비워 줘야만 하나요. 비워 줘야 한다면 보상은 받을 수 있나요.

답변　상가임대차법은 10년의 계약갱신요구권을 보장하고 있으나 상가임대차법 제10조 제1항 단서는 임차인의 계약갱신요구를 거절할 수 있는 예외사유 8가지를 규정하고 있고, 그 중 제7호는 ① 임대차계약 체결 당시 공사시기 및 소요기간 등을 포함한 철거 또는 재건축 계획을 임차인에게 구체적으로 고지하고 그 계획에 따르는 경우 ② 건물이 노후·훼손 또는 일부 멸실되는 등 안전사고의 우려가 있는 경우 ③ 다른 법령에 따라 철거 또는 재건축이 이루어지는 경우의 사유로 임대인이 목적 건물의 전부 또는 대부분을 철거하거나 재건축하기 위하여 목적건물의 점유를 회복할 필요가 있는 경우입니다.

귀하의 경우 임대차계약체결 당시에 공사시기 및 소요기간 등을 포함한 철거 또는 재건축

계획을 구체적으로 고지받은 사실이 없거나 건물이 노후 · 훼손 또는 일부 멸실되는 등 안전사고의 우려가 있는 경우에 해당하지 않는다고 하더라도 ③ 다른 법령에 따라 철거 또는 재건축이 이루어지는 경우에 해당하는지가 문제가 됩니다.

도시 및 주거환경정비법(이하 '도시정비법')은 관리처분계획이 인가되어 고시된 때에는 종전의 토지 또는 건축물의 소유자 · 지상권자 · 임차권자 등 권리자는 정비사업의 준공인가에 따른 이전고시가 있는 날까지 종전의 토지 또는 건축물을 사용하거나 수익할 수 없고, 사업시행자가 이를 사용 · 수익할 수 있습니다. 따라서 정비사업에 관한 관리처분계획의 인가 및 고시에 의해 임차인의 상가 건물에 대한 사용 · 수익이 정지되고, 사업시행자인 정비사업조합이 사용 · 수익할 수 있게 됩니다.(대법원 2010. 5. 27. 선고 2009다53635 판결 참조)

따라서 귀하의 경우 정비사업에 관한 관리처분계획 인가 및 고시에 의해 임차인들의 건물에 대한 사용 · 수익이 정지되고, 사업시행자인 조합이 사용 · 수익할 수 있게 되었으므로 조합은 다른 특별한 사정이 없는 한 임차인들을 상대로 퇴거할 것을 청구할 권리가 있으므로 ③ 다른 법령에 따라 철거 또는 재건축이 이루어지는 경우에 해당한다 할 것이고 조합은 귀하의 계약갱신 요구를 거절할 정당한 사유가 있다 할 것입니다.

그렇다면 귀하가 상가건물에서 퇴거할 경우 그에 따른 손실보상을 청구할 수 있는지 살펴보면 도시정비법은 손실보상을 규정하고 있고 임차인이 권리금, 시설투자비 등에 대한 손실보상을 청구하기도 합니다. 그러나 대법원은 ① 도시정비법에는 재건축정비사업 시행자가 상가임차인에 대하여 직접 상가 권리금을 보전해 주어야 한다거나 보상을 통해 주거 및 이주 대책을 수립해 줄 의무가 있다고 볼 명시적 근거규정이 없고, 상가임대차법 제 규정을 종합하더라도 재건축정비사업 시행자가 임차인의 권리금을 보전할 의무가 있다고 해석할 근거가 없는 점 ② 도시정비법은 정비사업의 유형별로 공공성, 공익성의 정도를 고려하여 구체적 규율 내용을 달리하는데 주택재건축사업은 주택재개발사업에 비하여 공공성 및 공익성이 상대적으로 미약한 점, ③ 도시정비법상 주택재건축사업에서는 토지 등 소유자가 임차권자 등에 대한 보상을 스스로 해결하게 할 것을 전제하로 한 것으로 보이는 점 등에 비추어 임차인 등의 손실보상에 관한 도시정비법의 관계규정이 재건축정비사업에는 적용 또는 유추적용 된다고 보기 어렵다고 판결하고 있습니다.(대법원 2014. 7. 24. 선고 2012다62561, 62578 판결 등)

따라서 귀하는 도시정비법에 따른 손실보상도 받기 어려워 보입니다.

Q 29 아파트 건설을 이유로 계약갱신요구를 거절할 수 있나요?

질문　　　저는 상가건물을 보증금 2,000만원, 월 차임 100만원, 임대차기간 2019년 1월 1일부터 2020년 12월 31일까지로 정하여 임차하여 현재 미용실을 운영하고 있습니다. 저는 2020년 11월 13일 건물주에게 임대차계약의 갱신을 요구하였으나 건물주는 이를 거절하고 상가건물을 명도해줄 것을 요구하고 있습니다.

건물주는 상가건물이 있는 곳 일대에 주택법에 따라 주택건설사업계획이 승인되었고 이곳에 아파트가 지어질 예정이므로 임차인의 계약갱신요구를 거절할 수 있다고 주장하고 있습니다. 저는 상가건물을 명도하여야만 하나요.

답변　　　임차인은 임대차기간이 만료되기 6개월 전부터 1개월전까지 사이에 임대인에게 임대차계약의 갱신을 요구할 수 있고 임대인은 정당한 사유가 없으면 이를 거절하지 못합니다. 임대인이 임차인의 계약갱신요구를 거절할 수 있는 사유로 상가임대차법은 8가지 갱신요구거절사유를 규정하고 있고 그중 하나가 임대인이 목적건물의 전부 또는 부분을 철거하거나 재건축하기 위하여 목적 건물의 점유를 회복할 필요가 있는 경우입니다.

다만 철거 또는 재건축을 이유로 임차인의 계약갱신요구를 거절하기 위해서는 첫째 임대차계약 체결 당시 공사시기 및 소요기간 등을 포함한 철거 또는 재건축 계획을 임차인에게 구체적으로 고지하고 그 계획에 따르는 경우, 둘째 건물이 노후·훼손 또는 일부 멸실되는 등 안전사고의 우려가 있는 경우, 셋째 다른 법령에 따라 철거 또는 재건축이 이루어지는 경우 중 어느 하나에 해당해야 합니다.

건물주는 상가건물이 있는 곳 일대에 관하여 주택법에 따라 주택건설사업계획이 승인되어 아파트가 지어질 예정이므로 셋째 사유인 다른 법령에 따라 철거 또는 재건축이 이루어지는 경우에 해당한다는 이유로 귀하의 계약갱신요구를 거절하면서 임대차기간이 만료되었으니 상가건물을 인도하여 달라고 요구하고 있는 것입니다. 따라서 주택법에 따라 주택건설사업계획이 승인된 것이 다른 법령에 따라 철거 또는 재건축이 이루어지는 경우로 볼 수 있는지가 문제가 됩니다.

광주지방법원은 다른 법령에 따라 철거 또는 재건축이 이루어지는 경우는 법령에 근거하여 건물을 매수하거나 수용하는 등의 방법으로 철거 또는 재건축을 강제할 수 있는 경우를 의미한다고 봄이 타당하고 주택법에 따라 주택건설사업계획 승인을 받은 것만으로는 사업 구역 안에 있는 건물의 소유자 또는 점유자의 의사에 반하여 건물 철거를 강제할 수는 없으니, 주택건설사업계획 승인이 상가임대차법에서 정한 다른 법령에 따라 철거 또는 재건축을 하는 경우에 해당하지 않는다고 판시하였습니다.

따라서 위 판결에 따르면 귀하는 건물주에게 계약갱신요구를 하였고 건물주의 계약갱신요구 거절은 정당한 사유가 없이 한 것으로서 효력이 없으므로 임대차계약의 갱신이 이루어졌고 귀하는 건물주에게 상가건물을 명도하지 않아도 될 것입니다.

다만 최근 서울중앙지방법원은 "주택임대차법 제6조의3 제1항 제7호 다목은 다른 법령에 따라 철거 또는 재건축이 이루어지는 경우로서 임대인이 목적 주택의 전부 또는 대부분을 철거하거나 재건축하기 위하여 목적 주택의 점유를 회복할 필요가 있는 때에는, 임대인은 임차인의 계약 갱신요구를 거절할 수 있는 바, 갑 3, 4호증의 각 기재에 변론 전체의 취지를 더하여 보면,

이 사건 주택은 지역주택조합 사업 추진에 따라 철거 및 재건축이 이루어지는 지역

내에 위치하고 있고, 지역주택조합사업의 진행에 따라 향후 철거가 예정된 사실을 인정할 수 있으므로 이를 지적하는 원고의 재항변은 이유있고"라고 판시하여 지역주택조합의 경우 "다른 법령에 따라 철거 또는 재건축이 이루어지는 경우"에 해당한다고 판시하였고, (서울중앙지방법원 2021. 9. 10. 선고 2020나87540 판결)

재개발, 재건축을 이유로 계약갱신요구를 거절한 사건에서 "'다른 법령에 따라 철거 또는 재건축'이 이루어지는 경우로서 임대인이 당해 목적 건물의 점유를 회복할 필요가 있는 경우에는 임대인의 임차인 권리금 회수기회 보호의무가 면제된다고 할 것이고, 여기에서 위 '다른 법령에 따라 철거 또는 재건축이 이루어지는 경우'가 반드시 법령에 의하여 강제적으로 진행되는 사업에 국한하는 것으로 해석할 근거는 없다."면서,

"서울시는 2017년 7월 13일 서울특별시 고시로 이 사건 사업부지를 포함한 H지구에 대하여 노후·불량 건축물을 정비하는 것을 내용으로 하는 지구단위계획(재정비)을 고시한 사실, E는 이 사건 사업부지 전체의 소유권을 확보한 다음 토지의 소유권자로서 위 고시에 따라 구체적인 개발계획을 수립하였고, 2019년 5월 22일 시공사인 I 주식회사와 공동주택 신축에 관한 공사도급계약을 체결한 사실, 이 사건 사업은 2019년 12월 24일 동작구 도시건축공동위원회의 심의를 거쳐 가결되었고, 2020년 4월 8일 서울시 도시건축공동위원회의 심의를 거쳐 가결된 사실, 현재 이 사건 사업부지 9132.8m2 중 약 87%에 해당하는 7938.8m2 지상의 건물이 철거된 사실 등이 인정되는바,

결국 이에 따르면 원고는 주택법에 따른 이 사건 사업을 추진하기 위하여 이 사건 건물을 철거, 그 점유를 회복할 필요가 있는 경우에 해당한다." 판시하였습니다.(서울중앙지방법원 2021. 4. 16. 선고 2020가합525581(본소), 2020가합525598(반소)

최근의 하급심 판결의 경향은 '다른 법령에 따라 철거 또는 재건축이 이루어지는 경우'의 의미를 좀 더 넓게 판단하고 있는 것으로 보입니다.

Q 30 계약갱신 거절 사유인 다른 법령에 따라 철거 또는 재건축이 이루어지는 경우란?

질문 저는 상가건물을 2019년 보증금 20,000,000원, 월세 200만원, 임대차기간 2019년 7월 26일부터 2021년 7월 25일까지로 하여 임대차계약을 체결한 후 노래방을 운영해 오고 있습니다. 그런데 A가 상가건물을 매수한 후 2021년 6월 1일 주택법에 따라 공동주택건설사업계획승인을 신청하였으므로 임대차계약의 갱신을 거절한다고 저에게 내용증명을 보냈습니다. 저는 계약갱신을 요구할 수 없나요.

답변 임차인은 임대차기간이 만료되기 6개월 전부터 1개월전까지 사이에 임대인에게 임대차계약의 갱신을 요구할 수 있고 임대인은 정당한 사유가 없으면 이를 거절하지 못합니다. 임대인이 임차인의 계약갱신요구를 거절할 수 있는 사유로 상가임대차법은 8가지 갱신요구거절사유를 규정하고 있고 그중 하나가 상가임대차법 제10조 제1항 단서에서 정하고 있는 임대인이 목적건물의 전부 또는 부분을 철거하거나 재건축하기 위하여 목적 건물의 점유를 회복할 필요가 있는 경우입니다.

다만 철거 또는 재건축을 이유로 임차인의 계약갱신요구를 거절하기 위해서는 첫째 임대차계약 체결 당시 공사시기 및 소요기간 등을 포함한 철거 또는 재건축 계획을 임차인에게 구체적으로 고지하고 그 계획에 따르는 경우, 둘째 건물이 노후·훼손 또는 일부 멸실되는 등 안전사고의 우려가 있는 경우, 셋째 다른 법령에 따라 철거 또는 재건축이 이루어지는 경우 중 어느 하나에 해당해야 합니다.

따라서 이 사건의 경우 상가임대차법 제10조 제1항 단서 제7호 다목에서 정해진 "다른 법령에 따라 철거 또는 재건축이 이루어지는 경우"에 해당하는지 살펴보아야 합니다.

의정부지방법원은 "다른 법령에 따라 철거 또는 재건축이 이루어지는 경우"는 그 문언대로 철거나 재건축이 '법령에 따라' 행해지는 경우 즉, 위법건축물을 철거하게 되거나 도시 및 주거환경정비법에 의한 정비사업이 행해지는 경우 등 임대인의 의사와 무관하게 철거 또는 재건축을 하게 되는 경우를 의미한다고 해석하여야 하고, 임대인이 자신의 사업계획에 따라 상가건물을 철거 또는 재건축 하는 경우는 비록 주택법 등 관련 법령에 의한 허가절차가 전제된다고 하더라도 그 철거나 재건축 자체는 자신의 사업계획에 의해 행해지는 것이고, 법령에 의하여 철거나 재건축이 행해지는 경우라고 할 수는 없다고 판시하였고(의정부지법 2016. 10. 26. 선고 2016가합50181 판결),

광주지방법원은 다른 법령에 따라 철거 또는 재건축이 이루어지는 경우는 법령에 근거하여 건물을 매수하거나 수용하는 등의 방법으로 철거 또는 재건축을 강제할 수 있는 경우를 의미한다고 봄이 타당하고 주택법에 따라 주택건설사업계획 승인을 받은 것만으로는 사업 구역 안에 있는 건물의 소유자 또는 점유자의 의사에 반하여 건물 철거를 강제할 수는 없으니, 주택건설사업계획 승인이 상가임대차법에서 정한 다른 법령에 따라 철거 또는 재건축을 하는 경우에 해당하지 않는다고 판시하였습니다.

그러므로 A가 주장하는 사유는 상가임대차법이 정하고 있는 계약갱신 거절사유인 '다른 법령에 따라 철거 또는 재건축'이 되는 경우에 해당하지 아니한다 할 것이므로 귀하는 상가임대차법에 따른 계약갱신을 요구할 수 있을 것으로 보입니다.

Q 31 청년주택사업을 위하여 건물의 철거 및 재건축이 필요하다는 사유가 계약갱신거절 사유인가요?

질문 저는 2018년 5월 9일에 서울 중구에 상가건물을 임대차보증금 2,000만원, 차임 월 100만원(부가가치세 포함), 임대차기간 2018년 5월 14일부터 2020년 5월 13일까지로 정하여 임차하여 빵집을 운영하고 있고 그 후 묵시적으로 갱신되어 존속기간이 2022년 5월 13일까지로 연장되었습니다. 임대차기간의 만료일이 다가오자 저는 임대인에게 계약갱신을 요구하였으나 임대인이 참여하기로 한 서울특별시 역세권 청년주택사업의 시행을 위해서는 상가건물의 철거 및 재건축이 필요하다며 저의 갱신요구를 거절하였습니다. 임대인의 계약갱신요구 거절은 정당한가요.

답변 상가임대차법 제10조는 임차인에게 최초의 임대차기간을 포함한 전체 임대차기간이 10년을 초과하지 아니하는 범위에서 임차인의 계약갱신요구권을 인정하고 있고, 임대인은 제10조 제1항 단서에서 규정하고 있는 8가지 사유가 존재하는 경우 임차인의 계약갱신요구를 거절할 수 있습니다. 상가임대차법이 규정하고 있는 8가지 갱신요구 거절사유 중 하나가 "임대인이 다른 법령에 따라 철거 또는 재건축이 이루어지는 경우로 목적건물의 전부 또는 부분을 철거하거나 재건축하기 위하여 목적건물의 점유를 회복할 필요가 있는 경우"입니다.

따라서 임대인이 추진하고 있는 서울특별시 역세권 청년주택사업에 따른 상가건물의 철거 및 신축 사업이 위 규정에서 정하는 '다른 법령에 따라 철거 또는 재건축이 이루어지는 경우'에 해당하는지 여부에 관하여 살펴봐야 합니다.

민간임대주택의 공급을 촉진하고 국민의 주거생활을 안정시키는 것을 목적으로 하는 민간임대주택에 관한 특별법의 목적, 임대주택 공급촉진에 필요한 사항을 규정하여 청년층의 주거 안정을 목적으로 하는 조례의 목적, 조례는 민간임대주택에 관한 특별법 등에 터 잡아 역세권 청년주택사업을 시행하기 위한 구체적인 방침을 정하고 있는 점, 민간임대주택에 관한 특별법 및 조례는 사업시행자에 의한 임대주택 건축을 예정하고 있고, 그 건축과 관련한 구체적인 절차, 규제의 완화, 지방자치단체 등에 의한 지원 등을 규정하고 있는 점 등을 종합하면, 역세권 청년주택사업의 진행을 위하여 이 사건 건물의 철거 및 재건축이 필요하다고 인정된다면 이는 상가임대차법 제10조 제1항 제7호 다목이 규정하고 있는 '다른 법령에 따라 철거 또는 재건축이 이루어지는 경우'에 해당한다고 보아야 합니다.

서울중앙지방법원도 "상가임대차법 제10조 제1항 제7호 다목을 법령에 따라 강제적으로 사업대상구역으로 편입되어 철거 또는 재건축이 이루어지거나 법령에 따라 철거의무가 생기는 경우에만 적용되고, 임대인의 일방적 의사나 희망에 따라 철거 여부를 선택할 수 있는 모든 경우는 적용되지 않는 것으로 보게 되면, 이 사건 역세권 청년주택사업과 같이 임대인이 민간임대사업을 하여 민간임대주택의 공급을 촉진하고 국민의 주거생활을 안정시키는 것을 목적으로 하는 민간임대주택에 관한 특별법의 실효성을 떨어뜨릴 수 있을 뿐만 아니라, 원고와 같은 경우에는 상가임대차법 제10조 제1항 제7호 다목의 적용에서 완전히 배제되어 이 사건 역세권 청년주택사업 자체를 진행할 수 없는 결과가 초래될 가능성도 있으므로, 위와 같이 해석할 수 없고, 민간임대주택에 관한 특별법과 이 사건 조례에 따라 진행되는 이 사건 역세권 청년주택사업의 경우에도 적용될 수 있다고 보아야 한다"고 판시하면서

"임대인이 참여하여 이 사건 건물 및 이 사건 인접건물의 부지 등에서 추진되고 있는 역세권 청년주택사업은 그에 따른 건축허가까지 이루어졌고, 임대인 등이 이미 위 사업을

위하여 상당한 비용까지 지출한 상태로써 임대인 등의 재건축 계획이 구체적인 실행단계에 이르렀다고 봄이 상당하므로, 임대인 등의 역세권 청년주택사업의 진행을 위하여 이 사건 건물의 철거 및 재건축이 필요하다고 인정되고, 이는 앞서 본 바와 같이 임대인의 정당한 계약갱신 거절사유인 상가임대차법 제10조 제1항 제7호 다목이 규정하고 있는 '다른 법령에 따라 철거 또는 재건축이 이루어지는 경우'에 해당한다고 보아야 한다"고 하였습니다.(서울중앙지방법원 2021. 4. 8. 선고 2020가단10723 판결)

따라서, 임대인이 참여하기로 한 서울특별시 역세권 청년주택사업의 시행을 위해서는 상가건물의 철거 및 재건축이 필요하다는 사유는 상가임대차법 제10조 제1항 제7호 다목이 규정하고 있는 '다른 법령에 따라 철거 또는 재건축이 이루어지는 경우'에 해당한다고 보아야 한다며 임대인의 계약갱신요구 거절은 정당해 보입니다.

Q 32 계약갱신을 요구하자 임대인이 '철거 또는 재건축계획 고지'를 갱신조건으로 제시하는데 거절할 수 있나요?

질문 저는 상가건물을 임차하여 식당을 운영하고 있습니다. 저는 임대차기간 만료일이 다가오자 임대인에게 계약을 갱신하겠다고 통보하였습니다. 임대인은 계약갱신에 대해서는 동의하는데 갱신 조건으로 임대차계약서에 특약으로 '철거, 재건축계획 고지'를 제시하고 있습니다. 저는 임대인이 제시하는 갱신조건을 거절할 수 있나요.

답변 상가임대차법 제10조 제1항은 「임대인은 임차인이 임대차기간이 만료되기 6개월 전부터 1개월 전까지 사이에 계약갱신을 요구할 경우 정당한 사유 없이 거절하지 못한다.」라고 규정하고 있고, 제1항 단서는 임대인이 임차인의 계약갱신요구를 거절할 수 있는 정당한 사유 8가지를 다음과 같이 규정하고 있습니다.

1. 임차인이 3기의 차임액에 해당하는 금액에 이르도록 차임을 연체한 사실이 있는 경우
2. 임차인이 거짓이나 그 밖의 부정한 방법으로 임차한 경우
3. 서로 합의하여 임대인이 임차인에게 상당한 보상을 제공한 경우
4. 임차인이 임대인의 동의 없이 목적 건물의 전부 또는 일부를 전대(전대)한 경우
5. 임차인이 임차한 건물의 전부 또는 일부를 고의나 중대한 과실로 파손한 경우
6. 임차한 건물의 전부 또는 일부가 멸실되어 임대차의 목적을 달성하지 못할 경우
7. 임대인이 다음 각 목의 어느 하나에 해당하는 사유로 목적 건물의 전부 또는 대부분을 철거하거나 재건축하기 위하여 목적 건물의 점유를 회복할 필요가 있는 경우

가. 임대차계약 체결 당시 공사시기 및 소요기간 등을 포함한 철거 또는 재건축 계획을 임차인에게 구체적으로 고지하고 그 계획에 따르는 경우

나. 건물이 노후·훼손 또는 일부 멸실되는 등 안전사고의 우려가 있는 경우

다. 다른 법령에 따라 철거 또는 재건축이 이루어지는 경우

8. 그 밖에 임차인이 임차인으로서의 의무를 현저히 위반하거나 임대차를 계속하기 어려운 중대한 사유가 있는 경우

임대인측에서 갱신조건으로 '철거, 재건축계획 고지'를 제시하는 것은 다음 임대차기간 만료시에 상가임대차법 제10조 제1항 단서 제7호 가목에 따른 임차인의 갱신요구를 거절하기 위한 근거를 마련하기 위한 것입니다. 제10조 제1항 단서 제7호 가)목의 '정당한 사유'는 임대인이 증명을 하여야 하는 사유이기 때문입니다.

또한 상가임대차법은 임대인의 계약갱신요구 거절사유인 위 8가지 사유가 존재하는 경우에는 임차인의 주선한 신규임차인과의 임대차계약 체결을 거절하더라도 임대인은 권리금 상당의 손해배상책임을 지지 않습니다.

임차인의 계약갱신요구권은 '차임과 보증금' 외에는 전 임대차와 동일한 조건으로 임대차계약의 갱신을 요구하는 것입니다. 상가임대차법도 '갱신되는 임대차는 전 임대차와 동일한 조건으로 다시 계약된 것으로 본다. 다만, 차임과 보증금은 제11조에 따른 범위에서 증감할 수 있다.'고 규정하고 있습니다.(제10조 제3항) 따라서 임대인이 주장하는 '건물의 철거, 재건축계획'은 임차인의 동의가 없는 이상 갱신계약서에 반영할 수 없고, 임차인에게 그와 같이 요구하는 것은 상가임대차법 제15조의 입법취지에 위반되어 허용할 수 없습니다.

따라서 귀하는 임대인이 제시하는 갱신조건을 거절할 수 있고, 갱신되는 임대차는 전임대차와 동일한 조건으로 갱신이 됩니다.

Q 33 임차인과 법적 분쟁중인데 계약갱신요구를 거절할 수 있나요?

질문

저는 제 소유의 상가건물을 임차인과 보증금 2천만원, 월차임 100만원 (매월 1일 선불), 임대차기간 2017년 12월 1일부터 2019년 11월 30일까지로 하는 상가임대차계약을 체결하였습니다. 그런데 임차인이 상가건물에서 장사를 하는 동안 임차인과 여러 가지 갈등이 있었고 서로 모욕죄, 명예훼손죄로 형사고소까지 하였습니다. 저는 임차인에게 2019년 11월 30일 임대차기간이 만료되면 상가임대차계약을 해지하겠다고 통보하였는데 임차인은 계속해서 장사를 하겠다며 계약갱신을 요구하는 내용증명을 보내왔습니다. 저는 임차인의 계약갱신요구를 거절할 수 있나요.

답변

상가임대차법은 임차인으로 하여금 임대차기간이 만료되기 6개월 전부터 1개월 전까지 사이에 임대인에게 계약갱신을 요구할 수 있도록 하고 있고 임대인은 임차인의 계약갱신요구를 정당한 사유 없이 거절하지 못하도록 규정하고 있습니다.

임차인의 계약갱신요구를 거절하기 위해서는 다음 8가지 사유중 하나가 존재해야 합니다.

① 임차인이 3기의 차임액에 해당하는 금액에 이르도록 차임을 연체한 사실이 있는 경우, ② 임차인이 거짓이나 그 밖의 부정한 방법으로 임차한 경우, ③ 서로 합의하여 임대인이 임차인에게 상당한 보상을 제공한 경우, ④ 임차인이 임대인의 동의 없이 목적 건물의 전부 또는 일부를 전대한 경우, ⑤ 임차인이 임차한 건물의 전부 또는

일부를 고의나 중대한 과실로 파손한 경우, ⑥ 임차한 건물의 전부 또는 일부가 멸실되어 임대차의 목적을 달성하지 못할 경우, ⑦ 임대인이 목적 건물의 전부 또는 대부분을 철거하거나 재건축하기 위하여 목적 건물의 점유를 회복할 필요가 있는 경우로 다음중 하나의 사유에 해당하는 경우 - 임대차계약 체결 당시 공사시기 및 소요기간 등을 포함한 철거 또는 재건축 계획을 임차인에게 구체적으로 고지하고 그 계획에 따르는 경우, 건물이 노후·훼손 또는 일부 멸실되는 등 안전사고의 우려가 있는 경우, 다른 법령에 따라 철거 또는 재건축이 이루어지는 경우, ⑧ 그 밖에 임차인이 임차인으로서의 의무를 현저히 위반하거나 임대차를 계속하기 어려운 중대한 사유가 있는 경우입니다.

귀하의 경우 임차인과의 갈등으로 서로 형사고소까지 하였다면 ⑧ 임대차를 계속하기 어려운 중대한 사유가 있는 경우에 해당하는지 살펴봐야 합니다.

이와 유사한 사건에서 울산지방법원은 병원장과 약사가 약국을 운영하면서 생긴 갈등으로 민형사상 분쟁이 발생한 사실을 인정할 수 있지만 당사자 일방의 계약상 의무 위반이나 기타 부당한 행위 등으로 인해 임대차계약의 기초가 되는 신뢰관계가 파괴돼 계약관계를 그대로 유지하기 어려운 정도에 이르렀다고 인정하기 부족하다고 판단한 바 있습니다.

위 판결에 비추어 보면 귀하가 임대차계약의 기초가 되는 신뢰관계가 파괴되었다는 점을 입증하여야 하나 단순이 형사상 분쟁이 발생한 사실만으로 임대차계약의 기초가 되는 신뢰관계가 파괴돼 계약관계를 그대로 유지하기 어려운 정도에 이르렀다고 보기 어렵다 할 것입니다.

따라서 귀하는 임차인의 계약상 의무 위반이나 기타 부당한 행위 등으로 인해 임대차계약의 기초가 되는 신뢰관계가 파괴되었다는 점을 입증하여야 임차인의 계약갱신요구를 거절할 수 있다 할 것입니다.

Q 34 국립대학 학생회관을 임차하였는데 계약갱신을 할 수 있나요?

질문 저는 국립대학인 ▲▲대학의 학생회관 1층 일부를 임차하여 커피숍을 운영해 오고 있습니다. ▲▲대학은 2019년 5월경 국유재산 유상사용 수익허가 입찰공고를 하였고, 제가 낙찰자로 선정이 되어 2년의 사용수익허가를 받은 것입니다. 이후 1년을 갱신하였고 현재 계약기간 만료를 앞두고 있습니다. 저는 상가임대차법이 임차인에게 10년의 계약갱신요구권을 보장하고 있으므로 ▲▲대학에 계약갱신을 요구하고 있으나 ▲▲대학은 국유재산의 경우는 상가임대차법이 적용되지 않으니 계약기간이 만료하면 계약을 해지하겠다고 합니다. 국유재산의 경우도 상가임대차법이 적용이 되나요?

답변 국유재산 등의 관리청이 하는 행정재산의 사용허가는 순전히 사경제주체로서 행하는 사법상의 행위가 아니라 관리청이 공권력을 가진 우월적 지위에서 행하는 행정처분으로서 특정인에게 행정재산을 사용할 수 있는 권리를 설정하여 주는 강학상 특허에 해당하고(대법원 2006. 3. 9. 선고 200431074 판결),

국유재산법 제38조는 "행정재산의 사용허가와 관련하여 허가기간이 끝나거나 사용허가가 취소 또는 철회 된 경우에는 사용허가를 받은 자는 중앙관서의 장이 미리 상태의 변경을 승인한 경우가 아닌 한 그 재산을 원래 상태대로 반환하여야 한다."라고 규정하고 있으므로 행정재산의 사용허가와 관련된 법률관계에 있어서는 민법 조항이 적용될 여지도 없습니다.(헌법재판소 2015. 2. 26. 선고 2012헌바438 전원재판부)

또한 국유재산법 제1조는 이 법은 국유재산에 관한 기본적인 사항을 정함으로써 국유재산의 적정한 보호와 효율적인 관리·처분을 목적으로 한다고 규정하고 있고, 제35조는 사용허가기간에 대하여 ① 행정재산의 사용허가기간은 5년 이내로 한다. 다만, 제34조 제1항 제1호의 경우에는 사용료의 총액이 기부를 받은 재산의 가액에 이르는 기간 이내로 한다. ② 제1항의 허가기간이 끝난 재산에 대하여 대통령령으로 정하는 경우를 제외하고는 5년을 초과하지 아니하는 범위에서 종전의 사용허가를 갱신할 수 있다. 다만, 수의의 방법으로 사용허가를 할 수 있는 경우가 아니면 1회만 갱신할 수 있다고 규정하고 있습니다.

위와 같은 규정들에 비추어 보면 귀하의 커피전문점 국유재산 유상사용 갱신허가 관련하여 상가임대차법이 적용될 수 있음을 전제로 한 계약갱신요구권은 인정되지 않는다고 할 것이고, 국유재산에 해당하는 건물에 대하여는 적어도 상가임대차법에서 정한 계약갱신에 관한 것들이 아니라, 국유재산법에서 정한 사용허가기간에 관한 규정들이 우선 적용되어야 하는 것이 타당하다 할 것입니다.

대전지방법원도 '행정재산의 사용허가와 관련된 법률관계에 있어서는 이 사건 민법조항이 적용될 여지가 없다. 이 사건 건물이 행정재산이라는 사실은 앞서 본 바와 같은데, 위 인정사실을 위 법리에 비추어 보면 이 사건 건물의 사용허가에 상가임대차법이 적용될 수 있음을 전제로 한 피고의 묵시적 계약갱신 또는 동시이행의 항변은 다른 점에 관하여 더 나아가 살펴 볼 필요 없이 받아들일 수 없다.'고 판시를 한 바가 있습니다.

따라서 귀하여 경우 상가임대차법이 적용될 수 있음을 전제로 한 계약갱신요구권은 인정되지 않는다고 할 것입니다.

Q 35 상가임대차법 개정 후 묵시적 갱신된 경우도 10년 보호를 받나요?

질문   저는 상가건물을 임대차보증금 30,000,000원, 차임 100만원, 임대차기간 2015년 2월 8일부터 2017년 2월 7일까지로 정하여 임차하여 식당을 운영하고 있습니다. 2017년 2월 7일 계약기간이 만료되었으나 당시 임대인도 저도 별다른 이야기가 없어 현재까지 식당을 운영하고 있습니다. 그런데 최근 건물주가 저에게 내용증명을 보내 임대차계약을 해지하겠으니 2022년 2월 만기까지 임차건물을 명도해달라고 합니다. 저는 임차건물을 명도 해 줘야만 하나요.

답변   귀하는 2015년 2월 8일부터 2017년 2월 7일까지로 임대차기간을 정하여 임대차계약을 체결하였고 현재 계약기간은 만료된 상태입니다. 다만 상가임대차법은 임대차기간이 만료되었다고 하더라도 임대기간이 만료되기 전 6개월 전부터 1개월 전까지 사이에 임대인이 임차인에게 갱신거절의 통지 또는 조건변경의 통지를 하지 아니한 경우에는 그 기간이 만료된 때에 전임대차와 동일한 조건으로 다시 임대차한 것으로 본다고 규정하고 있습니다.(상가임대차법 제10조 제4항)

임대인이 임대차기간 만료 전 6개월 전부터 1개월 전까지 사이에 계약해지 통지를 하지 않으면 계약이 자동으로 갱신이 되는 것입니다. 이를 묵시적 갱신이라고 합니다. 다만 귀하의 최초의 임대차계약은 2년이었지만 묵시적 갱신에 의한 임대차기간은 1년입니다.(상가임대차법 제10조 제4항 단서)

임차인은 묵시적 갱신이 되면 언제든지 임대인에 대하여 임대차계약의 해지를 통지할 수 있고 임대인은 그 통지를 받은 날부터 3개월이 경과하면 그 효력이 발생합니다.(상가임대차법 제10조 제5항)

귀하와 건물주의 임대차계약은 최초 임대차기간이 만료된 2017년 2월 7일부터 현재까지 매년 1년씩 묵시적 갱신이 되어 왔다고 할 수 있고 귀하의 임대차기간은 2022년 2월 7일 만료가 되는 것입니다. 임대인은 묵시적 갱신에 의한 임대차기간이 만료가 되면 계약을 해지하겠으니 임차건물을 명도해 달라고 내용증명을 보낸 것으로 보입니다.

다만 2018년 10월 16일 개정된 상가임대차법은 임차인에게 최초의 임대차기간을 포함한 전체 임대차기간이 10년을 초과하지 아니하는 범위내에서 계약갱신요구권을 인정하고 있습니다. 따라서 귀하의 경우도 10년의 범위 내에서 계약갱신요구권을 행사할 수 있는지 살펴봐야 합니다.

개정 상가임대차법 부칙은 법 시행 후 최초로 체결되거나 갱신되는 임대차부터 적용이 된다고 규정하고 있으므로 2018년 10월 16일 이후 임대차계약을 체결한 임차인은 10년의 범위 내에서 계약갱신요구권을 행사할 수 있으나 2018년 10월 16일 이전에 임대차계약을 체결한 임차인은 5년의 범위 내에서만 계약갱신요구권을 행사할 수 있습니다.

귀하의 경우 2018년 10월 16일 이전에 계약을 체결한 임차인이므로 법 시행 후 최초로 체결한 임차인에는 해당하지는 않습니다. 그러나 귀하의 임대차계약은 매년 묵시적 갱신이 되어 오다가 2021년 2월 7일 마지막으로 묵시적 갱신이 된 상태입니다. 따라서 귀하가 법 시행 후 최초로 갱신되는 임대차에 해당한다면 개정된 법의 적용을 받게 되고 개정된 법에 따라 10년을 초과하지 않는 범위 내에서 계약갱신요구권을 행사할 수 있을 것입니다.

법 개정 당시 언론보도가 개정된 법이 소급적용이 되지 않는다고 계속해서 보도가 되자 법무부는 법 개정 후 보도 자료를 통해 2018년 10월 16일 이후 계약갱신요구권을 행사하여 계약이 갱신된 경우 임차인은 10년의 보호를 받는다고 분명히 밝혔으나 묵시적 갱신의 경우에 대해서는 언급이 없었습니다. 다만 임차인이 계약갱신요구권을 행사한 경우나 묵시적 갱신이 된 경우 모두 2018년 10월 16일 이후 새롭게 임대차계약이 연장된 점에 대해서는 차이가 없고 상가임대차법 부칙이 시행 후 최초로 계약갱신요구하여 갱신되는 임대차라고 한정하지 않고 있기 때문에 묵시적 갱신이 된 경우도 개정된 법의 적용을 받게 되고 개정된 법에 따라 10년을 초과하지 않는 범위 내에서 계약갱신요구권을 행사할 수 있다 할 것입니다.

인천지방법원도 "위 규정들의 문언, 내용과 체계에 비추어 위 부칙 제2조의 '이 법 시행 후 최초로 체결되거나 갱신되는 임대차'는 위 개정 상가임대차법이 시행되는 2018. 10. 16. 이후 처음으로 체결된 임대차 또는 2018. 10. 16. 이전에 체결되었지만 2018. 10. 16. 이후 갱신되는 임대차를 가리킨다고 보아야 하고, 이 때 갱신되는 임대차에는 갱신요구 등을 통한 명시적 갱신 뿐만 아니라 묵시적으로 갱신되는 임대차도 포함된다고 할 것이다."라고 판시하여 이를 확인해 주었습니다.(인천지방법원 2019. 11. 27. 선고 2019가단230249 판결)

따라서 귀하는 상가임대차법이 개정된 2018년 10월 16일 이루 묵시적 갱신이 있었고 부칙규정에 따라 이 법 시행 후 최초로 갱신되는 임대차에 해당하므로 최초 임대차기간으로부터 10년이 되는 2025년 2월 7일까지는 임대인에게 계약갱신을 요구할 수 있으므로 계약갱신요구권을 행사하여 임대인의 명도요청을 거부할 수 있다 할 것입니다.

⬤ 법무부 보다나은 정부	설 명 자 료	공정하고 정의로운 사회 인권이 존중받는 사회

배포일시	2018. 9. 21.(금)	총 2쪽 / 사진 없음	
보도일시	배포 즉시 사용 가능	담당부서	법무부 법무심의관실
담당과장	김윤선 법무심의관 02) 2110-3501	담당자	이경민 검사 02) 2110-3503

개정 「상가건물 임대차보호법」 언론보도 관련

'18. 9. 21.(금) **"임대차계약 10년 보장... 소급적용은 안돼"** 제하의 **모 일간지 기사**와 관련하여 이해를 돕고자 아래와 같이 설명 드립니다.

○ 지난 9. 20.(목) 현행 **5년인 상가임차인의 계약갱신요구권 행사기간을 10년으로 연장**하는 내용의 상가건물 임대차보호법」 일부개정 안이 국회를 통과하였습니다.

○ 이러한 개정 법률에 대하여 일부 언론에서 **"계약갱신 요구기간 확대가 기존 계약에는 소급 적용되지 않는다"**는 취지로 보도하였습니다.

○ 그러나, 개정 법률 부칙 제2조는 **"이 법 시행 후 최초로 체결되거나 갱신되는 임대차부터 적용된다"**고 **명시**하고 있으므로, 기존 일 대차 계약의 경우라도,

- ① 개정 전 법률에 따라 **임차인이 계약갱신요구권을 행사할 수 있는 경우**, 임차인이 **계약갱신을 요구하여 계약을 갱신함으로써 개정 법률의 적용**을 받게 되고, 결국 최초 임대차기간을 포함하여 **10년의 기간 동안의 임대기간을 보장** 받게 됩니다.

- ② 다만, 개정 전 법률에 따라 **임차인이 계약갱신요구권을 행사 할 수 없는 경우**(체결된 전체 임대차기간이 최초 임대차기간을 포함하여 5년이 넘는 경우 등), 임대인과 임차인의 합의로 계약갱신을 하지 않는 한 **개정법률의 적용을 받지 않게** 됩니다.

○ 따라서, "계약갱신 요구기간 확대가 기존 계약에는 소급 적용되지 않는다"는 취지의 언론 기사는 사실과 다름을 알려드립니다.

[적용 사례 예시]

① 임대기간 **2년의 임대차 계약**을 체결하여 임대기간이 진행 중인 임차인 : 계약 갱신 요구를 통해 **개정 법률 적용 가능**

② 최초 임대기간 **2년의 임대차 계약**을 체결한 후, 1회 갱신하여 **4년째 임대기간이 진행** 중인 임차인 : ① 사안과 동일하게 **개정 법률 적용 가능**

③ 최초 임대기간 **2년의 임대차 계약**을 체결한 후, 2회 갱신하여 **6년째 임대기간이 진행** 중인 임차인 : 임대인과 임차인의 합의로 계약갱신을 하지 않는 한 **개정 법률 적의 불가**

④ 임대기간 **5년의 임대차 계약**을 체결하여 임대기간이 진행 중인 임차인 : ③ 사안과 동일 하게 **개정 법률 적용 불가**

Q 36 구법의 의무임대차기간 5년이 경과되었는데 상가임대차법 개정 후 묵시적 갱신된 경우도 10년 보호를 받나요?

질문　　저는 상가건물을 임대차보증금 30,000,000원, 차임 100만원, 임대차기간 2013년 2월 8일부터 2015년 2월 7일까지로 정하여 임차하여 식당을 운영하고 있습니다. 2015년 2월 7일 계약기간이 만료되었으나 당시 임대인도 저도 별다른 이야기가 없어 현재까지 식당을 운영하고 있습니다. 그런데 최근 건물주가 저에게 내용증명을 보내 임대차계약을 해지하겠으니 2022년 2월 7일 임대차기간이 만료되면 임차건물을 명도해달라고 합니다. 저는 임차건물을 명도 해 줘야만 하나요.

답변　　귀하는 2013년 2월 8일부터 2015년 2월 7일까지로 임대차기간을 정하여 임대차계약을 체결하였고 현재 계약기간은 만료된 상태입니다. 다만 귀하와 건물주의 임대차계약은 최초 임대차기간이 만료된 2015년 2월 7일부터 현재까지 매년 1년씩 묵시적 갱신이 되어 왔고 귀하의 임대차기간은 2022년 2월 7일 만료가 됩니다.

2018년 10월 16일 개정된 상가임대차법은 임차인에게 최초의 임대차기간을 포함한 전체 임대차기간이 10년을 초과하지 아니하는 범위 내에서 계약갱신요구권을 인정하고 있습니다. 따라서 귀하의 경우도 전체 임대차기간 10년의 범위 내에서 계약갱신요구권을 행사할 수 있는지 살펴봐야 합니다.

개정 상가임대차법 부칙 제2조는 "법 시행 후 최초로 체결되거나 갱신되는 임대차부터 적용한다"고 규정하고 있으므로 2018년 10월 16일 이후 임대차계약을 체결하거나 갱신한 임차인은 10년의 범위 내에서 계약갱신요구권을 행사할 수 있으나 2018년 10월 16일 이전에 임대차계약을 체결한 임차인은 5년의 범위 내에서만 계약갱신요구권을 행사할 수 있습니다.

귀하의 경우 2018년 10월 16일 이전에 계약을 체결한 임차인이므로 법 시행 후 최초로 체결한 임차인에는 해당하지는 않습니다. 그러나 귀하의 임대차계약은 매년 묵시적 갱신이 되어 오다가 2020년 2월 7일 마지막으로 묵시적 갱신이 된 상태입니다. 따라서 귀하가 법 시행 후 최초로 갱신되는 임대차에 해당한다면 개정된 법의 적용을 받게 되고 개정된 법에 따라 전체 임대차기간이 10년을 초과하지 않는 범위 내에서 계약갱신요 구권을 행사할 수 있을 것입니다.

인천지방법원은 "위 규정들의 문언, 내용과 체계에 비추어 위 부칙 제2조의 '이 법 시행 후 최초로 체결되거나 갱신되는 임대차'는 위 개정 상가임대차법이 시행되는 2018. 10. 16. 이후 처음으로 체결된 임대차 또는 2018. 10. 16. 이전에 체결되었지만 2018. 10. 16. 이후 갱신되는 임대차를 가리킨다고 보아야 하고, 이 때 갱신되는 임대차에는 갱신요구 등을 통한 명시적 갱신뿐만 아니라 묵시적으로 갱신되는 임대차도 포함된다고 할 것이다."라고 판시하였습니다.(인천지방법원 2019. 11. 27. 선고 2019가단230249 판결)

그러나 최근 대법원은 상가임대차법 부칙 제2조에서 정한 '이 법 시행 후 최초로 체결되거나 갱신되는 임대차'의 의미에 대하여 제한적으로 해석을 하였습니다. 사건의 개요는 다음과 같습니다.

임차인은 2012년 7월에 임차를 하였고 2017년에 임차료를 올리면서 임대차기간을 2019년 7월까지로 연장하였으며 임대인은 2019년 4월에 계약해제를 하겠다고 통보를 하자 임차인은 계약갱신을 요구한 것입니다.

1심 법원은 "법 개정 취지는 상가건물 임차인의 안정적인 영업을 도모하는 데 있는 바, 5년이 경과된 임대차도 개정된 상가임대차법에 적용된다"고 하면서 임차인에게 10년의 계약갱신요구권을 인정하였으나, 2심 법원은 "개정법 시행 당시까지 총 임대차기간(2012년 7월~2018년 10월)이 5년을 초과해 구법에 따른 보장 기간이 이미 지나 개정법이 적용되지 않는다"고 판시하였습니다.

대법원은 "상가임대차법은 제10조 제1항과 제3항의 규정에서 갱신요구권에 관하여 임대인은 임차인이 임대차기간이 만료되기 6개월 전부터 1개월 전까지 사이에 계약갱신을 요구하면 제1항 단서에서 정하는 사유가 없는 한 갱신을 거절하지 못하고, 전 임대차와 같은 조건으로 다시 계약된 것으로 보도록 정하고 있다. 구 상가임대차법(2018. 10. 16. 법률 제15791호로 개정되기 전의 것을 말하고, 위 법률로 개정되어 같은 날부터 시행된 상가임대차법을 '개정 상가임대차법'이라고 한다) 제10조 제2항은 갱신요구권은 최초 임대차기간을 포함하여 전체 임대차기간이 5년을 초과하지 않는 범위에서만 행사할 수 있다고 정하였는데, 개정 상가임대차법 제10조 제2항은 이에 대해 10년을 초과하지 않는 범위에서만 행사할 수 있다고 정하고, 그 부칙 제2조는 '제10조 제2항의 개정규정은 이 법 시행 후 최초로 체결되거나 갱신되는 임대차부터 적용한다.'라고 정하고 있다.

위 규정들의 문언, 내용과 체계에 비추어 보면, 개정 상가임대차법 부칙 제2조의 '이 법 시행 후 최초로 체결되거나 갱신되는 임대차'는 개정 상가임대차법이 시행되는 2018. 10. 16. 이후 처음으로 체결된 임대차 또는 2018. 10. 16. 이전에 체결되었지만 2018. 10. 16. 이후 그 이전에 인정되던 계약 갱신 사유에 따라 갱신되는 임대차를 가리킨다고 보아야 한다.

따라서 개정 법률 시행 후에 개정 전 법률에 따른 의무임대차기간이 경과하여 임대차가 갱신되지 않고 기간만료 등으로 종료된 경우는 이에 포함되지 않는다."고 판시하였습니다.(대법원 2020. 11. 5. 선고 2020다241017 판결 참조)

대법원은 상가임대차법 부칙 제2조의 '이 법 시행 후 최초로 체결되거나 갱신되는 임대차'

는 개정 상가임대차법이 시행되는 2018. 10. 16. 이후 처음으로 체결된 임대차 또는 2018. 10. 16. 이전에 체결되었지만 2018. 10. 16. 이후 그 이전에 인정되던 계약 갱신 사유에 따라 갱신되는 임대차가 이에 해당한다고 하여 임차인이 임대차계약의 갱신을 요구한 때에 이미 구법에 따른 의무임대차기간 5년을 경과한 임차인은 개정 상가임대차법이 적용되지 않는다고 해석을 한 것입니다.

따라서 귀하는 상가임대차법이 개정되기 전인 2013년 상가임대차계약을 체결하였고, 임대차계약의 갱신을 요구하는 시점에 이미 구법에 따른 의무임대차기간인 5년이 경과한 상태로 개정 상가임대차법이 적용되지 않는다 할 것입니다.

그러므로 귀하의 임대차계약은 2022년 2월 7일 만료가 된다 할 것입니다.

Q 37 계약갱신요구권 기간을 10년으로 제한하는 것은 묵시적 갱신의 경우도 적용되나요?

질 문　　　　저는 2008년 상가건물을 임차하였고 합의갱신 등으로 10년 이상 임대차기간이 존속되어 왔습니다. 그런데 임대인이 2022년 4월 30일 임대차기간이 만료가 되었다며 상가건물의 명도를 요구하고 있습니다. 그러나 임대인이 저에게 임대차 기간이 만료되기 전 6개월 전부터 1개월 전까지 사이에 갱신 거절의 통지를 한 사실이 없습니다. 이에 제가 임대차 계약이 묵시적 갱신 되었으므로 2023년 4월 30일 임대차기간이 만료된다고 하자 임대인은 묵시적 갱신의 경우도 계약갱신요구권을 행사할 때와 마찬가지로 10년의 기간 제한을 받는다고 주장하고 있습니다. 임대차기간은 언제 만료되는 건가요.

답 변　　　　상가임대차법은 임대인은 임차인이 임대차기간이 만료되기 6개월 전부터 1개월 전까지 사이에 계약갱신을 요구할 경우 정당한 사유 없이 거절하지 못한다고 규정하고 있고, 임차인의 계약갱신요구권은 최초의 임대차기간을 포함한 전체 임대차 기간이 10년을 초과하지 아니하는 범위에서만 행사할 수 있다고 규정하고 있습니다.(법 제10조 제1항, 제2항) 임차인에게 전체 임대차 기간 10년의 범위 내에서 계약갱신요구권을 인정하고 있는 것입니다.

또한 상가임대차법은 임대인이 제1항의 기간 이내에 임차인에게 갱신 거절의 통지 또는 조건 변경의 통지를 하지 아니한 경우에는 그 기간이 만료된 때에 전 임대차와 동일한 조건으로 다시 임대차한 것으로 본다고 규정하고 있습니다.(법 제10조 제3항) 즉 임대인이 일정한 조치를 취하지 않으면 계약이 갱신되는 묵시적 갱신에 대해 규정하고 있는 것입니다.

임차인이 계약갱신요구권을 행사하여 계약갱신을 요구하면 임대인에게 계약갱신을 거절한 정당한 사유가 없는 한 갱신되는 임대차는 전 임대차와 동일한 조건으로 다시 계약이 유지되는 것입니다. 따라서 임대차 기간도 최초 임대차기간이 1년이면 갱신요구 된 기간도 1년이고, 최초 임대차기간이 3년이면 갱신요구 된 기간도 다시 3년이 되는 것입니다. 묵시적 갱신의 경우는 임대차 기간이 1년으로 갱신이 되므로 묵시적 갱신과의 가장 큰 차이점이 바로 임대차 기간이라고 할 수 있습니다.

즉 상가임대차법이 정하는 임차인의 계약갱신요구권은 임차인이 임대차기간이 만료되기 6개월 전부터 1개월 전까지 사이에 계약의 갱신을 요구하면 그 단서에서 정하는 사유가 없는 한 임대인이 그 갱신을 거절할 수 없는 것을 내용으로 하여서 임차인의 주도로 임대차계약의 갱신을 달성하려는 것입니다. 이에 비하여 묵시적 갱신은 임대인이 위 기간 내에 갱신거절의 통지 또는 조건변경의 통지를 하지 아니하면 임대차기간이 만료된 때에 임대차의 갱신을 의제하는 것으로서 기간의 만료로 인한 임대차관계의 종료에 임대인의 적극적인 조치를 요구하고 있는 것입니다.

따라서 위 두 법 조항상의 각 임대차갱신제도는 그 취지와 내용을 서로 달리하는 것이라고 할 것이고, 임차인의 갱신요구권에 관하여 임대차기간을 10년으로 제한하고 있는 법 규정은 묵시적 갱신에 대해서는 적용이 되지 않는다 할 것입니다.

대법원도 '이들 두 법조항상의 각 임대차 갱신제도는 그 취지와 내용을 서로 달리하는 것이므로, 임차인의 갱신요구권에 관하여 전체 임대차기간을 5년으로 제한하는 같은 조 제2항의 규정은 같은 조 제4항에서 정하는 법정갱신에 대하여는 적용되지 아니한다고 할 것이다.'(대법원 2010. 6. 10. 선고 2009다64307 판결 참조)고 판시하여 이를 명확히 하고 있습니다.

따라서 귀하의 경우 2022년 4월 30일 그 임대차기간이 만료가 되나 임대인이 임대차기간이 만료되기 전 6개월 전부터 1개월 전까지 사이에 귀하에게 갱신 거절의 통지 또는 조건 변경의 통지를 하지 아니하였으므로 임대차계약은 묵시적 갱신이 되었다 할 것이고 임대차 기간은 2023년 4월 30일 만료가 된다 할 것입니다.

Q 38 임대차기간을 정하지 않은 경우, 임차인이 계약갱신요구권을 행사할 수 있나요?

질문   저는 2019년 2월 13 임대인과 서울 강남 소재 상가건물을 임대차보증금 3억원, 월차임 2,250만원(부가가치세 별도), 임대차기간 2019년 3월 31일부터 2021년 3월 30일까지로 정하여 임대차계약을 체결하였습니다. 임대차계약의 특약에는 '계약 종료 후 임차인이 계약연장을 요구시 계약연장을 보장한다'고 기재하였습니다. 저는 2021년 3월 30일 임대차기간이 만료되기 전에 임대차계약을 갱신하면서 차임을 2,200만원으로 감액하였고 임대차기간은 따로 정하지 않았습니다. 임대인은 2022년 4월 4일 저에게 임대차계약을 해지한다고 통고하므로 상가건물을 6개월 내에 인도해달라고 내용증명을 보내왔고 저는 다음날인 5일 내용증명을 받았습니다. 저는 임대차계약을 갱신할 수 있나요.

답변   상가임대차법 제2조 제1항, 제3항, 구 상가임대차법 시행령(2019. 4. 2. 대통령령 제29671호로 개정되기 전의 것) 제2조에 의하면 이 사건 임대차목적물이 위치한 서울의 경우 보증금액이 6억 1,000만 원을 초과하는 경우에는 제3조(대항력), 제10조제1항, 제2항, 제3항 본문(계약갱신 요구 등), 제10조의2부터 제10조의9까지의 규정(계약갱신의 특례, 권리금의 정의, 권리금 회수기회 보호 등, 권리금의 적용제외, 표준권리금계약서의 작성 등, 권리금 평가기준의 고시, 차임연체와 해지, 계약 갱신요구 등에 관한 임시 특례), 제11조의2(폐업으로 인한 임차인의 해지권) 및 제19조(표준계약서의 작성 등) 규정 이외에는 상가임대차법이 적용되지 않습니다.

상가임대차법 제9조 제1항은 기간을 정하지 아니하거나 기간을 1년 미만으로 정한 임대차는 그 기간을 1년으로 본다고 규정하고 있습니다.

귀하의 경우 월 차임을 임대차보증금으로 환산할 경우 보증금액은 25억원(=3억원 + 2,200만원 X 100)이 되어 상가임대차법 제9조 제1항이 적용이 되지 않습니다. 따라서 귀하는 상가임대차법이 아닌 민법의 적용을 받게 되고 민법 제635조 제1항은 임대차기간이 약정이 없는 때에는 당사자는 언제든지 계약해지의 통고를 할 수 있다. 제2항은 상대방이 전항의 통고를 받은 날로부터 토지, 건물 기타 공작물에 대하여는 임대인이 해지를 통고한 경우에는 6월, 임차인이 해지를 통고한 경우에는 1월의 기간이 경과하면 해지의 효력이 생긴다고 규정하고 있습니다.

따라서 임대인이 귀하에게 한 해지통고가 도달된 2022년 4월 5일로부터 6개월이 경과한 2022년 10월 5일 임대차관계가 종료된다 할 것입니다. 다만 고액보증금의 상가임차인이라고 하더라도 상가임대차법의 계약갱신요구권은 적용이 되므로 귀하가 계약갱신요구권을 행사할 수 있는지 살펴봐야 합니다.

대법원은 "상가임대차법에서 기간을 정하지 않은 임대차는 그 기간을 1년으로 간주하지만(제9조 제1항), 대통령령으로 정한 보증금액을 초과하는 임대차는 위 규정이 적용되지 않으므로(제2조 제1항 단서), 원래의 상태 그대로 기간을 정하지 않은 것이 되어 민법의 적용을 받는다. 민법 제635조 제1항, 제2항 제1호에 따라 이러한 임대차는 임대인이 언제든지 해지를 통고할 수 있고 임차인이 그 통고를 받은 날로부터 6개월이 지남으로써 효력이 생기므로, 임대차기간이 정해져 있음을 전제로 그 기간 만료 6개월 전부터 1개월 전까지 사이에 행사하도록 규정된 임차인의 계약갱신요구권(상가임대차법 제10조 제1항)은 발생할 여지가 없다."고 판시하였습니다.(대법원 2021. 12. 30. 선고 2021다233730 판결)

대법원은 상가임대차법 계약갱신요구권의 갱신이란 임대차기간이 정해져 있음을 전제로 하는 것이므로 귀하의 경우와 같이 기간의 정함이 없는 임대차계약에서는 상가임대차법

제10조가 적용되지 않는다고 판시한 것입니다.

따라서 귀하의 임대차계약은 임대인의 해지통고가 도달된 2022년 4월 5일로부터 6개월이 경과한 2022년 10월 5일 임대차관계가 종료된다 할 것입니다.

V. 권리금 분쟁

Q 39 임대인을 상대로 권리금을 청구할 수 있나요?

질문　　　저는 광주에서 보증금 1억원, 월세 500만원, 임대차기간 2020년 5월 1일부터 2022년 4월 31까지로 정하여 상가를 임차하였고 의류매장을 운영해 왔습니다. 저는 계약기간이 만료되어 새로운 임차인을 구하여 권리금을 받고 매장을 양도하고자 합니다. 현재 제가 운영하는 의류매장의 권리금은 1억원 정도로 형성이 되어 있습니다. 저는 임대인을 상대로 권리금을 청구할 수 있나요.

답변

2015년 5월 13일 상가임대차법이 개정되면서 임차인의 권리금 회수 청구권이 도입이 되었고 법은 권리금을 임대차 목적물인 상가건물에서 영업을 하는 자 또는 영업을 하려는 자가 영업시설 · 비품, 거래처, 신용, 영업상의 노하우, 상가건물의 위치에 따른 영업상의 이점 등 유형 · 무형의 재산적 가치의 양도 또는 이용대가로서 임대인, 임차인에게 보증금과 차임 이외에 지급하는 금전 등의 대가를 말한다고 정의하고 있습니다.

임차인의 권리금 회수 청구권은 환산보증금액수와 관계없이 모든 상가임차인이 청구할 수 있는 권리입니다. 즉 권리금 회수 청구권이 도입되기 전에 상가임대차 계약을 체결한 임차인도 권리금 회수청구권을 행사할 수 있습니다.

현행법은 임차인이 건물주에 대하여 직접 권리금을 청구하는 방식이 아니고 임차인이 신규임차인과 권리금계약을 하고 신규임차인으로부터 권리금을 받으려고 하는데 임대인이 이를 방해하여 임차인이 권리금을 회수하지 못하는 손해가 발생하면 임대인에게 권리금 상당의 손해배상을 청구할 수 있도록 규정하고 있습니다.(상가임대차법 제10조의 4 제1항)

따라서 임차인이 임대인에게 권리금 상당의 손해배상을 청구하기 위해서는 다음의 요건을 갖춰야 합니다.

① 임차인이 임대인에게 신규임차인을 주선하여야 합니다. ② 임대인의 방해행위가 있어야 합니다. ③ 임대인의 방해행위에 정당한 사유가 없어야 합니다. ④ 임대인의 방해행위는 임대차기간이 끝나기 6개월 전부터 임대차 종료시 사이에 이루어 져야 합니다.

① 신규임차인의 주선과 관련하여 대법원은 "임대인이 임차인에게 임대차 종료 후에는 신규임차인과 임대차계약을 체결하지 않고 자신이 상가건물을 직접 이용할 계획이라고 밝힘으로써 임차인의 신규임차인 주선을 거절하는 의사를 명백히 표시하였다고 봄이 타당하고, 이러한 경우 임차인에게 신규임차인을 주선하도록 요구하는 것이 부당해 보이므로 특별한 사정이 없는 한 임차인이 실제로 신규임차인을 주선하지 않았더라도 임대인의 권리금 회수기회 보호의무 위반을 이유로 임대인에게 손해배상을 청구할 수 있다고 보아야 한다"(대법원 2019. 7. 4. 선고 2018다284226 판결 참조)고 판시하여 임대인이 확정적으로 신규임차인과의 임대차계약을 체결하지 않겠다는 의사를 표현한 경우에는 예외적으로 신규임차인 주선이 없어도 권리금 상당 손해배상을 청구할 수 있다고 하였습니다.

또한 대법원은 신규임차인의 주선과 관련하여 권리금회수 방해를 인정하기 위하여 반드시 임차인과 신규임차인이 되려는 자 사이에 권리금 계약이 미리 체결되어 있어야 하는 것은 아니다라고 판시하고 있습니다.(대법원 2019. 7. 10. 선고 2018다239608 판결 참조)

② 임대인의 방해행위로 상가임대차법은 4가지를 규정하고 있습니다. (상가임대차법 제10조의4 제1항 단서) 첫째, 임차인이 주선한 신규임차인이 되려는 자에게 권리금을 요구하거나 임차인이 주선한 신규임차인이 되려는 자로부터 권리금을 수수하는 행위, 둘째, 임차인이 주선한 신규임차인이 되려는 자로 하여금 임차인에게 권리금을 지급하지 못하게 하는 행위, 셋째, 임차인이 주선한 신규임차인이 되려는 자에게 상가건물에 관한 조세, 공과금, 주변 상가건물의 차임 및 보증금, 그 밖의 부담에 따른 금액에 비추어 현저히 고액의 차임과 보증금을 요구하는 행위, 넷째, 그 밖에 정당한 사유 없이 임대인이 임차인이 주선한 신규임차인이 되려는 자와 임대차계약의 체결을 거절하는 행위입니다.

③ 임대인의 정당한 사유는 상가임대차법은 4가지를 규정하고 있습니다. (상가임대차법 제10조의4 제2항) 첫째 임차인이 주선한 신규임차인이 되려는 자가 보증금 또는 차임을 지급할 자력이 없는 경우, 둘째 임차인이 주선한 신규임차인이 되려는 자가 임차인으로서의 의무를 위반할 우려가 있거나 그 밖에 임대차를 유지하기 어려운 상당한 사유가 있는 경우, 셋째 임대차 목적물인 상가건물을 1년 6개월 이상 영리목적으로 사용하지 아니한 경우, 넷째 임대인이 선택한 신규임차인이 임차인과 권리금 계약을 체결하고 그 권리금을 지급한 경우입니다.

귀하의 경우 임대차기간이 2022년 4월 31일 종료되었습니다. 따라서 귀하가 임대인을 상대로 권리금 회수청구권을 행사하기 위해서는 임대차기간이 종료되기 전 6개월 전부터 종료시까지 사이에 새로운 임차인을 구해 임대인에게 주선을 하고 임대인의 방해행위로 인하여 신규임차인으로부터 권리금을 지급받지 못하였어야 하며 임대인의 방해행위에 정당한 사유가 없다면 귀하는 임대인을 상대로 권리금 회수 청구권을 행사할 수 있습니다.

Q 40 신규임차인을 주선하지 않아도 권리금을 받을 수 있나요?

질문 저는 상가를 임차해서 식당을 운영해 왔습니다. 임대차 기간은 2022년 5월 31일에 만료가 되었습니다. 저는 임대차기간이 만료되기 전 새로운 임차인을 구해 권리금을 받으려고 하였는데 임대인이 상가건물을 반환받은 후 자신의 아들이 직접 그곳에서 커피전문점을 운영할 것이라고 하였습니다. 건물주의 의사는 명확하였고 저는 새로운 임차인을 구하더라도 건물주가 새로운 임차인과 임대차계약을 하지 않을 것이므로 새로운 임차인을 구하지 않았습니다. 저는 건물주에게 권리금을 청구할 수 있나요.

답변 권리금은 원칙적으로 신규 임차인으로부터 받는 금원입니다. 다만 임차인이 신규 임차인으로부터 권리금을 받으려고 하는데 임대인의 방해행위로 권리금을 받을 수 없게 되면 임대인에게 권리금 상당의 손해배상을 청구할 수 있습니다.

따라서 임차인이 임대인에게 권리금 상당의 손해배상을 청구하기 위해서는 다음의 요건을 갖춰야 합니다. ① 임차인이 임대인에게 신규임차인을 주선하여야 합니다. ② 임대인이 신규임차인이 되려는 자에게 현저히 고액의 차임을 요구하거나 신규임차인과의 계약체결을 거부하는 등으로 임차인의 권리금 회수를 방해해야 합니다. ③ 임대인의 방해행위에 정당한 사유가 없어야 합니다. ④ 임대인의 방해행위는 임대차기간이 끝나기 6개월 전부터 임대차 종료시 사이에 이루어 져야 합니다.

귀하는 경우 권리금 상당의 손해배상을 청구하기 위해서는 임대인에게 신규임차인을 주선해야 하나 이를 하지 않았습니다. 다만 그 이유가 임대인이 자신의 아들에게 직접 커피전문점을 운영하게 할 것이라고 해서 신규임차인을 주선하지 않은 것입니다.

이와 같이 임대인이 직접 가게를 운영하겠다고 하여 사전에 신규임차인과의 계약 체결을 명백하게 거절하고 있는 경우에도 반드시 임차인은 임대인에게 신규임차인을 주선해야 하는 지가 문제가 됩니다.

이에 대해 수원지방법원은 임차인이 임대인을 상대로 권리금 회수 방해로 인한 손해배상 청구를 하려면 신규임차인을 주선했거나 주선할 신규임차인을 특정할 수 있어야 하며 임대인이 신규임차인과 계약체결 거절 의사표시를 했더라도 임차인이 실제로 신규임차인을 주선하지 않았다면 임대인은 손해배상책임을 부담하지 않는다고 판결하였습니다.(수원지방법원 2018. 10. 17. 선고 2017나83713 판결 참조)

그러나 대법원은 '임차인이 임대인에게 권리금 회수 방해로 인한 손해배상을 구하기 위해서는 원칙적으로 임차인이 신규임차인이 되려는 자를 주선하였어야 한다. 그러나 임대인이 정당한 사유 없이 임차인이 신규임차인이 되려는 자를 주선하더라도 그와 임대차계약을 체결하지 않겠다는 의사를 확정적으로 표시하였다면 이러한 경우에까지 임차인에게 신규임차인을 주선하도록 요구하는 것은 불필요한 행위를 강요하는 결과가 되어 부당하다. 이와 같은 특별한 사정이 있다면 임차인이 실제로 신규임차인을 주선하지 않았더라도 임대인의 위와 같은 거절행위는 상가임대차법 제10조의4 제1항 제4호에서 정한 거절행위에 해당한다고 보아야 한다. 따라서 임차인은 같은 조 제3항에 따라 임대인에게 권리금 회수 방해로 인한 손해배상을 청구할 수 있다.'(대법원 2019. 7. 4. 선고, 2018다284226 판결 참조) 판시하고 있습니다.

따라서 귀하의 경우 임대인에게 신규임차인을 주선하지 않았다고 하더라도 임대인이 신규임차인과 임대차계약을 체결하지 않겠다는 의사를 확정적으로 표시하였다면 임대인을 상대로 권리금 상당의 손해배상을 청구할 수 있다 할 것입니다. 다만 이는 임대인이 신규임차인과 임대차계약을 체결하지 않겠다는 의사를 명확히 표현한 경우 법원이 예외를 인정하고 있는 것으로 이에 대한 입증은 임차인이 하여야 하는 것이므로 가급적 신규임차인을 주선하는 것이 이와 관련된 분쟁을 피하는 방법이 될 것입니다.

Q 41 신규임차인과 권리금 계약은 반드시 체결해야 하나요?

질문　　　저는 상가를 임차하여 옷가게를 운영하고 있습니다. 임대차기간 만료일이 다가와 새로운 임차인을 구해 권리금을 받고 옷가게를 넘기려고 합니다. 그런데 임대인이 이를 거부하여 임대인을 상대로 권리금을 청구하려면 반드시 새로운 임차인과 권리금 계약을 체결하였어야만 하나요.

답변

2015년 5월 13일 상가임대차법이 개정되면서 임차인의 권리금 회수 청구권이 도입이 되었습니다. 다만 임차인이 임대인에게 권리금 상당의 손해배상을 청구하기 위해서는 다음의 요건을 갖춰야 합니다.

① 임차인이 임대인에게 신규임차인을 주선하여야 합니다. ② 임대인의 방해행위가 있어야 합니다. ③ 임대인의 방해행위에 정당한 사유가 없어야 합니다. ④ 임대인의 방해행위는 임대차기간이 끝나기 6개월 전부터 임대차 종료시 사이에 이루어 져야 합니다.

그런데 ① 신규임차인 주선과 관련하여 신규임차인과 반드시 권리금 계약을 미리 체결하였어야만 임대인을 상대로 권리금 상당의 손해배상을 청구할 수 있는지 문제가 됩니다. 상가임대차법은 '권리금 계약에 따라 임차인이 주선한 신규임차인이 되려는 자로부터

지급받는 것을 방해하여서는 아니 된다.'고 규정하고 있기 때문입니다.(법 제10조의4 제1항)

대법원은 상가임대차법 제10조의3, 제10조의4의 문언과 내용, 입법 취지 등을 종합하면, 임차인이 구체적인 인적사항을 제시하면서 신규임차인이 되려는 자를 임대인에게 주선하였는데, 임대인이 제10조의4 제1항에서 정한 기간에 이러한 신규임차인이 되려는 자에게 권리금을 요구하는 등 제1항 각호의 어느 하나에 해당하는 행위를 함으로써 임차인이 신규임차인으로부터 권리금을 회수하는 것을 방해한 때에는 임대인은 임차인이 입은 손해를 배상할 책임이 있고, 이때 권리금 회수 방해를 인정하기 위하여 반드시 임차인과 신규임차인이 되려는 자 사이에 권리금 계약이 미리 체결되어 있어야 하는 것은 아니다. (대법원 2019. 7. 10. 선고 2018다239608 판결 참조)고 판시하였습니다. 그 이유는 다음과 같습니다.

① 상가임대차법 제10조의4 제1항 본문에서 정한 '권리금 계약에 따라'라는 문언이, 임차인이 신규임차인이 되려는 자와 권리금 계약을 체결한 상태임을 전제로 하는지는 위 제1항 본문 자체만으로는 명확하지 않습니다. 그런데 상가임대차법 제10조의4 제1항 각호는 임대인이 신규임차인이 되려는 자에게 권리금을 요구하거나 그로부터 권리금을 수수하는 행위 등을 금지하면서 임차인이 신규임차인이 되려는 자와 반드시 권리금 계약을 체결했어야 함을 전제로 하고 있지 않습니다. 또한 상가임대차법 제10조의4 제3항은 권리금 계약이 체결되지 않은 경우에도 임대인의 권리금 회수 방해로 인한 손해배상액을 '임대차 종료 당시의 권리금'으로 정할 수 있도록 하고 있습니다.

② 상가임대차법 제10조의4는 임차인이 임대차 종료 시 스스로 신규임차인이 되려는 자를 찾아 임대인에게 임대차계약을 체결하도록 주선하고 신규임차인으로부터 그동안 투자한 비용이나 영업활동으로 형성된 지명도나 신용 등 경제적 이익을 권리금 형태로 지급받아 회수할 수 있도록 보장하면서 임대인이 부당하게 이를 침해하지 못하도록 한 것입니다. 이는 임대인이 임차인과 신규임차인 사이에 체결된 권리금 계약에 따른

이행을 방해하는 것에 한정하지 않고, 임차인이 신규임차인이 되려는 자와 권리금 계약 체결에 이르지 못하도록 하는 등 임차인이 권리금을 지급받을 수 있는 기회를 방해하는 다양한 행위를 금지함으로써 임차인을 보호하는 것입니다.

③ 현실적으로 권리금은 임대차계약의 차임, 임차보증금, 기간 등 조건과 맞물려 정해지는 경우가 많습니다. 신규임차인이 되려는 자가 임대인과의 임대차계약 조건에 따라서 임차인에게 지급하려고 하는 권리금 액수가 달라질 수 있고, 이러한 이유로 권리금 계약과 임대차계약이 동시에 이루어지는 경우도 있습니다.

임대인이 임대차기간이 종료될 무렵 현저히 높은 금액으로 임차보증금이나 차임을 요구하거나 더 이상 상가건물을 임대하지 않겠다고 하는 등 새로운 임대차계약 체결 자체를 거절하는 태도를 보이는 경우 임차인이 신규임차인이 되려는 자를 찾아 권리금 계약을 체결하는 것은 사실상 불가능해 집니다. 이러한 임대인의 행위는 상가임대차법 제10조의4 제1항 제3호, 제4호에서 정한 방해행위에 해당한다고 볼 수 있고, 임차인과 신규임차인이 되려는 자 사이에 권리금 계약이 체결되지 않았더라도 임대인은 임차인의 권리금 회수 방해를 이유로 손해배상책임을 진다고 보아야 할 것입니다.

따라서 귀하가 신규임차인과 권리금 계약을 체결하지 않았다고 하더라도 임대인의 방해행위가 있고 그 방해행위에 정당한 사유가 없다면 귀하는 임대인을 상대로 권리금 상당의 손해배상을 청구할 수 있을 것입니다.

Q 42 권리금 포기 특약을 하였는데 권리금을 청구할 수 있나요?

질문

저는 상가를 임차하여 20년 이상 떡집을 운영해왔습니다. 어느 날 건물주가 바뀌었고 바뀐 건물주와 임대차계약서를 새로 썼습니다. 계약서 특약사항에는 "점포의 권리금과 시설비를 일절 인정하지 않으며, 민·형사로 이를 청구할 수 없음" 되어 있습니다. 임대차 기간이 만료될 무렵 신규임차인을 구하였고 1억원의 권리금계약을 체결했습니다. 그런데 건물주는 본인이 직접 영업을 할 것이라고 하면서 신규임차인과의 계약 체결을 거부하고 있습니다. 저는 임대인을 상대로 1억원의 권리금을 청구할 수 있나요?

답변

상가임대차법에 위반되는 약정으로 임차인에게 불리한 것은 모두 효력이 없습니다.(상가임대차법 제15조) 따라서 귀하가 임대인과 권리금 포기 특약을 하였다고 하더라도 이러한 특약은 모두 무효이므로 귀하가 임대인을 상대로 권리금 상당의 손해배상을 청구할 수 있는 요건을 갖추고 있다면 권리금 청구가 가능합니다.

임차인이 임대인에게 권리금 상당의 손해배상을 청구하기 위한 다음의 요건을 갖추어야 합니다.

① 임차인이 임대인에게 신규임차인을 주선하여야 합니다. ② 임대인의 방해행위가 있어야 합니다. ③ 임대인의 방해행위에 정당한 사유가 없어야 합니다. ④ 임대인의 방해행위는

임대차기간이 끝나기 6개월 전부터 임대차 종료시 사이에 이루어 져야 합니다.

귀하는 새로운 임차인을 구해 임대인에게 주선을 하였고 임대인은 정당한 사유가 없이 새로운 임차인과의 임대차 계약을 거절한 것으로 보입니다. 따라서 이는 임대인의 방해행위에 해당하고 귀하는 임대인을 상대로 권리금 상당의 손해배상을 청구할 수 있습니다.

다만 귀하가 받을 수 있는 권리금 상당 손해배상금 액수는 신규임차인이 임차인에게 지급하기로 한 권리금과 임대차 종료 당시의 권리금(법원이 감정한 권리금) 중 낮은 금액을 기준으로 합니다.(상가임대차법 제10조의4 제3항)

따라서 귀하가 신규임차인과 권리금 계약으로 체결한 1억원과 법원이 감정한 권리금 중 낮은 금액이 상한이 되는 것입니다.

귀하와 유사한 대전지방법원의 사건을 보면 임차인은 신규임차인으로부터 권리금 1억원을 받기로 했었는데, 법원이 감정한 권리금은 6천 3백만원(유형재산 평가금액 21,738,000원, 무형재산 평가금액 42,000,000원이었습니다. 법원은 낮은 금액인 6천 3백만원을 기준으로 해서 유형재산평가액 중 떡형성기와 같은 영업시설 부분은 임차인이 쉽게 수거해 갈 수 있는 동산들로 임차인에게 손해가 발생하였다고 볼 수 없고, 임차인이 환수해 갈 수 없는 ① 아케이드 공사비 148만원 ② 셔터공사비 120만원 ③ 가게확장칸막이 공사비 10만원만 임차인의 손해로 인정하였고, 무형재산 평가액 42,000,000만원은 임차인이 환수해 가지 못하므로 전액 손해로 인정하였습니다. 법원은 임대인의 방해행위로 인한 임차인의 손해액이 44,780,000원이라고 판시하면서도 임차인이 이 사건 점포에서 약 27년동안 영업을 해 온 점, 권리금 포기 특약을 한 점 등을 고려하여 손해배상액을 50% 감하였습니다.(대전지방법원 2017. 5. 19. 선고, 2016나108951, 108968 판결 참조).

대전지방법원의 판결에 비추어 보면 귀하의 경우도 귀하가 수거해 갈 수 있는 유형재산은 시설권리금에서 제외가 되고 바닥권리금, 영업권리금도 여러 가지 사정을 고려하여 일부만 인정받을 수 있을 것입니다.

Q 43 권리금 포기 특약을 하였고 건물주가 직접 건물을 사용하는 경우도 권리금 청구할 수 있나요?

질문　　저는 한 장소에서 오랫동안 떡집을 운영해왔습니다. 어느 날 건물주가 바뀌었고, 저는 바뀐 건물주와 계약서를 새로 썼습니다. 계약서 특약사항에는 "점포의 권리금과 시설비를 일절 인정하지 않으며, 민·형사로 이를 청구할 수 없음"이라고 나와 있었습니다. 계약이 종료될 무렵 권리금 1억원을 주겠다는 신규임차인을 알게 되어, 이 분과 권리금계약을 체결했습니다. 그리고 건물주에게 이 분과 임대차계약을 체결해 줄 것을 부탁했습니다. 그런데 건물주는 본인이 직접 영업을 할 것이라고 하면서 신규임차인과의 계약 체결을 거부했습니다. 저는 이대로 권리금도 못 받고 영업장에서 나가게 생겼습니다. 건물주에게 손해배상청구소송을 제기한다면 제가 신규임차인으로부터 받기로 했던 권리금 1억원을 받을 수 있을까요?

답변　　먼저 계약서 특약사항이 유효한지 검토할 필요가 있습니다. 이 사건 임대차계약서 특약사항은 "점포의 권리금을 일절 인정하지 않는다."고 규정하고 있으나 이는 강행규정인 상가임대차법 제15조, 제10조의4에 반하여 무효입니다. 따라서 귀하가 임대인을 상대로 권리금 상당의 손해배상을 청구할 수 있는 요건을 갖추고 있다면 건물주에게 권리금 상당의 금액을 청구할 수 있습니다.

임차인이 임대인에게 권리금 상당의 손해배상을 청구하기 위해서는 다음의 요건을 갖춰야 합니다. ① 임차인이 임대인에게 신규임차인을 주선하여야 합니다. ② 임대인이 신규임차인이 되려는 자에게 현저히 고액의 차임을 요구하거나 신규임차인과의 계약체결을 거부하는 등으로 임차인의 권리금 회수를 방해해야 합니다. ③ 임대인의 방해행위에 정당한 사유가 없어야 합니다. ④ 임대인의 방해행위는 임대차기간이 끝나기 6개월 전부터 임대차 종료시 사이에 이루어 져야 합니다.

임차인인 귀하께서는 신규임차인을 주선하였는데 건물주가 본인이 직접 영업을 할 것이라고 하면서 신규임차인과의 계약 체결을 거부하였습니다. 건물주가 자신이 직접 영업을 할 것이라는 이유로 신규임차인과의 계약 체결을 거부하는 행위를 상가임대차법이 정하고 있는 방해행위에 해당하고 정당한 사유가 있다고 보지도 않습니다. 따라서 건물주의 신규임차인과의 계약체결 거부는 상가임대차법상 권리금 회수 방해행위로 평가되고 이에 따른 손해를 귀하에게 배상하여야 할 것입니다.

다만 귀하가 신규임차인으로부터 받기로 한 권리금 1억원이 전부 권리금 상당의 손해배상액으로 인정이 되지 않습니다. 상가임대차법은 임대인이 임차인의 권리금 회수를 방해하여 임차인에게 손해를 발생하게 한 때, 그 손해배상액은 신규임차인이 임차인에게 지급하기로 한 권리금과 임대차 종료 당시의 권리금(법원이 감정한 권리금) 중 낮은 금액을 넘지 못한다고 규정하고 있습니다(상가임대차법 제10조의4 제3항). 상가임대차법이 정하고 있는 권리금 상당의 손해배상액은 손해배상의 상한을 정해 놓고 있다고 할 수 있습니다.

귀하와 유사한 사안에서 임차인이 권리금 상당의 손해배상으로 받은 금원은 다음과 같습니다. 임차인은 신규임차인으로부터 권리금 1억원을 받기로 했었는데, 법원이 감정한 권리금은 6천 3백만원이었습니다.

이 사건에서 법원은 6천 3백만원 전액을 임차인의 손해로 인정하지 않았습니다. 무형재산, 즉 거래처 · 신용 · 영업상의 노하우를 아우르는 영업권리금과 상권에 대한 바닥권리금 4천 2백만원에 대해서는 임차인이 환수해 갈 수 없는 부분이라고 보아 전액을 손해로 인정했습니다만, 유형재산, 즉 시설권리금 2천 1백만원에 대해서는 떡형성기와 같은 영업시설은 임차인이 환수해갈 수 있다고 보았고, 그 결과 임차인이 환수해 갈 수 없는 ① 아케이드 공사비 148만원 ② 셔터공사비 120만원 ③ 가게확장칸막이 공사비 10만원만 임차인의 손해로 인정했습니다.

영업시설 부분을 제외한 총 손해액은 4,478만원이 되나 법원은 위 금액도 공평의 원리에 근거하여 임차인의 손해액을 50%로 제한할 수 있다고 판단하면서 임대인이 임차인에게 2,239만원을 배상하라는 판결을 선고했습니다(대전지방법원 2017. 5. 19. 선고, 2016나108951, 108968 판결 참조).

또 다른 사건을 보면 자전거 대여점을 운영해 온 임차인이 신규임차인과 1억1천만원의 권리금 계약을 체결하였고 권리금 감정결과는 78,520,000원(유형재산 2174만원+인테리어 시설 등 1278만원+무형재산 4400만원)인 사건에서 법원은 자전거 등 유형재산은 임차인이 수거해 갈 수 있는 것들로 손해라고 할 수 없고, 인테리어 시설과 무형재산이 손해로 인정이 되나 이 금액도 임차인이 5년간 점포에서 유형, 무형재산의 이용이익을 누렸고, 임대인이 임대차계약기간인 5년간 받아야 할 차임은 5760만원으로 임차인의 권리금 액수에 미치지 못하는 점, 권리금 규정이 2015년 5월 13일 신설이 되어 임대인은 예상하지 못한 권리금을 부담하게 된 점 등을 고려하여 60%만 권리금 상당 손해로 인정하였습니다.

이와 같은 이와 같은 판결들을 종합해 보면 법원은 새로운 임차인과 체결한 권리금 액수와 법원에서 감정한 권리금 액수와 비교하여 낮은 금액을 기준으로 영업시설, 비품 등 임차인이 수거해 갈수 있는 시설들에 대해서는 시설권리금에서 제외를 하고 여러 가지 사정들을 고려하여 영업권리금과 바닥권리금도 상당정도 감액을 하고 있으므로 귀하가 새로운 임차인과 체결한 권리금 액수를 전부 배상받기는 어렵다 할 것입니다.

Q 44 제 소유 건물에서 직접 장사를 하고 싶은데 임차인에게 권리금을 지급해야 하나요?

질문　　　저는 조그만 상가건물을 하나 소유하고 있고 상가건물에서 나오는 돈을 가지고 생활비로 쓰고 있습니다. 현재 임차인과는 2005년경 임대차계약을 체결하였고 임차인은 현재까지 20년 가까이 식당을 운영해 오고 있습니다. 현 임차인과의 임대차계약이 2022년 7월 31일 만료가 되는데 저는 더 이상 임대차계약을 연장하지 않고 제 상가건물에서 직접 카페를 운영할 계획입니다. 제가 직접 제 소유 상가건물에서 영업을 할 경우에도 저는 임차인에게 권리금을 지급해야만 하나요.

답변　　　2015년 5월 13일 상가임대차법이 개정되면서 권리금 회수 청구권이 도입이 되었습니다. 법 개정 당시 임차인의 권리금 회수 청구권은 법 시행 전후 상관없이 존속하고 있는 모든 임차인에게 권리를 부여하여 주었습니다. 따라서 귀하의 상가건물을 임차하여 장사를 하고 있는 임차인도 권리금 회수 청구권이 도입되기 전에 임대차계약을 체결한 임차인이지만 권리금 회수 청구권을 행사할 수 있습니다.

임차인이 임대인에게 권리금 상당의 손해배상을 청구하기 위해서는 다음의 요건을 갖춰야 합니다. ① 임차인이 임대인에게 신규임차인을 주선하여야 합니다. ② 임대인이 신규임차인이 되려는 자에게 현저히 고액의 차임을 요구하거나 신규임차인과의 계약체결을 거부하는 등으로 임차인의 권리금 회수를 방해해야 합니다. ③ 임대인의 방해행위에 정당한 사유가 없어야 합니다. ④ 임대인의 방해행위는 임대차기간이 끝나기 6개월 전부터 임대차 종료시 사이에 이루어 져야 합니다.

상가임대차법은 임대인의 방해행위로 4가지를 규정하고 있습니다.(상가임대차법 제10조의4 제1항 단서) 첫째, 임차인이 주선한 신규임차인이 되려는 자에게 권리금을 요구하거나 임차인이 주선한 신규임차인이 되려는 자로부터 권리금을 수수하는 행위, 둘째, 임차인이 주선한 신규임차인이 되려는 자로 하여금 임차인에게 권리금을 지급하지 못하게 하는 행위, 셋째, 임차인이 주선한 신규임차인이 되려는 자에게 상가건물에 관한 조세, 공과금, 주변 상가건물의 차임 및 보증금, 그 밖의 부담에 따른 금액에 비추어 현저히 고액의 차임과 보증금을 요구하는 행위, 넷째, 그 밖에 정당한 사유 없이 임대인이 임차인이 주선한 신규임차인이 되려는 자와 임대차계약의 체결을 거절하는 행위입니다.

귀하의 경우 자신의 소유 건물에서 직접 장사를 한다는 사유로 신규임차인과의 임대차계약체결을 거절하는 행위가 넷째, 넷째, 그 밖에 정당한 사유 없이 임대인이 임차인이 주선한 신규임차인이 되려는 자와 임대차계약의 체결을 거절하는 행위에 해당하는지 살펴봐야 합니다.

상가임대차법은 임대인의 정당한 사유는 다음 4가지를 규정하고 있습니다.(상가임대차법 제10조의4 제2항) 첫째, 임차인이 주선한 신규임차인이 되려는 자가 보증금 또는 차임을 지급할 자력이 없는 경우, 둘째, 임차인이 주선한 신규임차인이 되려는 자가 임차인으로서의 의무를 위반할 우려가 있거나 그 밖에 임대차를 유지하기 어려운 상당한 사유가 있는 경우, 셋째, 임대차 목적물인 상가건물을 1년 6개월 이상 영리목적으로 사용하지 아니한 경우, 넷째, 임대인이 선택한 신규임차인이 임차인과 권리금 계약을 체결하고 그 권리금을 지급한 경우입니다.

상가임대차법은 임대인의 자신의 소유 건물에서 직접 장사를 하려는 사유는 정당한 사유로 규정을 하고 있지 있습니다.

따라서 임대인이 자기 소유 상가 건물에서 직접 영업을 한다는 이유로 신규임차인과의 계약을 거절한다면 귀하는 임차인에게 권리금 상당의 손해배상 책임을 질 수 있습니다.

대법원도 임대인이 임차인에게 임대차 종료 후에는 신규임차인과 임대차계약을 체결하지 않고 자신이 상가를 직접 이용할 계획이라고 밝힘으로써 임차인의 신규임차인 주선을 거절하는 의사를 명백히 표현하였다면 임대인의 권리금 회수기회 보호의무 위반을 이유로 임차인에게 손해배상을 청구할 수 있다고 보아야 한다고 판시하였습니다.(대법원 2019. 7. 4. 선고 2018다284226 판결 참조)

Q 45 재개발, 재건축을 이유로 신규임차인과의 계약체결을 거절한 경우 권리금 청구가 가능한가요?

질문　저는 상가건물을 임차하여 베이커리 카페를 운영하고 있습니다. 이후 임대인은 상가건물을 신탁회사와 관리형 토지신탁계약을 체결하고 신탁을 원인으로 하는 소유권이전등기를 하였습니다. 신탁회사는 임대차기간 만료일이 다가오자 '상가건물을 포함한 지역 일대에서 재개발, 재건축이 진행되고 있어 임대차계약을 유지할 의사가 없으므로, 임대차계약이 종료되는 2022년 5월 13일까지 상가건물을 명도하여 달라'는 취지의 내용증명을 보내왔습니다. 저는 권리금을 보호받을 수 있나요.

답변　상가임대차법 제10조의4 제1항 본문은 '임대인은 임대차기간이 끝나기 6개월 전부터 임대차 종료 시까지 다음 각 호의 어느 하나에 해당하는 행위를 함으로써 권리금 계약에 따라 임차인이 주선한 신규임차인이 되려는 자로부터 권리금을 지급받는 것을 방해하여서는 아니 된다.'라고 규정하여, 임대인의 임차인 권리금 회수기회의 보호의무를 명시하면서, 같은 조 제3항에서 그 의무를 위반한 임대인에게 그에 따른 손해배상책임을 부과하고 있습니다.

그러나 한편, 상가임대차법 제10조의4 제1항 단서에 따르면, 같은 법 제10조 제1항 소정의 사유가 있는 경우 위와 같은 임대인의 권리금 회수기회 보호의무는 배제되는바, 이때 상가임대차법 제10조 제1항 제7호 다목은 임대인이 목적 건물의 점유를 회복할 필요 있는 사유가 '다른 법령에 따라 철거 또는 재건축이 이루어지는 경우'를 들고 있습니다.

따라서 이 사건의 경우 상가건물을 포함한 지역 일대에서 재개발, 재건축이 진행되고 있다는 사유가 '다른 법령에 따라 철거 또는 재건축이 이루어지는 경우'에 해당하는지 살펴봐야 합니다.

상가임대차법은 민법상 채권에 불과한 임차권에 대항력을 인정하고, 보증금에 대한 우선변제권, 계약갱신요구권을 인정하고 차임 또는 보증금의 증액에 한도를 설정하는 등의 방식으로, 본래 사적자치에 의하여 형성되던 권리관계에 개입하여 상가임차인을 보호합니다. 그 과정에서 임대인은 임대차계약의 내용이나 계약의 갱신 여부를 결정할 자유에 제약을 받고, 자신이 소유한 상가건물을 자신이 원하는 방식으로 사용·수익할 수 있는 권리가 제한되며, 우선변제권이 인정되는 임대보증금의 액수만큼 상가건물의 담보가치 활용에 제약을 받습니다.

상가건물의 양수인은 임대인의 지위를 승계하여야 하고, 상가건물의 담보권자는 자신이 담보를 설정한 이후에 체결된 임대차의 경우라도 최우선 변제되는 보증금액만큼은 담보권 행사에 대한 예측할 수 없었던 제약을 감수해야 하며, 임대인에 대한 일반채권자도 우선변제 되는 임대보증금으로 인해 채권회수에 제약을 받을 수 있습니다.

이와 같이 임차인 보호를 위해 사적자치 원리에 수정을 가하여 임차인의 지위를 강화하는 것은 그 상대방인 임대인이나 상가건물의 양수인과 담보권자, 임대인에 대한 채권자 등 다른 권리주체의 계약의 자유 및 재산권 보장의 요청과 충돌하고, 사적 자치 및 거래의 안전이라는 공익을 저해하는 측면이 있습니다.(헌법재판소 2014. 3. 27. 선고 2013헌바198 전원재판부 결정 참조)

이러한 상가임대차법의 기본적 성격을 고려하여 이 사건에서 문제되는 상가임대차법의 규정을 해석, 적용함에 있어서도 이해관계인들의 법익의 균형성이 고려되어야 하고, 나아가 법 문언의 가능한 해석 범위를 넘어서서 어느 일방에 지나치게 불리한 방향으로 그 해석이 이루어져서는 아니 된다 할 것입니다.

서울중앙지방법원은 "'다른 법령에 따라 철거 또는 재건축'이 이루어지는 경우로서 임대인이 당해 목적 건물의 점유를 회복할 필요가 있는 경우에는 임대인의 임차인 권리금 회수기회 보호의무가 면제된다고 할 것이고, 여기에서 위 '다른 법령에 따라 철거 또는 재건축이 이루어지는 경우'가 반드시 법령에 의하여 강제적으로 진행되는 사업에 국한하는 것으로 해석할 근거는 없다."고 판시하면서,

"서울시는 2017년 7월 13일 서울특별시 고시로 이 사건 사업부지를 포함한 H지구에 대하여 노후·불량 건축물을 정비하는 것을 내용으로 하는 지구단위계획(재정비)을 고시한 사실, 사업부지 전체의 소유권을 확보한 다음 토지의 소유권자로서 위 고시에 따라 구체적인 개발계획을 수립하였고, 2019년 5월 22일 시공사와 공동주택 신축에 관한 공사도급계약을 체결한 사실, 이 사건 사업은 2019년 12월 24일 동작구 도시건축공동위원회의 심의를 거쳐 가결되었고, 2020년 4월 8일 서울시 도시건축공동위원회의 심의를 거쳐 가결된 사실, 현재 이 사건 사업부지 9132.8m2 중 약 87%에 해당하는 7938.8m2 지상의 건물이 철거된 사실 등이 인정되는바, 결국 이에 따르면 원고는 주택법에 따른 이 사건 사업을 추진하기 위하여 이 사건 건물을 철거, 그 점유를 회복할 필요가 있는 경우에 해당한다.'(서울중앙지방법원 2021. 4. 15. 선고 2020가합52581(본소), 2020가합525598(반소) 판결)고 하였습니다.

따라서 위 판결에 비추어 보면 귀하가 임차한 상가건물을 포함한 일대에 실제 재개발, 재건축 따른 사업이 진행되고 있다면 상가임대차법 제10조 제1항 제7호 다목이 규정하고 있는 '다른 법령에 따라 철거 또는 재건축이 이루어지는 경우'에 해당되어 권리금을 보호받을 수 없을 것으로 보입니다.

Q 46 철거 내지 대수선을 이유로 인도를 요구하는 경우 권리금 청구가 가능한가요?

질문

저는 2019년 5월 1일 상가건물을 임대차보증금 5,000만원, 월 차임 200만원, 임대차기간 2019년 5월 10일부터 2020년 5월 9일까지로 하는 임대차계약을 체결하고 노래방을 운영하고 있습니다. 이후 임대차계약은 기간만료 후 계속 갱신되어 왔는데 임대인은 2022년 3월 11일 '2022년 5월 9일 임대차기간이 종료되면 재계약을 하지 않고 건물을 인도받아 철거 내지 대수선할 계획이므로 원상복구 한 뒤 인도하라'는 내용증명을 보내왔습니다. 저는 신규임차인과 권리금 계약을 체결하고 임대인에게 임대차계약을 해줄 것을 요청하였으나 임대인이 이를 거절하였고, 권리금 계약은 무효가 되었습니다. 저는 임대인을 상대로 권리금을 청구할 수 있나요.

답변

상가임대차법 제10조의4 제1항은 '임대인은 임대차기간이 끝나기 3개월 전부터 임대차 종료 시까지 다음 각 호의 어느 하나에 해당하는 행위를 함으로써 권리금 계약에 따라 임차인이 주선한 신규임차인이 되려는 자로부터 권리금을 지급받는 것을 방해하여서는 아니 된다. 다만, 제10조 제1항 각 호의 어느 하나에 해당하는 사유가 있는 경우에는 그러하지 아니하다'고 규정하고, 같은 항 제4호는 '그 밖에 정당한 사유 없이 임대인이 임차인이 주선한 신규임차인이 되려는 자와 임대차계약의 체결을 거절하는 행위'를 방해 행위의 한 유형으로 규정하고 있습니다.

그리고 같은 법 제10조 제1항은 '임대인은 임차인이 임대차기간이 만료되기 6개월 전부터 1개월 전까지 사이에 계약갱신을 요구할 경우 정당한 사유 없이 거절하지 못한다. 다만, 다음 각 호의 어느 하나의 경우에는 그러하지 아니하다'고 규정하고, 같은 항 제7호 가목은 '임대인이 다음 각 목의 어느 하나에 해당하는 사유로 목적 건물의 전부 또는 대부분을 철거하거나 재건축하기 위하여 목적 건물의 점유를 회복할 필요가 있는 경우'로 서 '임대차계약 체결 당시 공사시기 및 소요기간 등을 포함한 철거 또는 재건축 계획을 임차인에게 구체적으로 고지하고 그 계획에 따르는 경우, 건물이 노후·훼손 또는 일부 멸실되는 등 안전사고의 우려가 있는 경우, 다른 법령에 따라 철거 또는 재건축이 이루어지는 경우'를 권리금 회수기회 방해책임의 적용 제외 사유로 규정하고 있습니다.

임대인은 상가건물을 재건축하려고 하고 있으므로 위 사유가 상가임대차법 제10조 제1항 제7호 각목에 따른 철거 또는 재건축 사유에 해당하지 않는다면 임대인은 임차인에게 권리금 상당의 손해를 배상해야 하고, 위와 같은 사유가 존재한다는 것은 임대인이 입증을 하여야 합니다.

따라서 임대인이 임대차계약 체결당시에 공사시기 및 소요 기간 등을 포함한 철거 또는 재건축 계획을 임차인에게 구체적으로 고지하였고 그 계획에 따른 철거 또는 재건축을 실행하고 있다는 사실을 입증하지 못하거나, 건물이 노후·훼손 또는 일부 멸실되는 등 안전사고의 우려가 있다는 점을 입증하지 못한다면 귀하에게 권리금 상당의 손해를 배상해야 할 것입니다.

Q 47 임대인의 임차인에 대한 권리금 회수 방해행위란 무엇을 말하나요?

질문　　저는 상가를 임차하여 헬스클럽을 운영하고 있습니다. 저는 임대차기간 만료일이 다가와 권리금을 받고 나가고자 합니다. 주변의 지인에게 물어봤더니 임대인에게 권리금을 청구하기 위해서는 임대인의 방해행위가 있어야 한다고 하는데 임대인의 방해행위란 무엇을 말하나요.

답변　　2015년 5월 13일 상가임대차법이 개정되면서 임차인의 권리금 회수 청구권이 도입이 되었습니다. 다만 권리금 규정이 도입되었다고 하여 임차인이 건물주에 대하여 직접 권리금을 청구할 수 있는 것은 아닙니다.

상가임대차법은 신규임차인과 권리금계약을 하고 신규임차인으로부터 권리금을 받으려고 하는데 임대인이 이를 방해하여 임차인이 권리금을 회수하지 못하는 손해가 발생하면 임대인에게 권리금 상당의 손해배상을 청구할 수 있도록 규정하고 있습니다.

따라서 임차인이 임대인에게 권리금 상당의 손해배상을 청구하기 위해서는 다음의 요건을 갖춰야 합니다.

① 임차인이 임대인에게 신규임차인을 주선하여야 합니다. ② 임대인의 방해행위가 있어야 합니다. ③ 임대인의 방해행위에 정당한 사유가 없어야 합니다. ④ 임대인의 방해행위는

임대차기간이 끝나기 6개월 전부터 임대차 종료시 사이에 이루어 져야 합니다.

상가임대차법이 규정하고 있는 임대인의 방해행위는 다음 4가지입니다. ① 임대인이 임차인이 주선한 신규임차인이 되려는 자에게 임차인이 지급받아야 할 권리금을 요구하거나 수수하는 행위, ② 임대인이 임차인이 주선한 신규임차인이 되려는 자로 하여금 임차인에게 권리금을 지급하지 못하게 하는 행위, ③ 임대인이 임차인이 주선한 신규임차인이 되려는 자에게 현저히 고액의 차임과 보증금을 요구하는 행위, ④ 그 밖에 정당한 사유없이 임대인이 임차인이 주선하는 신규임차인이 되려는 자와 임대차계약의 체결을 거절하는 행위가 방해행위입니다.

방해행위 중 ①,②는 법 자체가 대체적으로 명확하여 분쟁이 많지 않으나 ③의 방해행위는 규정자체가 너무 애매모호하여 분쟁이 많이 발생하고 있고 같은 사건을 가지고도 법원의 판결이 달라지는 경우들이 종종 발생하고 있습니다. 위 규정은 임대인이 임차인이 주선한 신규임차인과 계약을 거절할 목적으로 신규임차인이 수용할 수 없는 수준의 차임·보증금을 제시하여 계약을 무산시키는 것을 방해하기 위한 것으로 볼 수 있습니다. 현저히 고액의 차임과 보증금은 상가건물에 관한 조세, 공과금, 주변 상가건물의 차임 및 보증금, 그 밖의 부담 등에 따른 금액을 기준으로 상식적인 수준에서 크게 벗어났는지 객관적으로 판단하여야 할 것입니다.

신규임차인에게 "고액"의 차임을 요구하는 경우도 고액이 얼마나 차임과 보증금을 올리는 경우인지 너무나 애매합니다. 그런데 상가임대차법은 단순히 "고액"의 차임이 아닌 "현저히" 고액이라고 표현을 하고 있어 그 개념자체가 더 불명확하고 너무나 애매모호한 상태가 되어 버렸습니다. 법은 차임과 보증금을 많이 인상하는 것을 넘어 너무 많이 인상하는 경우를 방해행위라고 규정하고 있는 것입니다.

차임과 보증금을 많이 올리는 것도 판단이 어려운데 너무 많이 올리는 경우라고 더 불분명하게 규정하고 있어 결국 판사의 개인적인 가치관이 반영될 수 밖에 없으므로 같은 사건을 가지고도 판결의 결과가 달라지는 경우가 종종 발생하고 있는 것입니다.

임차인이 임대인에게 권리금 상당의 손해배상을 청구하기 위해서는 임대인의 방해행위 이외에도 임대인의 방해행위에 정당한 사유가 없어야 하는데 상가임대차법이 규정하고 있는 정당한 사유는 방해행위 보다 더 애매모호하게 규정이 되어 있습니다.

결국 이러한 모호한 법규정은 임대인과 임차인의 갈등을 유발시키고 법정분쟁을 초래하고 있는 바 권리금 규정에 대한 조속한 정비가 필요하다 할 것입니다.

Q 48 신규임차인에게 '철거 또는 재건축계획 고지'를 임대차계약 조건으로 제시하면 방해행위에 해당하나요?

질문　　저는 상가건물을 임차하여 식당을 운영하고 있습니다. 저는 임대차기간 만료일이 다가오자 신규임차인을 구해 권리금 계약을 체결하고 임대인에게 주선을 하였습니다. 임대인은 신규임차인을 만나 계약조건을 협의하면서 자신이 건물을 철거할 계획이 있다며 임대차계약서에 철거 및 재건축 계획을 반영하겠다고 합니다. 신규임차인은 임대인에게 철거 및 재건축 계획이 있으면 이후 계약갱신도 요구할 수 없고, 권리금도 보장받을 수 없다며 결국 임대인과의 임대차계약을 포기하였습니다. 저는 신규임차인의 임대차계약 포기로 권리금 계약을 해지 당하였고 신규임차인으로부터 받은 계약금을 반환하였습니다. 신규임차인에게 '철거 또는 재건축계획 고지'를 신규임대차계약 조건으로 제시하는 것이 임대인의 방해행위에 해당하고 저는 권리금 상당의 손해배상을 청구할 수 있나요.

답변　　상가임대차법 제10조 제1항은 「임대인은 임차인이 임대차기간이 만료되기 6개월 전부터 1개월 전까지 사이에 계약갱신을 요구할 경우 정당한 사유 없이 거절하지 못한다.」라고 규정하고 있고, 제3항은 「임대인이 제1항을 위반하여 임차인에게 손해를 발생하게 한 때에는 그 손해를 배상할 책임이 있다.」라고 규정하고, 제1항 단서에 「제10조 제1항의 각 호의 어느 하나에 해당하는 사유가 있는 경우에는 그러하지 아니하다.」라고 규정하고 있습니다.

제10조 제1항은 「임대인은 임차인이 임대차기간이 만료되기 6개월 전부터 1 개월 전까지 사이에 계약갱신을 요구할 경우 정당한 사유 없이 거절하지 못한다.」라고 규정하고, 위와 같이 개정된 법률 제10조 제2항은 「임차인의 계약갱신요구권은 최초의 임대차기간을 포함한 전체 임대차기간이 10년을 초과하지 아니한 범위에서만 행사할 수 있다.」라고 규정하고, 한편 임대인이 「계약갱신 요구를 거절할 정당한 사유」로 제1항 단서 제7호 가)목은 「임대인이 "임대차계약 체결 당시 공사시기 및 소요기간 등을 포함한 철거 또는 재건축 계획을 임차인에게 구체적으로 고지하고 그 계획에 따르는 경우"에 해당하는 사유로 목적 건물의 전부 또는 대부분을 철거하거나 재건축하기 위하여 목적 건물의 점유를 회복할 필요가 있는 경우」를 규정하고 있습니다.

상가임대차법 제10조의4 제1항 단서는 위 제10조 제1항 각 호의 어느 하나에 해당하는 사유가 있는 경우에는 임대인의 방해행위에 해당하지 않는다고 규정하고 있습니다.

따라서 임대인은 신규임차인과 임대차계약 체결 후 임대차기간 만료시에 임차인의 계약갱신요구를 거절하거나 권리금에 대한 책임을 지지 않으려는 근거를 마련하기 위하여 신규임대차조건으로 '철거, 재건축계획 고지'를 제시하고 있는 것으로 보입니다. 제10조 제1항 단서 제7호 가)목의 "정당한 사유"는 임대인이 증명을 하여야 하는 사유이기 때문입니다.

대법원은 "임차인의 계약갱신요구권은 '차임과 보증금' 외에는 전 임대차와 동일한 조건으로 임대차계약의 갱신을 요구하는 것이다(제10조 제3항). 따라서 피고가 주장하는 '건물의 재건축예정 사실'은 임차인의 동의가 없는 이상 갱신계약서 또는 신규계약서에 반영할수 없고, 임차인에게 그와 같이 요구하는 것은 제15조의 입법취지에 위반되어 허용할수 없다. 그런데도 피고는 소유권을 취득한 날부터 원고 및 신규임차인에게 '건물의 재건축 예정 사실'을 갱신계약서 또는 신규계약서에 반영하겠다고 말하였고, 이로써 원고 또는 신규임차인으로 하여금 갱신계약 또는 신규계약의 체결을 주저하게 하였으며, 이는 곧 정당한 사유없이 원고의 계약갱신요구를 거절한 것이나 다름없는 것으로서 원고의 권리금 회수를 방해한 것이다."고 판시한 바 있습니다.

따라서 임대인이 신규계약서에 '철거, 재건축계획 고지'를 조건으로 제시하여 신규임차인과 임대차계약이 체결되지 않았다면 이는 방해행위에 해당하고 귀하는 임대인을 상대로 권리금 상당의 손해배상을 청구할 수 있다 할 것입니다.

Q 49 권리금 액수는 어떻게 정해지나요?

질문 저는 상가를 임차하여 식당을 운영하고 있습니다. 저는 제 식당을 인수할 임차인을 구해 그 임차인과 1억원의 권리금 계약을 하였습니다. 저는 새로운 임차인을 임대인에게 주선하였으나 임대인은 새로운 임차인과의 임대차계약을 거절하였고 저는 권리금을 받을 수 없게 되었습니다. 저는 임대인을 상대로 권리금을 청구하려고 하는데 저는 권리금 1억을 임대인으로부터 모두 받을 수 있나요.

답변 2015년 5월 상가건물임대차보호법이 개정되면서 권리금 제도가 신설되었고 임차인은 임대인의 방해행위로 권리금을 받지 못하게 되면 임대인을 상대로 권리금 상당의 손해배상을 청구할 수 있습니다.

이때 임차인이 받을 수 있는 권리금은 새로운 임차인과 약정한 권리금 자체가 아니라 권리금 감정을 통해서 나온 임대차 종료 당시의 권리금 액수와 비교해서 적은 금액을 초과하지 못합니다. 따라서 대부분의 권리금 사건은 권리금에 대한 감정절차가 진행이 되고 있습니다.

또한 새로운 임차인과 약정한 권리금과 감정한 권리금 중 낮은 금액이 임차인이 받을 권리금이 되는 것이 아니고 낮은 금액을 초과해서는 받지 못한다고 상가임대차법이 규정하고 있기 때문에 낮은 금액이 상한액이 됩니다. 법원은 위 상한액을 기준으로 손해배상의 일반론인 소위 차액설을 적용하여 임대인의 권리금 회수 방해금지 의무 위반이라는 행위가 없었다면 존재하였을 재산상태와 그 위반 행위가 가해진 현재의 재산상태의 차액이라고 판단을 하고, 공평의 원칙에 따른 손해배상예정액 감액까지 인정을 하여 배상액을 판단하고 있기 때문에 실제 판결을 통해 정해지는 권리금 상당 손해배상액은 더 적어지는 것이 일반적입니다.

실제 권리금액수와 관련된 판결들을 소개하면 27년 정도 떡집을 운영해 온 임차인이 신규 임차인과 1억원의 권리금 계약을 체결하였고 권리금 감정결과는 63,738,000원(유형재산 평가액 21,738,000원 + 무형재산 평가액 42,000,000원)인 사건에서 법원은 유형재산 평가액 중 영업시설, 비품들은 임차인이 모두 수거해 갈 수 있으므로 손해라고 할 수 없고 아케이드 공사비, 셔터공사비 등, 가게확장칸막이 공사비 2,780,000원과 무형재산 평가액 42,000,000원만 손해로 인정을 하였습니다. 다만 법원은 위 금액도 임차인이 오랫동안 떡집을 운영해 온 점, 특약사항에 권리금을 인정하지 않는다고 기재된 점 등을 이유로 44,780,000원중 50%만을 권리금 상당 손해로 인정하였습니다.

또 다른 사건을 보면 자전거 대여점을 운영해 온 임차인이 신규임차인과 1억1천만원의 권리금 계약을 체결하였고 권리금 감정결과는 78,520,000원(유형재산 2174만원+인테리어 시설 등 1278만원+무형재산 4400만원)인 사건에서 법원은 자전거 등 유형재산은 임차인이 수거해 갈 수 있는 것들로 손해라고 할 수 없고, 인테리어 시설과 무형재산이 손해로 인정이 되나 이 금액도 임차인이 5년간 점포에서 유형, 무형재산의 이용이익을 누렸고, 임대인이 임대차 계약기간인 5년간 받아야 할 차임은 5760만원으로 임차인의 권리금 액수에 미치지 못하는 점, 권리금 규정이 2015년 5월 13일 신설이 되어 임대인은 예상하지 못한 권리금을 부담하게 된 점 등을 고려하여 60%만 권리금 상당 손해로 인정하였습니다.

이와 같은 판결들을 종합해 보면 귀하가 새로운 임차인과 1억원의 권리금 계약을 체결하기는 하였으나 법원에서 감정한 권리금 액수와 비교하여 낮은 금액을 기준으로 영업시설,

비품 등의 시설권리금에서 귀하가 수거해 갈 수 있는 유형재산들의 감정액은 제외가 되고 여러 가지 사정들을 고려하여 영업권리금과 바닥권리금도 상당정도 감액이 될 것으로 보입니다.

Q 50 권리금 상당 손해배상금에 대한 지연손해금은 언제부터 청구할 수 있나요?

질문   저는 상가를 임차하여 태권도 학원을 운영하고 있는데 임대차기간 종료를 앞두고 태권도 학원을 인수할 사람과 권리금 계약을 체결하고 임대인에게 주선을 하였습니다. 그러나 임대인은 자신이 상가건물을 사용할 것이라면서 신규임차인과의 임대차계약을 거절하였습니다. 저는 임대인에게 권리금 상당의 손해배상을 청구할 수 있다고 알고 있는데 권리금에 대한 지연손해금은 언제부터 청구 가능한가요.

답변   상가임대차법 제10조의3에 의하면, 권리금이란 임대차 목적물인 상가건물에서 영업을 하는 자 또는 영업을 하려는 자가 영업시설·비품, 거래처, 신용, 영업상의 노하우, 상가건물의 위치에 따른 영업상의 이점 등 유형·무형의 재산적 가치의 양도 또는 이용대가로서 임대인, 임차인에게 보증금과 차임 이외에 지급하는 금전 등의 대가를 말하고, 권리금 계약이란 신규임차인이 되려는 자가 임차인에게 권리금을 지급하기로 하는 계약을 말합니다.

상가임대차법 제10조의4 제1항은 임대인이 임대차기간이 끝나기 6개월 전부터 임대차 종료 시까지 '정당한 사유 없이 임차인이 주선한 신규임차인이 되려는 자와 임대차계약의 체결을 거절'하는 등으로 임차인이 신규임차인과의 권리금 계약에 따라 권리금을 지급받는 것을 방해하여서는 아니 된다고 하면서, 제3항에서 임대인이 이를 위반하여 임차인에게 손해를 발생하게 한 때에는 그 손해를 배상하되, 손해배상액은 신규임차인이 임차인에게 지급하기로 한 권리금과 임대차 종료 당시의 권리금 중 낮은 금액을 넘지 못한다고 규정하고 있습니다.

또한 같은 조 제4항에 의하면, 임대인에게 손해배상을 청구할 권리는 임대차가 종료한 날부터 3년 이내에 행사하지 아니하면 시효의 완성으로 소멸합니다.

상가임대차법이 보호하고자 하는 권리금의 회수기회란 임대차 종료 당시를 기준으로 하여 임차인이 임대차 목적물인 상가건물에서 영업을 통해 창출한 유·무형의 재산적 가치를 신규임차인으로부터 회수할 수 있는 기회를 의미합니다. 이러한 권리금 회수기회를 방해한 임대인이 부담하게 되는 손해배상액은 임대차 종료 당시의 권리금을 넘지 않도록 규정되어 있는 점, 임대인에게 손해배상을 청구할 권리의 소멸시효 기산일 또한 임대차가 종료한 날인 점 등 상가임대차법 규정의 입법 취지, 보호법익, 내용이나 체계를 종합하면, 임대인의 권리금 회수기회 방해로 인한 손해배상책임은 상가임대차법이 그 요건, 배상범위 및 소멸시효를 특별히 규정한 법정책임이고, 그 손해배상채무는 임대차가 종료한 날에 이행기가 도래하여 그다음 날부터 지체책임이 발생하는 것으로 보아야 할 것입니다.(대법원 2023. 2. 2. 선고 2022다260586 판결 참조)

따라서 귀하는 임대차기간이 종료한 날의 다음날부터 권리금 상당 손해배상액에 대한 지연손해금을 청구할 수 있다 할 것입니다.

Q 51 허위임차인을 주선한 경우도 권리금을 지급해야 하나요?

질문   저는 임차인과 보증금 5천만원, 월차임 100만원, 임대기간 2년으로 하여 상가건물 임대차계약을 체결하였습니다. 임대차 기간이 끝나기 직전에 임차인이 신규 임차인을 소개했습니다. 신규임차인의 진정성도 의심되고 다른 사정도 있어 임대차 계약 체결을 거절했는데, 임차인이 신규임차인과 3천만원으로 권리금 계약을 했고 임대인의 방해 행위로 권리금을 받지 못했다며 저에게 3천만원 지급을 요구하고 있습니다. 제가 임차인에게 권리금 3천만원을 전부 지급해야 하나요?

답변   2015년 5월 13일 상가임대차법이 개정되면서 임차인의 권리금 회수 청구권이 도입이 되었습니다. 다만 임차인이 임대인에게 권리금 상당의 손해배상을 청구하기 위해서는 다음의 요건을 갖춰야 합니다.

① 임차인이 임대인에게 신규임차인을 주선하여야 합니다. ② 임대인의 방해행위가 있어야 합니다. ③ 임대인의 방해행위에 정당한 사유가 없어야 합니다. ④ 임대인의 방해행위는 임대차기간이 끝나기 6개월 전부터 임대차 종료시 사이에 이루어 져야 합니다.

상가임대차법은 임대인의 방해행위로 ① 임대인이 임차인이 주선한 신규임차인이 되려는 자에게 임차인이 지급받아야 할 권리금을 요구하거나 수수하는 행위, ② 임대인이 임차인이 주선한 신규임차인이 되려는 자로 하여금 임차인에게 권리금을 지급하지 못하게 하는 행위, ③ 임대인이 임차인이 주선한 신규임차인이 되려는 자에게 현저히 고액의 차임과 보증금을 요구하는 행위, ④ 그 밖에 정당한 사유없이 임대인이 임차인이 주선하는 신규임차인이 되려는 자와 임대차계약의 체결을 거절하는 행위를 규정하고 있고, 사안의 경우 임대인이 임차인이 주선한 신규임차인이 되려는 자와 임대차계약을 거절하였으므로 상가임대차법 10조의4 제1항 제4호 '그 밖에 정당한 사유 없이 임대인이 임차인이 주선한 신규임차인이 되려는 자와 임대차계약의 체결을 거절하는 행위'에 해당할 수 있습니다.

그런데 상가임대차법상 권리금 회수방해는 기존 임차인이 임대인에게 소개한 신규 임차인이 되려고 하는 자로부터 임차인이 권리금을 지급받는 것을 임대인이 방해해야 합니다. 그 때문에 실제로는 신규임차인을 구하지 못하였음에도 불구하고 신규임차인을 허위로 가장하여 주선을 할 가능성이 있습니다. 그러한 경우 임대차계약을 체결할 의사가 없이 동원된 사람인지 여부를 정확히 가려내기 어렵고 재판을 하더라도 상당한 시간이 소요될 수밖에 없습니다.

서울남부지방법원은 친척 관계가 있는 사람을 통해 임차 목적물을 처음 알게 되었고, 권리금계약서도 계약당사자들이 주도적으로 작성하였으며, 신규임차인이 임차인의 매상에 대하여 잘 알지 못하는 사정 등을 고려하였을 때 신규임차인이 되려는 사람이라고 단정하기 어려운 점 등을 종합하면 임대인이 임차인의 권리금 회수 방해 행위를 하였다고 인정하기 부족하다고 판시하였고(서울남부지방법원 2017.11.2. 선고 2016가합106361),

서울중앙지방법원은 서울 강남에서 약국을 운영하던 약사가 임대차기간이 만료되자 새로운 약사를 구해 권리금계약을 체결하고 건물주에게 주선한 사건에서 기존 임차인인 약사가 새로운 약사와 시설권리양도계약서를 작성하고 위 계약서에 수기로 '상기 계약은 계약금 없이 진행하며 건물주와 본 계약이 체결될 시 권리금 전액을 지불한다'로 기재된 사실은 인정하였으나 권리금계약을 체결하였다는 사실을 계약체결일 당일 건물주에게 직접 알리지 아니하고 이틀 후에 건물주가 기존 약사에게 전화를 하자 신규임차인을 구했다는 취지로 언급한 거 이외에는 별도로 권리금계약의 내용을 설명하지 아니하거나 새로운 임대차계약의 체결을 주선하기 위하여 따로 그 내용을 고지한 사실이 없고 기존 약사는 신규 약사가 보증금 및 차임을 지급할 자력 또는 임차인으로서의 의무를 이행할 의사 및 능력에 관하여 자신이 알고 있는 정보를 제공하지도 아니하였고 건물주는 신규 약사를 만나거나 신규 약사의 이름을 들은 바도 없으며 기존 약사가 권리금 계약을 체결하였다고 하나 위 계약은 계약금도 없고 권리금 계약의 체결경위도 서로 일치하지 아니하고 또한 신규 약사는 권리금계약을 체결하였다고 주장하면서도 약국의 매출, 비용 및 영업이익 등에 관한 기본적인 자료나 시설 및 비품 내역도 제공받지 않았고, 권리금 계약을 체결할 무렵 약국에 직접 와서 그 시설 등을 확인한 바도 없다며 법원은 신규 약사가 허위임차인이라는 이유로 권리금 청구를 기각하였습니다.

즉 단순히 임차인과 신규임차인이 되려는 자와 권리금계약을 하고 임대인이 신규임차인 과의 임대차계약을 거절했다고 해서 바로 권리금 회수 방해 행위가 인정되는 것은 아니고 제반사정을 종합적으로 고려하여 진정한 신규임차인지 여부를 고려하여 판단하고 있는 것입니다.

따라서 귀하의 경우도 신규임차인이 되려는 자가 진정한 임차인이 아닌 가장임차인으로 의심이 된다면 이를 적극적으로 다퉈 가장임차인인 사실을 입증하면 권리금 상당의 손해배상의무가 없다 할 것입니다.

Q 52 임대차기간 5년이 경과하면 권리금을 받을 수 없나요?

질문　　　저는 2010년 10월경 상가를 임차하여 음식점을 운영해 오고 있습니다. 갱신된 임대차 기간이 곧 만료가 되어 저는 새로운 임차인을 구해 권리금 1억 4,500만원의 권리금 계약을 체결하였습니다. 그러나 건물주는 특별한 이유도 없이 새로운 임차인과의 임대차계약 체결을 거절하였습니다. 저는 건물주에게 권리금 상당의 손해를 배상해 달라는 내용증명을 보냈는데 건물주는 전체 임대차기간이 5년을 경과하여 권리금을 줄 수 없다고 합니다. 5년이 경과한 임차인도 권리금을 받을 수 있나요.

답변　　　상가건물의 전체 임대차기간이 5년(2018. 10. 16. 개정된 상가건물임대차보호법이 적용되는 경우라면 10년)이 지난 경우 권리금 상당의 손해배상을 청구할 수 있는지에 대해서 논란이 많았습니다. 특히 상가임대차법이 계약갱신요구권의 경우 전체 임대차기간이 5년 또는 10년을 초과하지 않는 범위에서만 행사할 수 있도록 하고 있고 임대인이 계약갱신요구권을 거절할 수 있는 정당한 사유가 있는 경우에는 권리금 상당의 손해배상을 하지 않아도 된다고 규정하고 있기 때문에 권리금 행사기간도 5년 또는 10년으로 제한해야 한다는 주장이 많았던 것입니다.

또한 다수의 하급심 판결들이 5년 또는 10년이 경과한 임차인은 임대인을 상대로 권리금 상당의 손해배상을 청구할 수 없다는 판결들을 하고 있었으나 정반대의 논리로 5년 또는 10년이 경과한 임차인의 권리금 상당 손해배상 청구를 인정한 판결들도 존재하였기 때문에 이에 대한 통일된 정리가 필요했습니다.

대법원은 2019년 5월 16일 5년 또는 10년이 경과한 임차인도 권리금 회수 기회가 보호된다는 판결을 하여 하급심의 엇갈린 판결들을 정리하였고 향후 권리금 회수기회 보호조항의 적용범위에 관하여 통일된 판결이 나올 것으로 보입니다.

대법원이 최초의 임대차기간을 포함한 전체 임대차기간이 5년을 초과하여 임차인이 계약갱신요구권을 행사할 수 없는 경우에도 임대인은 권리금 회수기회 보호의무를 부담한다고 보는 논거는 다음과 같습니다.(대법원 2019. 5. 16. 선고 2017다225312, 225329 판결 참조)

구 상가임대차법 제10조의4의 문언과 내용, 입법 취지에 비추어 보면, 구 상가임대차법 제10조 제2항에 따라 최초의 임대차기간을 포함한 전체 임대차기간이 5년을 초과하여 임차인이 계약갱신요구권을 행사할 수 없는 경우에도 임대인은 같은 법 제10조의4 제1항에 따른 권리금 회수기회 보호의무를 부담한다고 보아야 한다. 그 이유는 다음과 같다.

① 상가임대차법 제10조의4는 임차인의 계약갱신요구권 행사기간의 만료를 권리금 회수기회 보호의무의 예외사유로 정하고 있지 않다. 상가임대차법 제10조 제2항은 "임차인의 계약갱신요구권은 최초의 임대차기간을 포함한 전체 임대차기간이 5년을 초과하지 아니하는 범위에서만 행사할 수 있다."라고 하여 계약갱신요구권 행사기간을 제한하고 있는데, 제10조의4는 제10조 제2항을 권리금 회수기회 보호의무의 예외사유로 정하지 않고, 계약갱신거절에 관한 제10조 제1항 각호 또는 제10조의4 제2항 각호에서 정한 '정당한 사유'가 있는 경우를 그 예외사유로 정하고 있다. 따라서 전체 임대차기간이 5년을 초과하는지 여부와 무관하게 제10조의4에서 정한 요건을 충족하면 임대인이 권리금 회수기회 보호의무를 부담한다고 보는 것이 법 문언에 충실한 해석이다.

② 구 상가임대차법은 2015. 5. 13. 개정되어 권리금 관련 조항(제10조의3 내지 제10조

의7)이 신설되었다. 종래 규정만으로는 임차인이 투자한 비용이나 영업활동으로 형성된 지명도나 신용 등 경제적 이익이 임대인의 갱신거절에 의해 침해되는 것을 충분히 방지할 수 없었기 때문이다. 즉, 임대인은 새로운 임대차계약을 체결하면서 직접 권리금을 받는 등 임차인이 형성한 영업적 가치를 아무런 대가나 제한 없이 이용할 수 있게 되지만 임차인은 다시 시설비를 투자하고 신용확보와 지명도 형성을 위하여 상당기간 영업손실을 감당하여야 하는 문제점을 해결하기 위한 것이다.

그런데 임대인이 같은 법 제10조 제1항 각호의 갱신거절사유가 있어 계약갱신을 거절하는 경우에는 임대인에게 권리금 회수기회 보호의무가 없으므로, 법 개정을 통하여 보호하려는 '임대인의 갱신거절에 의해 임차인의 이익이 침해되는 경우'란 결국 같은 법 제10조 제2항에 따라 전체 임대차기간이 5년을 경과하여 임차인이 더 이상 계약갱신요구권을 행사할 수 없는 경우가 가장 전형적이다.

신설 조항의 입법과정에서 임대인의 권리금 회수기회 보호의무를 계약갱신요구권의 행사기간 범위로 제한하고자 하였다고 볼 만한 사정이 없는 점, 오히려 상가임차인이 같은 법 제10조 제2항에 따라 상가임대차계약의 갱신을 요구하지 못하더라도 권리금 회수를 보장할 필요가 있는 점 등에 비추어 보더라도 이러한 경우를 권리금 회수기회 보호의무의 예외사유로 인정할 필요성을 찾기 어렵다.

③ 상가임대차법 제10조 제1항에서 정한 임차인의 계약갱신요구권은 임차인이 임대차기간이 만료되기 6개월 전부터 1개월 전까지 사이에 계약의 갱신을 요구하면 그 단서에서 정하는 사유가 없는 한 임대인이 그 갱신을 거절할 수 없도록 하여 상가임차인에게 최소한의 영업기간을 보장하기 위해서 임차인의 주도로 임대차계약의 갱신을 달성하려는 것이다(대법원 2010. 6. 10. 선고 2009다64307 판결 등 참조). 반면, 같은 법 제10조의4 는 임대차계약이 종료된 경우에도 상가임차인이 일정한 범위 내에서 영업상 유·무형의 재산적 가치를 회수할 수 있도록 보장하기 위해 임대인에게 권리금 회수기회 보호의무를 부과하는 것으로서, 두 조항의 입법 취지와 내용이 다르다.

④ 상가임대차법 제10조 제1항 단서 각호에서 정한 갱신거절사유는, 임차인의 차임 연체(제1호), 부정한 방법에 의한 임차(제2호), 무단 전대(제4호), 고의·중과실에 의한 임차목적물 파손(제5호), 현저한 의무 위반(제8호) 등 전형적인 임차인의 채무불이행 또는 신뢰파괴 사유에 관한 것이거나 임대인이 임차인에게 상당한 보상을 제공하여(제3호) 권리금 회수를 보장할 필요가 없는 경우이다. 그 외에는 임차건물의 멸실로 임대차 목적 달성이 불가능하거나(제6호), 임대인이 임대차계약 시 미리 임차인에게 철거·재건 축계획을 고지하였거나 안전사고의 우려나 법령에 의하여 상가건물의 철거·재건축이 이루어지는 경우(제7호)로서 상가건물의 멸실 등으로 임차인이 형성한 영업의 재산적 가치가 사라지게 되어 임차인이 권리금 회수를 기대하기 어려운 경우 등이다.

위와 같은 갱신거절사유의 내용을 살펴볼 때 상가건물의 전체 임대차기간이 5년이 지난 경우를 그와 같이 보기는 어렵다. 전체 임대차기간이 5년이 지나도 임차인이 형성한 고객, 거래처, 신용 등 재산적 가치는 여전히 유지되어 임차인의 권리금 회수를 보장할 필요성이 있기 때문이다.

⑤ 이러한 해석이 임대인의 상가건물에 대한 사용수익권을 과도하게 제한한다고 볼 수도 없다. 상가임대차법 제10조의4 제2항은, 임차인이 주선한 신규임차인이 되려는 자가 보증금이나 차임을 지급할 자력이 없는 경우(제1호), 신규임차인이 되려는 자가 임차인의 의무를 위반할 우려가 있거나 그 밖에 임대차를 유지하기 어려운 상당한 이유가 있는 경우(제2호), 상가건물을 1년 6개월 이상 영리목적으로 사용하지 아니한 경우(제3호) 등 임대인으로 하여금 임차인이 주선한 신규임차인과 임대차계약을 체결하도록 강제하는 것이 부당한 경우에는 임대인이 그 계약 체결을 거절할 수 있도록 하여 임대인의 재산권 행사를 보호하기 위한 규정을 마련하여 두고 있다.

또한 임대인은 신규임차인에게 시세에 비추어 현저히 고액의 차임과 보증금이 아니라면 새로운 조건을 내용으로 하는 임대차계약의 체결을 요구할 수 있고, 신규임차인이 3기의 차임액 이상 차임을 연체하는 등 같은 법 제10조 제1항 각호의 사유가 발생한 경우에는 언제든지 임대차계약을 해지하거나 계약갱신을 거절할 수 있고 이러한 경우 권리금 회수기회 보호의무를 부담하지 않기 때문이다.

따라서 대법원 판결에 따라 임대차기간과 관련없이 임차인의 권리금 회수기회가 보호되고 귀하의 경우도 권리금 회수기회를 보호받을 것입니다.

Q 53 상가건물을 1년 6개월 이상 비영리로 사용하는 경우 권리금을 지급하지 않아도 되나요?

질문 저는 상가건물을 보증금 10,000,000만원, 월차임 120만원, 임대차기간 2018년 5월 1일부터 2020년 4월 30일까지로 정하여 임차하였고 2020년 5월 1일 묵시적 갱신이 되었습니다. 건물주는 2022년 3월 10일 임대차계약의 갱신의사가 없다며 2022년 4월 30일까지 상가건물을 명도해 달라고 요구하였습니다. 이에 저는 새로운 임차인을 구해 권리금 계약을 하고 건물주에게 이를 알렸으나 건물주는 상가건물을 1년 6개월 이상 비영리 목적으로 사용할 계획이라며 새로운 임차인과 임대차계약을 체결할 수 없다고 합니다. 저는 임대인을 상대로 권리금 상당의 손해배상을 청구할 수 있나요.

답변 상가임대차법의 권리금 회수기회 보호조항은 2015년 5월 13일 신설이 되었습니다. 권리금 조항의 도입이유는 개정 전 법률이 임차인이 투자한 비용이나 영업활동의 결과로 형성한 지명도나 신용 등 경제적 이익이 임대인의 계약해지 및 갱신거절에 의해 침해되는 것을 그대로 방치하고 있고, 그 결과 임대인은 새로운 임대차계약을 체결하면서 직접 권리금을 받거나 임차인이 형성한 영업적 가치를 아무런 제한없이 이용할 수 있게 되지만, 임차인은 다시 시설비를 투자하고 신용확보와 지명도 형성을 위하여 상당기간 영업손실을 감당하여야 하는 문제점이 발생하고 있어, 이러한 문제점을 해결하기 위하여 임차인에게는 권리금 회수기회를 보장하고, 임대인에게는 정당한 사유 없이 임대차계약의 체결을 방해할 수 없도록 방해금지의무를 부과하는 등 권리금에 대한 법적근거를 마련하기 위한 것입니다.

한편 상가임대차법은 임대인이 신규임차인이 되려는 자와의 임대차계약 체결을 거절할 수 있는 정당한 사유를 정하여 둠으로써 임대인의 재산권 보장과의 조화를 꾀하고 있으며 이중 하나가 임대차 목적물인 '상가건물을 1년 6개월 이상 영리목적으로 사용하지 아니한 경우'입니다.

위 규정의 의미는 임차인이 임대차기간 동안의 영입활동을 통하여 형성한 지명도나 신용 등 영업적 가치가 여전히 잔존하는 기간, 즉 임대차기간 종료 후 1년 6개월 이상의 기간 동안 임대인이 이러한 영업적 가치를 이용하지 아니하는 경우, 즉 새로운 임대차계약 을 체결하거나 자신이 임차인이 형성한 영업적 가치를 이용하면서 영업을 하지 않는 경우에는 예외를 인정한 것입니다.

그러나 '상가건물을 1년 6개월 이상 영리목적으로 사용하지 아니한 경우'의 법 규정의 문언만 놓고 보면 상가건물 사용의 주체가 누구인지, 즉 '임대인이 임대차 종료 후 상가건물을 사용하지 않는 경우'를 의미하는지 아니면 '임차인이 임대차기간 동안 상가건 물을 사용하지 않은 경우'를 의미하는지 명확하지가 않아 법규정의 해석을 두고 의견이 분분하였습니다.

대법원은 2021년 11월 25일 권리금 회수기회 보호의무의 예외 조항인 '상가건물을 1년 6개월 이상 영리목적으로 사용하지 아니한 경우'의 의미를 다음과 같이 정리하였습니다.

"이 사건 조항은 '정당한 사유'의 예시조항 중 하나인데, 임대인이 임차인의 권리금을 가로챌 의도가 없이 건물을 비영리목적으로 활용하는 것까지 제한하는 것은 임대인의 재산권에 대한 과도한 제한이 될 수 있으므로, 임대인이 장기간 건물을 비영리목적으로 사용하여 임차인의 영업이익을 활용할 우려가 없는 경우에는 신규 임대차계약 체결을 거절할 수 있도록 하기 위하여 입안되었다.

당초 법률안(의안번호 1912371호)의 문언은 "임대차 목적물인 상가건물을 1년 이상 영리목적으로 제공하지 않는 경우"로 되어 있었는데, 국회의 법률안 심사 과정에서 임차인 보호를 위하여 기간을 1년6개월로 늘리고, 임대인이 상가건물을 타에 제공하는 것뿐 아니라 스스로 사용하는 경우도 포함하기 위하여 '제공하지 않는 경우'를 '사용하지 아니한 경우'로 수정하였다.

이러한 입법 취지와 연혁을 고려하면, 이 사건 조항은 임대인이 임대차 종료 후 상가건물을 1년 6개월 이상 사용하지 않는 경우를 의미한다고 보는 것이 타당하다.

구 상가임대차법 제10조의4 제1항 제4호의 반대해석상 임대인은 '정당한 사유'가 있는 경우에는 임차인이 주선한 자와의 신규 임대차계약 체결을 거절할 수 있다. 이처럼 '정당한 사유'는 임대인이 신규 임대차계약 체결을 거절하기 위한 사유이므로, 임대인이 향후 1년 6개월 이상 상가건물을 영리목적으로 사용하지 않으려고 할 경우에 그러한 사유로 신규 임대차계약 체결을 거절하였어야 한다. 임대인이 다른 정당하지 않은 사유로 신규 임대차계약 체결을 거절하였다면 권리금 회수 방해행위에 해당하여 임차인에 대한 손해배상책임을 지는데, 이처럼 손해배상책임이 발생한 후 사후적으로 1년 6개월 이상 상가건물을 영리목적으로 사용하지 않았다고 하여 임대인의 방해행위가 정당해지거나 이미 발생한 손해배상책임이 소멸한다고 볼 근거가 없다.

입법 연혁에서 본 것처럼 이 사건 조항은 임대인이 권리금 회수기회 보호의무를 면하기 위하여 상가건물을 영리목적으로 사용하지 않아야 할 최소한의 기간을 정한 것이다. 그 문언도 상가건물을 1년 6개월 이상 영리목적으로 '사용하지 않으려고 할 경우'라고 하지 않고 '사용하지 아니한 경우'라고 정한다. 임대인이 1년 6개월 이상 상가건물을 영리목적으로 사용하지 않을 계획만 있으면 그 후 실제로 그러하였는지 묻지 않고 권리금 회수기회 보호의무를 부담하지 않는다고 하면, 임대인이 계획을 변경하여 임차인이 형성한 영업이익이 잔존하는 기간 내에 건물을 재임대한 경우 임대인이 그 가치를 취득할 수 있게 되므로 이 사건 조항의 입법 취지에 반한다.

따라서 임대인이 이 사건 조항에서 정하는 사유를 들어 신규 임대차계약 체결을 거절하였더라도 1년6개월 이내에 상가건물을 영리목적으로 사용한 경우에는 구 상가임대차법 제10조의4 제3항에 따른 손해배상책임을 부담한다고 보아야 한다.

이 사건 조항을 임대인을 주체로 하여 해석할 경우 임대인이 상가건물을 1년 6개월 이상 영리목적으로 사용하지 않겠다는 사유를 들어 신규 임대차계약 체결을 거절하면 임차인은 권리금을 지급받지 못하게 된다. 그러나 이는 앞서 본 것처럼 입법 과정에서 임대인의 재산권과의 조화를 위하여 예정한 것이고, 임대인이 1년6개월 이내에 상가건물을 실제로 영리목적으로 사용하였거나 사용하려 한 경우에는 이 사건 조항에 따른 정당한 사유를 부정하는 등 구체적 사안에서 '정당한 사유'에 관한 판단을 통해 합리적인 결론을 도모할 수 있다. 따라서 이 사건 조항을 위와 같이 해석한다고 하여 임차인의 권리금 회수기회가 과도하게 침해된다고 할 수 없다."

대법원은 '상가건물을 1년 6개월 이상 영리목적으로 사용하지 아니한 경우'의 의미를 정리하면서 임대인이 상가를 재건축하거나 대수선할 계획이 있음을 이유로 신규임대차계약 체결을 거절하였던 사건에서 "피고가 다른 사유를 들어 신규 임대차계약 체결을 거절한 후 사후적으로 1년6개월 동안 상가건물을 영리목적으로 사용하지 않은 경우에는, 이 사건 조항에 따른 정당한 사유가 있다고 볼 수 없다."고 판시하였습니다.(대법원 2021. 11. 25. 선고 2019다285257 판결)

따라서 임대인이 상가건물을 1년 6개월 이상 영리목적으로 사용하지 아니한다는 이유로 귀하가 주선한 자와 신규임대차계약 체결을 거절하고, 실제로도 1년 6개월 동안 상가건물을 영리목적으로 사용하지 않는다면 임대인의 정당한 사유는 인정되고, 귀하는 임대인을 상대로 권리금 상당의 손해배상청구가 어려울 수 있습니다.

Q 54 상가건물을 1년 6개월 이상 비영리로 사용하겠다고 하면서 신규임차인과 임대차계약 체결을 거절한 후 건물을 매도한 경우 권리금을 청구할 수 있나요?

질문 저는 상가건물을 임차하여 상가를 5년 동안 식당을 운영하여 왔습니다. 임대인은 상가임대차기간이 만료가 되었다며 상가건물의 명도를 요구하였고, 저는 새로운 임차인을 구해 권리금 계약을 체결하고 임대인에게 신규임차인과 임대차계약을 체결할 것을 요구하였습니다. 그러나 임대인은 1년 6개월 이상 영리목적으로는 사용하지 않을 계획이라며 신규임차인과 임대차계약을 거절하였습니다. 저는 신규임차인과 권리금 계약을 해제하고 계약금을 반환하고 임대인에게 상가건물을 명도 하였습니다. 그런데 제가 상가건물을 명도한 날로부터 3달 정도가 상가건물의 소유자가 변경되었고, 상가건물은 철거 중에 있습니다. 저는 임대인을 상대로 권리금 상당의 손해배상을 청구할 수 있나요.

답변 구 「상가건물 임대차보호법」(2018. 10. 16. 법률 제15791호로 개정되기 전의 것, 이하 '구 상가임대차법'이라 한다) 제10조의4에 따르면, 임대인은 임대차기간이 끝나기 3개월 전부터 임대차 종료 시까지 '정당한 사유' 없이 임차인이 주선한 신규임차인이 되려는 자와 임대차계약 체결을 거절함으로써 임차인이 신규임차인이 되려는 자로부터 권리금을 지급받는 것을 방해하여서는 아니 되고(제1항 제4호), 임대인이 이러한 의무를 위반하여 임차인에게 손해를 발생하게 한 때에는 그 손해를 배상할 책임이 있다(같은 조 제3항). 같은 조 제2항은 일정한 경우 임대인의 임대차계약 체결 거절에 '정당한 사유'가 있는 것으로 보는데, 그중 하나로 "임대차 목적물인 상가건물을 1년 6개월 이상 영리목적으로 사용하지아니한 경우"(제3호)를 들고 있습니다.

대법원은 '임대차 목적물인 상가건물을 1년 6개월 이상 영리목적으로 사용하지 아니한 경우'의 의미를 임대인이 임대차 종료 후 임대차 목적물인 상가건물을 1년 6개월 이상 영리목적으로 사용하지 아니하는 경우를 의미하고, 이 사건 조항에 따른 정당한 사유가 있다고 보기 위해서는 임대인이 임대차 종료 시 그러한 사유를 들어 임차인이 주선한 자와 신규 임대차계약 체결을 거절하고, 실제로도 1년 6개월 동안 상가건물을 영리목적으로 사용하지 않아야 한다. 그렇지 않고 임대인이 다른 사유로 신규 임대차계약 체결을 거절한 후 사후적으로 1년6개월 동안 상가건물을 영리목적으로 사용하지 않았다는 사정만으로는 이 사건 조항에 따른 정당한 사유로 인정할 수 없다."고 판시하였습니다.(대법원 2021. 11. 25. 선고 2019다285257 판결)

귀하의 경우 임대인이 상가건물을 1년 6개월 이상 영리목적으로 사용하지 아니하겠다는 이유로 귀하로부터 상가건물을 명도받고 상가건물을 제3자에게 매도하였습니다. 이와 같은 같은 경우에도 상가임대차법이 정한 정당한 사유를 인정받을 수 있는지 살펴보아야 합니다.

대법원은 "종전 소유자인 임대인이 임대차 종료 후 상가건물을 영리목적으로 사용하지 아니한 기간이 1년6개월에 미치지 못하는 사이에 상가건물의 소유권이 변동되었더라도, 임대인이 상가건물을 영리목적으로 사용하지 않는 상태가 새로운 소유자의 소유기간에도 계속하여 그대로 유지될 것을 전제로 처분하고, 실제 새로운 소유자가 그 기간 중에 상가건물을 영리목적으로 사용하지 않으며, 임대인과 새로운 소유자의 비영리 사용기간을 합쳐서 1년6개월이상이 되는 경우라면, 임대인에게 임차인의 권리금을 가로챌 의도가 있었다고 보기 어려우므로, 그러한 임대인에 대하여는 이 사건 조항에 의한 정당한 사유를 인정할 수 있다."고 판시하면서

"원심은, '이 사건 조항은 문언의 해석상 신규 임대차계약의 체결시점을 기준으로 상가건물을 과거에 1년 6개월 이상 영리목적으로 사용하지 아니하였던 경우로 해석하는 것이

자연스러워 보이고, 임대인의 사정에 의해서 앞으로 1년 6개월 이상 영리목적으로 사용하지 않을 예정인 경우까지 적용된다고 해석하는 것은 불확실한 장래의 사유로 미리 임차인의 권리금 회수기회를 제한하는 것이어서 법적 안정성을 해치고, 임대인이 악의적으로 이용할 우려가 있어서 제도적 취지에 반한다.'는 이유 등을 들어 피고들에게 이 사건 조항에서 정한 정당한 사유를 인정하지 않았다. 이러한 원심의 판단에는 상가임대차보호법 제10조의4 제2항 제3호의 정당한 사유 해석에 관한 법리를 오해하여 필요한 심리를 다하지 않음으로써 판결에 영향을 미친 잘못이 있다"고 판시하였습니다.(대법원 2022. 1. 14. 선고 2021다272346 판결)

따라서 귀하의 경우 종전 소유자인 임대인이 임대차 종료 후 상가건물을 영리목적으로 사용하지 아니한 기간이 1년6개월에 미치지 못하는 사이에 상가건물의 소유권이 변동되었더라도, 임대인이 상가건물을 영리목적으로 사용하지 않는 상태가 새로운 소유자의 소유기간에도 계속하여 그대로 유지될 것을 전제로 처분하고, 실제 새로운 소유자가 그 기간 중에 상가건물을 영리목적으로 사용하지 않으며, 임대인과 새로운 소유자의 비영리 사용기간을 합쳐서 1년6개월 이상이 되는 경우라면, 임대인에게 임차인의 권리금을 가로챌 의도가 있었다고 보기 어려우므로, 그러한 임대인에 대하여는 위 조항에 의한 정당한 사유를 인정할 수 있다 할 것이므로 임대인을 상대로 권리금 상당의 손해배상을 인정받기가 어려울 것으로 보입니다.

Q 55 월세를 과도하게 올리면 권리금을 청구할 수 있나요?

질문   저는 보증금 50,000,000원, 월세 200만원에 상가건물을 임차하여 5년 동안 식당을 운영해 왔습니다. 저는 임대차기간이 만료되어 새로운 임차인을 구해 권리금을 받고 식당을 넘기려고 합니다. 저는 새로운 임차인과 1억원의 권리금 계약을 체결하고 임대인에게 새로운 임차인을 주선해 주었습니다. 그런데 임대인이 새로운 임차인에게 보증금 50,000,000원에 월세 300만원을 요구하였고 새로운 임차인은 월세 300만원을 감당하기는 어렵다고 하여 계약이 결렬되었습니다. 저는 새로운 임차인으로 부터 권리금을 지급받을 수 없게 되었는데 임대인을 상대로 권리금을 요구할 수 있나요.

답변   2015년 5월 13일 상가임대차법이 개정되면서 임차인의 권리금 회수 청구권이 도입이 되었습니다.

임차인이 임대인에게 권리금 상당의 손해배상을 청구하기 위해서는 다음의 요건을 갖춰야 합니다. ① 임차인이 임대인에게 신규임차인을 주선하여야 합니다. ② 임대인이 신규임차인이 되려는 자에게 현저히 고액의 차임을 요구하거나 신규임차인과의 계약체결을 거부하는 등으로 임차인의 권리금 회수를 방해해야 합니다. ③ 임대인의 방해행위에 정당한 사유가 없어야 합니다. ④ 임대인의 방해행위는 임대차기간이 끝나기 6개월 전부터 임대차 종료시 사이에 이루어 져야 합니다.

상가임대차법은 임대인의 방해행위로 4가지를 규정하고 있습니다.(상가임대차법 제10조의4 제1항 단서) ① 첫째, 임차인이 주선한 신규임차인이 되려는 자에게 권리금을 요구하거나 임차인이 주선한 신규임차인이 되려는 자로부터 권리금을 수수하는 행위, ② 임차인이 주선한 신규임차인이 되려는 자로 하여금 임차인에게 권리금을 지급하지 못하게 하는 행위, ③ 임차인이 주선한 신규임차인이 되려는 자에게 상가건물에 관한 조세, 공과금, 주변 상가건물의 차임 및 보증금, 그 밖의 부담에 따른 금액에 비추어 현저히 고액의 차임과 보증금을 요구하는 행위, ④ 그 밖에 정당한 사유 없이 임대인이 임차인이 주선한 신규임차인이 되려는 자와 임대차계약의 체결을 거절하는 행위입니다.

귀하의 경우 임대인이 임대료를 인상함에 따라 새로운 임차인과의 계약이 결렬되었으므로 임대인이 월세 300만원을 요구한 것이 현저히 고액의 차임과 보증금을 요구하는 행위로 방해행위에 해당하는지 살펴보아야 합니다.

그러나 현저히 고액의 차임과 보증금을 요구하는 행위인지 여부에 대한 판단이 쉽지는 않습니다. 법은 현저히 고액의 차임과 보증금을 요구하는 행위라고 규정하고 있습니다. 즉 "고액"의 차임과 보증금을 요구하는 행위는 방해행위가 아니나 "현저히" 고액의 차임과 보증금을 요구하는 행위는 방해행위라고 규정하고 있는 것입니다. 고액이 어느 정도인지도 불분명한 상황에서 "현저히" 고액이라고 규정하면서 법규정이 더더욱 불분명해 진 것입니다.

대구지방법원은 보증금 1억원, 차임 2,500,000원의 임대차 계약에서 보증금 1억원, 차임 3,500,00원으로 인상한 사건에서 임대인이 새로운 임차인이 되려는 자에게 기존의 월차임보다 40% 넘게 인상된 액수를 계약조건으로 제시하여 그 인상 폭이 "매우" 크다면서 방해행위에 해당한다고 판결하였으나(대구지방법원 2016. 9. 1. 선고 2015가합3796 (본소), 2016가합1145(반소))

대구고등법원은 같은 사건에서 2008년 7월 이후 7년 동안 한번도 임대료를 인상하지 않은 점을 고려하면 부당하게 현저히 고액의 차임을 요구하였다고 보기 어렵다고 판결을 하였습니다.(대구고등법원 2017. 10. 26. 선고 2016나1770(본소), 2016나1787(반소))

같은 사건을 두고 판사의 가치관에 따라 판결결과가 달라지고 있는 것입니다.

'현저히 고액의 차임과 보증금을 요구하는 행위'에 해당하는지와 관련한 최근의 하급심 판결의 경향을 보면 주변 점포의 임대조건에 비하여 고액이라고 보이는 점만을 가지고 임대인의 방해행위를 인정하지는 않고 있습니다.

울산지방법원은 2013년 5월경 임차보증금 5,000만원, 월 차임 190만원에 상가를 임차하여 커피전문점을 운영하다가 월 차임을 2015년 8월 250만원으로 증액하고 2016년 8월 270만원으로 증액하였다가 임대차계약이 2018년 6월 기간만료로 종료되자 새로운 임대차계약조건으로 임차보증금 8,000만원, 월 차임 429만원을 제시한 사건에서

"신규임차인이 법정에서 '임차보증금 8,000만원, 월 차임 429만 원에 이 사건 상가를 임차하는 것을 전제로 임차인과 권리금계약을 체결하였고, 월 차임에 대하여 임대인과 조정의 여지가 있다고 생각하였는데 그렇지 아니하였고, 이런 임대인을 모시고 임차인을 할 자신이 없어서 임대차계약을 체결하지 못하였다'는 취지의 증언을 하였다. 신규임차인은 처음에는 임대인이 제시한 임대차조건으로 임대차계약을 체결할 생각이 있었던 것으로, 이러한 사정에 비추어 보면 이 사건 상가의 임차보증금을 5,000만 원에서 8,000만 원으로, 월 차임을 270만 원에서 429만 원으로 증액을 요구하는 것이 '현저히 고액의 차임과 보증금을 요구하는 행위'에 해당한다고 단정할 수 없다"(울산지방법원 2019. 9. 27. 선고 2018가단60399 판결)고 판시하였고,

서울남부지방법원은 "신규임차인이 되려는 G에게 기존의 월 차임 220만 원보다 약 20~30% 증액된 275만 원 또는 295만 원을 제시하였다. 그러나 이 사건 상가에 관하여 최초로 임대차계약이 체결된 2011년 8월부터 임대차계약이 종료된 2019년 8월까지 약 8년의 기간 동안 월 차임은 인상되지 않은 채 220만 원으로 계속 동결되어 왔다.

상가임대차법 제11조, 같은 법 시행령 제4조는 '임대인은 경제사정 등을 고려하여 매년 5%의 범위 내에서 차임의 증액을 청구할 수 있다'고 규정하고 있는데, 위 규정에 근거한 임대인의 청구로 인하여 차임이 매년 5%씩 8년 동안 증액될 수 있었던 점을 고려하여 보면 위 20~30%의 증액율은 부당하게 높다고 볼 수 없다. 임대인이 제시한 월 차임 275만 원 또는 295만 원을 평당 월 임대료로 환산하면 83,763원 또는 88,918원인데, 이는 8~9만 원 대에서 형성되어 있는 이 사건 상가가 소재하고 있는 건물의 같은 층에 있는 다른 점포들의 평당 월 임대료와 비교해보더라도 지나치게 고액이라고 보기는 어렵다."(서울남부지방법원 2020. 5. 12. 선고 2019가단256444(반소) 판결) 판시하였고,

수원지방법원 안양지원은 "임차인의 권리금 회수기회 보호는 임대인이 임차인이 주선한 신규임차인이 되려는 자와 주변 시세에 따른 합리적인 보증금과차임을 조건으로 임대차계약을 체결할 수 있는 것을 전제로 한다. 피고가 임대인이 제시한 임대차보증금 2,000만 원, 차임 월 200만원(부가가치세 별도)는 기본의 임대차보증금 1,000만 원, 차임 월 80만 원보다 2배 이상 높기는 하다.

그러나 이 사건 상가가 소재한 관악구 H동은 T'이라는 명칭으로 주변 시세가 많이 올랐고, 임대인은 2010년 이래로 차임을 70만원에서 80만원으로 10만원만 증액하였는바, 임대인이 신규임차인 D에게 제시한 보증금 및 차임이 주변 시세에 비추어 현저히 고액이라고 볼 수 없다. 오히려 임대인이 2018. 12. 16. 이 사건 상가에 관하여 임차인이나 신규임차인 D에게 제시한 임대차보증금 2,000만 원, 차임 월 200만 원(부가가치세 별도)보다 더 높은 금액인 임대차보증금 2,000만 원, 차임 월 220만 원(부가가치세 별도)의 새로운 임대차계약을 체결하였다."면서 임대인이 현저히 고액의 차임과 보증금을 요구하여 임차인의 권리금 회수기회를 방해하였다고 보기 어렵다고 판시하였습니다. (수원지방법원 안양지언 2019. 11. 7. 선고 2018가단114967 판결)

부산지방법원은 "신규임차인으로 주선한 D에게 임대차계약의 조건으로 임대차보증금

5,000만원, 차임 월 200만원을 제안했던 사실, 당시 인근의 점포 일부가 대략 보증금 1,500만원 내지 2,000만원, 차임 월 45만원 내지 200만원 정도로 임대되었던 사실, D도 피고가 높은 임대료 등을 요구하여 계약을 체결하지 않았다는 내용의 사실확인서를 제출한 사실 등이 인정되고, 위 사실에 비추어 보면 피고가 D에게 제시한 위 임대조건이 원고와 체결한 이 사건 임대차계약이나 주변 점포의 임대조건에 비하여 고액인 것으로 볼 여지는 있다.

그러나 임대차계약을 체결한 후 3년 동안 차임만 1차례 117,000원 증액하였을 뿐이었으므로, 위 임대차계약이 종료된 후 새로운 임대차계약을 체결하는 시점에서는 자신의 이익을 위해 보증금 및 차임의 증액을 요구할 수 있는 점, 피고가 D에게 제안한 임대조건인 보증금 5,000만원, 차임 월 200만원이 비교적 고액으로 보이기는 하나, 이 사건 점포에 대해 지난 3년간 보증금 및 차임에 거의 변동이 없었던 점, 위 기간 동안 이 사건 점포의 시세도 일부 상승하였고 이에 따른 피고의 조세, 공과금 등 부담도 늘어난 것으로 보이는 점, 새로운 임대차계약 체결에 따라 향후 일정기간 또다시 보증금 및 차임의 변동이 어려운 점 등을 고려하면, 피고가 제안한 위 임대조건이 현저히 고액이라고 단정하기도 어려운 점, 뿐만아니라 피고는 D에게 차임을 180만원으로 하되 계약기간 5년 동안 이를 동결하는 방법을 제시하기도 하였고, 2018. 1. 24. 원고 및 D과 함께 만난 자리에서도 위 임대조건을 조정할 의사가 있음을 여러 차례 밝혔던 점 등을 종합하여 보면, 피고가 원고 주선의 신규임차인인 D에게 현저히 고액의 차임과 보증금을 요구하였다거나 피고가 원고의 권리금 회수 기회를 방해하였다고 인정하기에 부족하다"고 판시하였습니다.(부산지방법원 2019. 11. 22. 선고 2019나1982 판결)

서울중앙지방법원은 "이 법원의 F감정평가사사무소에 대한 감정촉탁결과에 의하면, 2018. 6. 17.을 기준으로, 임대차보증금이 2억 원일 경우 적정 차임은 월 6,841,353원이고, 임대차보증금이 5,000만 원일 경우 적정차임은 7,685,103원인 사실을 인정할 수 있는바, 위와 같은 감정촉탁결과에 비추어 보면, 반소피고가 반소원고 측에 요구한 임대차보증금 2억 원, 월차임 2,000만원은 앞서 본 임대차보증금이 2억원일 경우의 적정차임 월 6,841,353원의 약 3배에 이르는 것으로 현저히 고액의 차임 내지 보증금이라고 볼 수 있다."면서 임차인의 권리금 회수를 방해하였다고 판시하였습니다.(서울중앙지방법원 2020. 2. 10. 선고 2018가단5240601 판결)

결국 귀하의 경우도 월세 200만원에서 월세 300만원으로 인상한 것이 단순히 많이 올린 것이 아닌 "현저히" 고액이라는 사실을 입증하여야만 임대인으로부터 권리금 상당의 손해배상을 받을 수 있을 것입니다.

Q 56 월세를 세달 연체하였는데 권리금을 청구할 수 있나요?

질문   저는 2016년 1월 21일 상가건물을 보증금 1억원, 월세 월 600만원, 임대차기간 2016년 1월 21일부터 2018년 1월 20일까지로 정하여 임차하였고 이곳에서 'J'라는 상호로 사우나를 운영하고 있습니다. 저는 2019년 10월 28일 A와 3억원의 권리금 계약을 체결하였습니다. 그런데 임대인은 제가 2018년 1월 20일까지 연체한 월세가 3,000만원이 넘는다고 하면서 상가건물의 명도를 요구하고 있습니다. 그러나 2018년 1월 21일 계약이 묵시적으로 갱신된 이후에는 월세를 연체한 사실이 없습니다. 저는 임대인에게 권리금을 청구할 수 있나요.

답변   상가임대차법 제10조의 4 제1항 본문 제4호는 '임대인은 임대차기간이 끝나기 전 6개월 전부터 임대차 종료 시까지 정당한 사유없이 임대인이 임차인이 주선한 신규임차인이 되려는 자와 임대차계약의 체결을 거절하는 행위를 함으로써 권리금 계약에 따라 임차인이 주선한 신규임차인이 되려는 자로부터 권리금을 지급받는 것을 방해하여서는 아니된다'고 규정하고 있고, 같은 조 제3항은 '임대인이 제1항을 위반하여 임차인에게 손해가 발생하게 한 때에는 그 손해를 배상할 책임이 있다'고 규정하고 있습니다.

한편, 같은 조 제1항 단서는 '다만, 제10조 제1항 각 호의 어느 하나에 해당하는 사유가 있는 경우에는 그러하지 아니하다'고 규정하고 있고, 같은 법 제10조 제1항 제1호는 '임차인의 3기의 차임액에 해당하는 금액에 이르도록 차임을 연체한 사실이 있는 경우'를 들고 있습니다.

즉 임차인은 3기의 차임액에 해당하는 금액에 이르도록 차임을 연체한 사실이 있으면 임대인을 상대로 권리금 상당의 손해배상을 청구할 수 없게 됩니다.

귀하의 경우 묵시적 갱신이 되기 전에 연체액이 3,000만원을 넘었으므로 임대인이 귀하에게 권리금 회수기회를 방해하지 아니할 의무를 부담하지 아니하는 예외 사유에 해당하는지 살펴봐야 합니다. 즉 귀하는 묵시적 갱신이 된 이후에는 차임을 연체한 사실이 없으므로 이와 같은 경우에도 상가임대차법 제10조 제1항 제1호에 해당하는지 문제가 되는 것입니다.

대법원은 "상가건물의 임대차계약이 상가임대차법에 따라 묵시적 갱신된 경우에 상가건물의 임차인이 갱신 전부터 차임을 연체하기 시작하여 갱신 후에 차임 연체액이 3기의 차임액에 이른 경우에도 권리금 회수기회 방해금지의 예외사유인 '임차인이 3기의 차임액에 해당하는 금액에 이르도록 차임을 연체한 사실이 있는 경우'에 해당한다고 보아야 한다"고 판시하고 있습니다.(대법원 2014. 7. 24. 선고 2012다28486 판결 참조)

따라서 귀하와 임대인 사이의 상가임대차 계약이 묵시적 갱신이 되었다고 하더라도 계약이 갱신된 2018년 1월 21일부터 새로이 3기의 차임액을 연체하여야만 위 예외사유에 관한 규정이 적용되는 것은 아닙니다.

그러므로 귀하는 3기 이상의 차임액에 해당하는 금액에 이르도록 차임을 연체한 사실이 인정되므로 상가임대차법 제10조의4 제1항 단서, 제10조 제1항 제1호에 따라 임대인에게 권리금 회수방해로 인한 손해배상을 청구할 수 없다 할 것입니다.

Q 57 매출액을 부풀린 경우 권리금 계약을 해지할 수 있나요?

질문 저는 2021년 8월경 00빌딩 지하 1층에서 ★★카페 가맹점포를 운영하고 있는 임차인으로부터 00카페를 인수하였습니다. 저는 ★★카페을 직접 방문하여 위 임차인으로부터 2021년 1월부터의 커피 거래명세표를 받았고 위 임차인에게 ★★카페와 관련된 영업권, 가치 권리, 노하우, 시설비용 등의 명목으로 2억 4천만원의 권리금을 지급하였고 ★★카페를 소개한 컨설팅업체에 컨설팅 비용으로 1,000만원을 지급하였습니다. 위 임차인은 매출에 대하여 '월 2,200만원 정도이고 여름에는 2,500만원 이상의 매출을 올린다'고 하였습니다. 제가 정확한 매출자료를 요구하자 가맹본사에 지급하는 로열티를 줄이기 위하여 매출을 누락한 관계로 매출자료는 없다고 하였고 POS에서 출력한 2021년 6월경 매출자료를 컨설팅업체를 통해 보내왔고 매출액은 2,300만원 정도였습니다. 그런데 제가 2021년 8월경부터 ★★카페를 운영하면서 월 평균 매출액은 약 1,300만원 밖에 나오지 않고 있습니다. 위 임차인이 제시한 매출자료는 ★★카페를 매각하기 위해 만든 허위의 매출자료 였습니다. 저는 권리금 계약을 해지하고 지급한 권리금을 돌려받을 수 있나요.

답변 거래에 있어서 중요한 사항에 관한 구체적 사실을 신의성실의 의무에 비추어 비난받을 정도의 방법으로 허위로 고지하는 경우에는 위법한 기망행위로 평가될 수 있습니다.

다만 자본주의 사회에서 상대방의 부지 또는 착오를 이용하여 어느 정도의 이득을 취하는 것은 용인되고 있습니다. 그러나 신의칙 및 거래관념에 비추어 용인될 수 있는 범위를 넘는 기망행위는 위법한 행위로 평가받는 것입니다.

이 사건의 경우 귀하는 ★★카페를 권리금을 주고 인수하였습니다. 그런데 기존 임차인은 ★★카페를 인수하려는 귀하에게 매출정도나 수익 여부를 알려주는 정도를 벗어나 허위의 가공 매출자료까지 만들었습니다. 그리고 위 매출자료를 귀하에게 제시하여 실제 매출보다 많은 매출이 있는 것처럼 고지하였으므로 이는 사회상규를 벗어난 위법한 기망행위라 할 것입니다.

또한 상가점포의 권리금 계약에 있어서 권리금은 매출액 뿐만아니라 영업권, 노하우, 점포의 위치, 성장가능성, 시설비용 등 여러 요소를 종합적으로 평가하여 산정하는 것이기는 하나, 그 중에서도 당해 상가점포의 매출액은 권리금 산정에 있어서 매우 중요한 요소라 할 것입니다.

권리금 산정을 위해 정확한 매출자료를 제시받았다면 계약을 체결하지 않았거나 최소한 같은 조건으로는 계약을 체결하지 않았을 경우라면 기존 임차인의 기망행위와 권리금계약 사이에 인과관계도 있다고 볼 수 있습니다.

귀하의 경우 기존 임차인이 제시한 매출자료에 기재된 총 매출액에 포함된 허위 매출액의 규모가 상당히 크고 실제 매출액을 제시받았다면 2억 4천만원의 권리금 계약을 체결하지 않았거나 최소한 동일한 금원으로는 ★★카페를 인수하지 않았을 것입니다. 따라서 기존 임차인의 기망행위와 귀하의 권리금 계약 체결 사이에는 인과관계도 있다 할 것입니다.

따라서 귀하는 기존 임차인과의 권리금 계약을 사기에 의한 의사표시로 취소할 수 있고 지급한 권리금 2억 4,000만원을 반환받을 수 있을 것으로 보입니다.

Q 58 대형마트의 상가 일부 임차인도 권리금을 청구할 수 있나요?

질문 저는 대형마트의 상가 일부 코너를 임차하여 수산물 코너를 운영하고 있습니다. 저도 임대차기간이 끝나면 권리금 보장을 받나요.

답변 2015년 5월 13일 상가임대차법이 개정되면서 권리금 회수 청구권이 도입이 되었으나 권리금 적용 제외 사유로 상가임대차법 제10조의5는 권리금 규정이 적용되지 않는 상가임대차를 규정하고 있습니다. 상가임대차법은 1. 임대차 목적물인 상가건물이 유통산업발전법 제2조에 따른 대규모점포 또는 준대규모점포의 일부인 경우, 2. 임대차 목적물인 상가건물이 국유재산법에 따른 국유재산 또는 공유재산 및 물품관리법에 따른 공유재산인 경우를 제외하고 있습니다.

상가임대차법은 전통시장 및 상점가 육성을 위한 특별법 제2조 제1호에 따른 전통시장도 권리금 규정의 예외로 제외하고 있었으나 2018년 10월 16일 법을 개정하면서 전통시장의 임차인의 권리금회수 기회도 보호를 하고 있습니다.

유통산업발전법에 따른 대규모 점포는 가. 하나 또는 대통령령으로 정하는 둘 이상의 연접되어 있는 건물 안에 하나 또는 여러 개로 나누어 설치되는 매장일 것, 나. 상시 운영되는 매장일 것, 다. 매장면적의 합계가 3천제곱미터 이상일 것의 요건을 모두 갖춘 매장을 보유한 점포의 집단으로서 다음과 같습니다.

대규모점포의 종류(제2조제3호 관련)

1. 대형마트
대통령령으로 정하는 용역의 제공장소(이하 "용역의 제공장소"라 한다)를 제외한 매장면적의 합계가 3천제곱미터 이상인 점포의 집단으로서 식품·가전 및 생활용품을 중심으로 점원의 도움 없이 소비자에게 소매하는 점포의 집단

2. 전문점
용역의 제공장소를 제외한 매장면적의 합계가 3천제곱미터 이상인 점포의 집단으로서 의류·가전 또는 가정용품 등 특정 품목에 특화한 점포의 집단

3. 백화점
용역의 제공장소를 제외한 매장면적의 합계가 3천제곱미터 이상인 점포의 집단으로서 다양한 상품을 구매할 수 있도록 현대적 판매시설과 소비자 편익시설이 설치된 점포로서 직영의 비율이 30퍼센트 이상인 점포의 집단

4. 쇼핑센터
용역의 제공장소를 제외한 매장면적의 합계가 3천제곱미터 이상인 점포의 집단으로서 다수의 대규모점포 또는 소매점포와 각종 편의시설이 일체적으로 설치된 점포로서 직영 또는 임대의 형태로 운영되는 점포의 집단

5. 복합쇼핑몰
용역의 제공장소를 제외한 매장면적의 합계가 3천제곱미터 이상인 점포의 집단으로서 쇼핑, 오락 및 업무 기능 등이 한 곳에 집적되고, 문화·관광 시설로서의 역할을 하며, 1개의 업체가 개발·관리 및 운영하는 점포의 집단

6. 그 밖의 대규모점포
제1호부터 제5호까지의 규정에 해당하지 아니하는 점포의 집단으로서 다음 각 목의 어느 하나에 해당하는 것

    가. 용역의 제공장소를 제외한 매장면적의 합계가 3천제곱미터 이상인 점포의 집단

나. 용역의 제공장소를 포함하여 매장면적의 합계가 3천제곱미터 이상인 점포의 집단으로서 용역의 제공장소를 제외한 매장면적의 합계가 전체 매장면적의 100분의 50 이상을 차지하는 점포의 집단. 다만, 시장·군수 또는 구청장이 지역경제의 활성화를 위하여 필요하다고 인정하는 경우에는 매장면적의 100분의 10의 범위에서 용역의 제공장소를 제외한 매장의 면적 비율을 조정할 수 있다.

준대규모점포는 가. 대규모점포를 경영하는 회사 또는 그 계열회사(「독점규제 및 공정거래에 관한 법률」에 따른 계열회사를 말한다)가 직영하는 점포, 나. 「독점규제 및 공정서래에 관한 법률」에 따른 상호출자제한기업집단의 계열회사가 직영하는 점포, 다. 가목 및 나목의 회사 또는 계열회사가 제6호 가목에 따른 직영점형 체인사업 및 같은 호 나목에 따른 프랜차이즈형 체인사업의 형태로 운영하는 점포 어느 하나에 해당하는 점포로 통계법 제22조에 따라 통계청장이 2007년 12월 28일 고시한 한국표준산업분류상의 슈퍼마켓(47121)과 기타 음·식료품 위주 종합소매업(47129)을 영위하는 점포를 말합니다.

한국표준산업분류에 따르면 47121 슈퍼마켓은 단일 경영주체가 일정 규모의 시설(165㎡~3,000㎡)을 갖추고 음·식료품을 위주로 하여 각종 생활잡화 등을 함께 소매하는 산업활동을 말하고, 체인화 편의점의 형태로 운영하는 산업활동은 제외됩니다.

47129 기타 음·식료품 위주 종합 소매업은 단일 경영주체가 일정한 시설(165㎡ 미만)을 갖추고 체인화 편의점 이외의 방식으로 음·식료품을 위주로 하여 각종 생활잡화 등을 함께 소매하는 산업활동을 말합니다.

따라서 귀하는 대형마트의 일부 코너를 임차하여 영업을 하고 있는 바 이는 대규모점포로서 상가임대차법 권리금 규정이 적용되지 않으므로 권리금 보장을 받을 수 없을 것으로 보입니다.

Q 59 약국 권리금 계약 후 병원이 이전한 경우 권리금계약을 취소할 수 있나요?

질문

저는 상가건물 2층 약국을 권리금을 주고 인수하였습니다. 2층에는 병원이 있었고 병원에서 나오는 처방전으로 매출을 올릴 수 있다는 기대하였는데 권리금 지급 후 2층 병원이 1층으로 이전을 하였고 2층에서의 약국운영이 어렵게 되었습니다. 저는 권리금계약을 취소하고 권리금을 반환받을 수 있나요.

답변　　　　기존 2층 약국의 임차인이 2층에 있는 병원이 1층으로 이전될 것을 알면서도 이를 고지하지 않고 귀하와 권리금 계약을 체결하였다면 이는 거래에 있어서 중요한 사항에 관한 구체적 사실을 신의성실의 의무에 반하여 고지하지 않은 것으로 위법한 기망행위로 평가될 수 있고 귀하는 사기에 의한 의사표시로 권리금 계약을 취소하고 권리금을 반환받을 수 있을 것입니다.

문제는 2층 약국의 기존 임차인도 이러한 사정을 전혀 모르고 있었던 경우에도 권리금 계약을 취소할 수 있는 지입니다.

민법은 법률행위의 내용의 중요부분에 착오가 있는 때에는 취소할 수 있다고 규정하고 있습니다.(법 제109조) 귀하와 같이 법률행위의 동기에 착오가 있는 경우 대법원은 "동기의 착오가 법률행위의 내용의 중요부분의 착오에 해당함을 이유로 표의자가 법률행위를 취소하려면 그 동기를 당해 의사표시의 내용으로 삼을 것을 상대방에게 표시하고 의사표시의 해석상 법률행위의 내용으로 되어 있다고 인정되면 충분하고 당사자 사이에 별도로 그 동기를 의사표시의 내용으로 삼기로 하는 합의까지 이루어질 필요는 없지만, 그 법률행위의 내용의 착오는 보통 일반인이 표의자의 입장에 섰더라면 그와 같은 의사표시를 하지 않았으리라고 여겨질 정도로 그 착오가 중요한 부분에 관한 것이어야 할 것이다"고 판시하고 있습니다.(대법원 2000. 5. 12. 선고 2000다12259 판결 참조)

민법 제109조의 의사표시에 착오가 있다고 하려면 법률행위를 할 "당시"에 실제로 없는 사실을 있는 사실로 잘못 깨닫거나 아니면 실제로 있는 사실을 없는 것으로 잘못 생각하듯이 표의자의 인식과 그 대조사실이 어긋나는 경우라야 할 것이므로, 표의자가 행위를 할 당시에 "장래"에 있을 어떤 사항의 발생이 미필적임을 알아 그 발생을 예기한 데 지나지 않는 경우는, 표의자의 심리상태에 인식과 대조에 불일치가 있다고 할 수 없어 착오로 다룰 수는 없습니다.(대법원 2010. 5. 27. 선고 2009다94541 판결 참조)

귀하와 유사한 사건에서 대법원은 "① 임차인이 약국 영업을 하기 위해 임차인과 그 소유자 사이에 기간 10년의 임대차계약이 체결될 것 등을 조건으로 하여, 임차인이 기존 임차인으로부터 임차권을 권리금 9,100만원에 양수하기로 계약을 체결한 사실, ② 그에 따라 임차인이 권리금 전액을 지급하고 약국 영업을 시작한 사실, ③ 상가 2층 203호, 204호에서 ●●의원이 운영이 되다가 임차인이 임차한 지 2~3달 만에 같은 상가 1층 119호, 120호로 이전을 한 사실, ④ 병원을 이전한 이유가 1층 119호, 120호 소유자로부터 병원을 유치하겠다는 말을 듣고 1층에 병원이 들어오면 ●●의원의 운영에 영향이 있을 것이라는 생각에 119호, 120호를 임차하여 ●●의원을 이전 한 사실 등의 비추어 볼 때,

권리금 계약 체결 당시 ●●의원의 운영 등 약국 점포를 둘러싼 객관적 상황에 대한 임차인의 인식 자체에는 아무런 오류가 없었던 것으로 보이고, 임차인이 향후 상당기간 ●●의원이 종전의 위치에서 계속하여 영업할 것으로 예상하여 이 사건 계약을 체결하였

다고 하더라도, 이는 장래에 대한 단순한 기대에 지나지 않는다고 할 것이고, 따라서 그 기대가 이루어지지 아니하였다고 하여 법률행위 내용의 중요 부분에 착오가 있는 것으로 볼 수는 없다"고 판시하였습니다.(대법원 2013. 7. 26. 선고 2013다30271 판결 참조)

즉, 대법원은 권리금 계약체결 당시 ●●의원이 향후 상당기간 종전의 위치에서 계속하여 영업을 할 것으로 믿었다고 하더라도 그것만으로 권리금 계약 내용의 중요부분의 착오에 해당한다 할 수 없어 권리금 계약을 취소 할 수 없다는 것입니다. 다만 하급심 법원은 이 사건에서 착오 취소가 가능하다고 판결을 하였습니다.

따라서 귀하의 경우도 권리금 지급 후 2층 병원이 1층으로 이전을 하였고 2층에서의 약국운영이 어렵게 되었다는 사정만으로 권리금 계약을 취소하기는 어려워 보입니다.

Q 60 저는 권리금을 주지 않고 상가를 임차하였는데 저도 계약만료 시 권리금을 받을 수 있나요?

질문 저는 2020년 2월경 상가를 임차하여 식당을 하고 있습니다. 제가 임차한 상가는 기존 임차인이 원래 식당을 하던 곳으로 장사가 잘되지 않자 폐업을 하고 나간 곳입니다. 이미 식당으로 시설이 다되어 있는 곳이기 때문에 상가를 임차한 후 특별히 시설투자를 하지 않았고 권리금도 지급하지 않고 상가를 임차하였습니다. 저도 임대차기간이 만료하면 권리금을 받을 수 있나요.

답변 2015년 5월 13일 상가임대차법이 개정되면서 임차인의 권리금 회수 청구권이 도입이 되었습니다. 상가임대차법은 권리금을 임대차 목적물인 상가건물에서 영업을 하는 자 또는 영업을 하려는 자가 영업시설·비품, 거래처, 신용, 영업상의 노하우, 상가건물의 위치에 따른 영업상의 이점 등 유형·무형의 재산적 가치의 양도 또는 이용대가로서 임대인, 임차인에게 보증금과 차임 이외에 지급하는 금전 등의 대가를 말한다고 규정하고 있습니다.(법 제10조의3)

상가임대차법의 개정 전에는 대법원이 영업용 건물의 임대차에 수반되어 행하여지는 권리금의 지급은 임대차계약의 내용을 이루는 것은 아니고 권리금 자체는 거기의 영업시설·비품 등 유형물이나 거래처, 신용, 영업상의 노하우 혹은 점포 위치에 따른 영업상 이점 등 무형의 재산적 가치의 양도 또는 일정 기간 동안의 이용대가라고 볼 것인바, 권리금 계약은 임대차계약이나 임차권양도계약 등에 수반되어 체결되지만 임대차계약

등과는 별개의 계약이다(대법원 2013. 5. 9. 선고 2012다115120 판결 참조)고 정의하고 있었는데 이러한 대법원의 태도를 상가임대차법에 반영한 것입니다.

권리금을 관행적으로 바닥권리금, 영업권리금, 시설권리금으로 부르기도 합니다. 따라서 위와 같은 유형·무형의 재산적 가치가 임대차 종료시까지 남아 있다면 귀하도 권리금을 보호받을 수 있습니다.

또한 상가임대차법은 신규임차인과 권리금계약을 하고 신규임차인으로부터 권리금을 받으려고 하는데 임대인이 이를 방해하여 임차인이 권리금을 회수하지 못하는 손해가 발생하면 임대인에게 권리금 상당의 손해배상을 청구할 수 있도록 규정하고 있습니다.

따라서 임차인이 임대인에게 권리금 상당의 손해배상을 청구하기 위해서는 다음의 요건을 갖춰야 합니다.

① 임차인이 임대인에게 신규임차인을 주선하여야 합니다. ② 임대인의 방해행위가 있어야 합니다. ③ 임대인의 방해행위에 정당한 사유가 없어야 합니다. ④ 임대인의 방해행위는 임대차기간이 끝나기 6개월 전부터 임대차 종료시 사이에 이루어 져야 합니다.

상가임대차법은 임대인의 방해행위로 ① 임차인이 주선한 신규임차인이 되려는 자에게 권리금을 요구하거나 임차인이 주선한 신규임차인이 되려는 자로부터 권리금을 수수하는 행위, ② 임차인이 주선한 신규임차인이 되려는 자로 하여금 임차인에게 권리금을 지급하지 못하게 하는 행위, ③ 임차인이 주선한 신규임차인이 되려는 자에게 상가건물에 관한 조세, 공과금, 주변 상가건물의 차임 및 보증금, 그 밖의 부담에 따른 금액에 비추어 현저히 고액의 차임과 보증금을 요구하는 행위, ④ 그 밖에 정당한 사유 없이 임대인이 임차인이 주선한 신규임차인이 되려는 자와 임대차계약의 체결을 거절하는 행위를 말한다고 규정하고 있고(법 제10조의4 제1항)

임대인의 정당한 사유로 ① 임차인이 주선한 신규임차인이 되려는 자가 보증금 또는 차임을 지급할 자력이 없는 경우, ② 임차인이 주선한 신규임차인이 되려는 자가 임차인으로서의 의무를 위반할 우려가 있거나 그 밖에 임대차를 유지하기 어려운 상당한 사유가 있는 경우, ③ 임대차 목적물인 상가건물을 1년 6개월 이상 영리목적으로 사용하지 아니한 경우, ④ 임대인이 선택한 신규임차인이 임차인과 권리금 계약을 체결하고 그 권리금을 지급한 경우를 규정하고 있습니다.(법 제10조의4 제2항)

따라서 귀하가 상가를 임차할 당시 전임차인에게 권리금을 지급하였는지 여부는 임대차 종료시 권리금을 보호받을 수 있는 요건이 아니고, 임대차 기간 동안 설치한 영업시설·비품이나, 임차인의 노력으로 형성된 거래처, 신용, 영업상의 노하우, 상가건물의 위치에 따른 영업상 이점 등 유형·무형의 재산적 가치가 임대차 종료시까지 남아 있다면 귀하도 신규임차인으로부터 권리금을 받을 수 있고 임대인의 방해행위로 신규임차인으로부터 권리금을 받지 못하게 되었다면 임대인을 상대로 권리금 상당의 손해배상을 청구할 수 있을 것입니다.

Q 61

임대차기간이 1년 이상 남았는데 권리금을 받고 나갈 수 있나요?

질문 저는 상가를 임차하여 세탁소를 운영하고 있습니다. 저는 건물주와 임대차기간을 2년으로 정하여 상가를 임차하였고 상가를 임차한지 9개월 정도 되었습니다. 저는 개인적인 사정으로 다른 지역으로 이사를 가게 되었고 마침 권리금을 지급하고 세탁소를 인수하겠다는 사람이 나타났습니다. 저는 세탁소를 양도하고 권리금을 받고 나갈 수 있나요.

답변 귀하는 임대차기간을 2년으로 정하여 상가를 임차하였습니다. 기본적으로 임대차계약서에 기재된 임대차기간은 지켜야만 합니다. 다만 임대차기간 만료 전에 임대인이 동의를 해 준다면 귀하는 신규임차인으로부터 권리금을 지급받고 나갈 수 있는 것입니다. 따라서 임대차기간 만료 전에는 임대인과의 합의가 있어야만 하고 임대인과의 합의가 없다면 임대차기간 만료 전에 권리금을 지급받고 세탁소를 양도할 수 있는 방법은 없습니다.

임대인과 합의가 되지 않는다면 귀하는 상가임대차법에 따라 임대차기간이 끝나기 6개월 전부터 임대차 종료시까지의 사이에 신규임차인을 임대인에게 주선할 수 있습니다.

상가임대차법은 권리금 회수 기회를 "임대차 기간이 끝나기 6개월 전부터 임대차 종료시까지"로 한정하고 있기 때문입니다.(법 제10조의4 제1항) 2018년 10월 16일 법 개정

전에는 임대차 기간이 끝나기 3개월 전 이었으나, 신규임차인을 주선할 수 있는 기간이 너무 짧다는 이유로 6개월로 연장을 하였습니다.

다만 수원지방법원은 임차인이 임대차기간을 2013년 1월 15일부터 2015년 12월 31일 까지로 정하여 상가를 임차하여 골프연습장을 운영하던 중 2014년 8월 12일 골프연습장에 관한 임차권과 점포와 관련한 집기, 비품 시설 일체를 권리금 2200만원에 매도하는 권리양도·양수 계약을 체결한 사건에서 임대인은 2014년 8월 12일 신규임차인에게 점포의 비품 등 일체를 권리금 2200만원에 양도하여 권리금을 회수하고자 한 것은 임대차계약 종료일인 2015월 12월 31일 3개월 이전의 일이므로 권리금 수수 방해 행위에는 해당하지 않는다고 주장한 사건에서(법 개정 전이므로 주선기간이 3개월) .

임차인이 권리금 회수를 위하여 신규임차인과의 임대차계약을 주선하여도 이를 거절하게 될 것이 명백하고 또 그러한 뜻을 미리 표시하였다고 할 것인바, 비록 임대기간 종료 3개월 이전 기간에 주선이 이루어 졌다고 하더라도 방해행위가 인정된다고 판시하였습니다.

다만 위 수원지방법원의 판결은 임대인이 골프연습장을 포함한 건물 전체를 곧 철거할 계획을 가지고 있었고 상가건물의 운영을 중단할 것이 명백한 경우에 해당하여 방해행위를 인정한 것이므로 매우 예외적인 판결이고 법은 분명하게 권리금 회수 기회를 '임대차 기간이 끝나기 6개월 전부터 임대차 종료시까지'로 한정하고 있다는 것을 유념하셔야 할 것입니다.

따라서 귀하는 임대차기간이 1년 이상 남은 이상 임대인의 동의를 얻어 세탁소를 신규임 차인에게 넘기거나 임대인의 동의를 받을 수 없다면 임대차 기간이 끝나기 6개월 전부터 임대차 종료시까지 사이에만 신규 임차인을 주선하는 것이 가능할 것입니다.

Ⅵ. 원상회복 분쟁

Q 62 전 임차인이 설치한 부분까지 원상회복 해야 하나요?

저는 임대인과 보증금 5천만원, 월차임 100만원, 임대차기간 2년으로 하여 상가임대차계약을 체결하였고, 특약사항으로 임대차계약 종료 후 원상회복하기로 약정하였습니다. 전임차인은 상가에서 카페를 운영하고 있었는데 저는 상가를 그대로 인수하여 약간의 리모델링을 하였습니다. 현재 임대차 기간이 만료되어 다른 곳으로 옮기려고 하는데 임대인이 전임차인이 설치한 부분까지 모두 원상회복을 요구하고 있습니다. 임대인의 요구를 들어 주어야 하나요?

답변 임대차가 종료되면 임차인은 목적물을 원상으로 회복하여 반환하여야 합니다.(민법 제654조, 제615조) 다만 임대차 목적물이 그 통상적인 사용에 따라 자연적으로 소모되거나 더러워진 것에 불과한 경우는 임차인이 원상회복의무를 부담하지 않습니다.

귀하의 경우 원상회복의무의 범위와 관련하여 기존 임차인이 설치한 시설도 원상회복의 대상이 되는지 살펴봐야 합니다.

대법원은 전 임차인이 무도유흥음식점으로 경영하던 점포를 임차인이 소유자로부터 임차하여 내부시설을 개조 단장하였다면 임차인에게 임대차 종료로 인하여 목적물을 원상회복하여 반환할 의무가 있다고 하여도 별도의 약정이 없는 한 그것은 임차인이 개조한 범위 내의 것으로서 임차인이 그가 임차 받았을 때의 상태로 반환하면 되는 것이지 그 이전의 사람이 시설한 것까지 원상회복할 의무가 있다고 할 수는 없다고 판시하여(대법원 1990. 10. 30. 선고 90다카12035 판결) 임차인은 자신이 시설한 부분에 대해서만 원상회복의무가 있다고 하였습니다.

그런데 최근 대법원은 '임차인이 임대인에게 임차목적물을 반환하는 때에는 원상회복의무가 있다(민법 제654조, 제615조). 임차인이 임차목적물을 수리하거나 변경한 때에는 원칙적으로 수리·변경 부분을 철거하여 임대 당시의 상태로 사용할 수 있도록 해야 한다. 다만 원상회복의무의 내용과 범위는 임대차계약의 체결 경위와 내용, 임대 당시 목적물의 상태, 임차인이 수리하거나 변경한 내용 등을 고려하여 구체적·개별적으로 정해야 한다고 하면서, 특정 영업시설이 되어 있는 점포를 임차하여 그대로 사용하다 임대차가 종료한 경우 임차인이 이전에 설치되어 있던 시설물을 철거하여 원상회복할 의무가 있다.'고 판시하였습니다.(대법원 2019. 8. 30. 선고, 2017다268142 판결 참조)

하급심인 서울고등법원에서는 시설을 설치한 임차인부터 현임차인까지 커피전문점 영업 양수로 임차인 지위가 전전 양도된 것으로 보아 현임차인이 기존 시설물을 철거하여 원상회복할 의무가 있다고 판단하였고, 대법원은 이와 같은 원심판단을 수긍한 것입니다.

따라서 위 대법원 판례의 입장에 따른다면 귀하께서는 전임차인의 시설까지도 원상회복할 필요가 있습니다.

다만 최근의 대법원 판결이 과거의 대법원 판결을 변경한 것은 아니므로 사건별로 잘 따져봐야 할 것입니다.

무엇보다 임대인과 임차인이 계약을 체결하게 된 경위, 임차인의 시설비 투자 여부 내지는 권리금 지급 여부 등에 따라 결론이 달라질 수 있으므로 이와 같은 분쟁을 예방하기 위해서는 임대차 계약서를 작성하실 때 전임차인이 설치한 시설에 대해서도 원상회복 의무가 있는지에 관해 구체적으로 기재할 필요가 있습니다.

● 원상회복 관련 판결

◎ 대법원 1990. 10. 30. 선고 90다카12035

전 임차인이 무도유흥음식점으로 경영하던 점포를 임차인이 소유자로부터 임차하여 내부시설을 개조 단장하였다면 임차인에게 임대차 종료로 인하여 목적물을 원상회복하여 반환할 의무가 있다고 하여도 별도의 약정이 없는 한 그것은 임차인이 개조한 범위 내의 것으로서 임차인이 그가 임차 받았을 때의 상태로 반환하면 되는 것이지 그 이전의 사람이 시설한 것까지 원상회복할 의무가 있다고 할 수는 없다.

◎ 대법원 2019. 8. 30. 선고 2017다268142

임차인이 임대인에게 임차목적물을 반환하는 때에는 원상회복의무가 있다(민법 제654조, 제615조). 임차인이 임차목적물을 수리하거나 변경한 때에는 원칙적으로 수리·변경 부분을 철거하여 임대 당시의 상태로 사용할 수 있도록 해야 한다. 다만 원상회복의무의 내용과 범위는 임대차계약의 체결 경위와 내용, 임대 당시 목적물의 상태, 임차인이 수리하거나 변경한 내용 등을 고려하여 구체적·개별적으로 정해야 한다고 하면서, 특정 영업시설이 되어 있는 점포를 임차하여 그대로 사용하다 임대차가 종료한 경우 임차인이 이전에 설치되어 있던 시설물을 철거하여 원상회복할 의무가 있다.

◎ 대법원 1998. 5. 29. 선고 98다6497

임대차계약서에 "임차인은 임대인의 승인하에 개축 또는 변조할 수 있으나 계약대상물을 명도시에는 임차인이 일체 비용을 부담하여 원상복구하여야 함."이라는 내용이 인쇄되어 있기는 하나, 한편 계약체결 당시 특약사항으로 "보수 및 시설은 임차인이 해야 하며 앞으로도 임대인은 해주지 않는다. 임차인은 설치한 모든 시설물에 대하여 임대인에게 시설비를 요구하지 않기로 한다." 등의 약정을 한 경우, 임차인은 시설비용이나 보수비용의 상환청구권을 포기하는 대신 원상복구의무도 부담하지 않기로 하는 합의가 있었다고 보아, 임차인이 계약서의 조항에 의한 원상복구의무를 부담하지 않는다고 본 사례.

◎ 대법원 2002. 12. 6. 선고 2002다42278
임차인이 자신의 영업을 위하여 설치한 시설에 관한 비용을 임대인에게 청구하지 않기로 약정한 사정만으로 원상복구의무를 부담하지 아니하기로 하는 합의가 있었다고 볼 수 없고, 임대차계약서상 기재된 임차인의 원상복구의무에 관한 조항이 단지 부동문자로 남아 있는 무의미한 내용에 불과하다고 볼 수 없다고 한 사례.

◎ 대법원 2002. 12. 6. 선고 2002다42278
임대차계약이 중도에 해지되어 종료하면 임차인은 목적물을 원상으로 회복하여 반환하여야 하는 것이고, 임대인의 귀책사유로 임대차계약이 해지되었다고 하더라도 임차인은 그로 인한 손해배상을 청구할 수 있음은 별론으로 하고 원상회복의무를 부담하지 않는다고 할 수는 없다.

◎ 대법원 1999. 11. 12. 선고 99다34697
동시이행의 항변권은 근본적으로 공평의 관념에 따라 인정되는 것인데, 임차인이 불이행한 원상회복의무가 사소한 부분이고 그로 인한 손해배상액 역시 근소한 금액인 경우에까지 임대인이 그를 이유로, 임차인이 그 원상회복의무를 이행할 때까지, 혹은 임대인이 현실로 목적물의 명도를 받을 때까지 원상회복의무 불이행으로 인한 손해배상액 부분을 넘어서서 거액의 잔존 임대차보증금 전액에 대하여 그 반환을 거부할 수 있다고 하는 것은 오히려 공평의 관념에 반하는 것이 되어 부당하고, 그와 같은 임대인의 동시이행의 항변은 신의칙에 반하는 것이 되어 허용할 수 없다. 임차인이 금 326,000원이 소요되는 전기시설의 원상회복을 하지 아니한 채 건물의 명도 이행을 제공한 경우, 임대인이 이를 이유로 금 125,226,670원의 잔존 임대차보증금 전액의 반환을 거부할 동시이행의 항변권을 행사할 수 없다고 한 사례.

◎ 대법원 2002. 12. 10. 선고 2002다52657

부동산임대차에 있어서 임차인이 임대인에게 지급하는 임대차보증금은 임대차관계가 종료되어 목적물을 반환하는 때까지 그 임대차관계에서 발생하는 임차인의 모든 채무를 담보하는 것으로서, 임대인의 임대차보증금 반환의무는 임대차관계가 종료되는 경우에 그 임대차보증금 중에서 목적물을 반환받을 때까지 생긴 연체차임 등 임차인의 모든 채무를 공제한 나머지 금액에 관하여서만 비로소 이행기에 도달하는 것이므로(대법원 1987. 6. 23. 선고 87다카98 판결 참조), 그 임대차보증금 반환 채권을 양도함에 있어서 임대인이 아무런 이의를 보류하지 아니한 채 채권양도를 승낙하였어도 임차 목적물을 개축하는 등 하여 임차인이 부담할 원상복구비용 상당의 손해배상액은 반환할 임대차보증금에서 당연히 공제할 수 있다 할 것이나, 임대인과 임차인 사이에서 장래 임대목적물 반환시 위 원상복구비용의 보증금 명목으로 지급하기로 약정한 금액은, 임대차관계에서 당연히 발생하는 임차인의 채무가 아니라 임대인과 임차인 사이의 약정에 기하여 비로소 발생하는 채무에 불과하므로, 반환할 임대차보증금에서 당연히 공제할 수 있는 것은 아니라 할 것이어서, 임대차보증금 반환 채권을 양도하기 전에 임차인과 사이에 이와 같은 약정을 한 임대인이 이와 같은 약정에 기한 원상복구비용의 보증금 청구 채권이 존재한다는 이의를 보류하지 아니한 채 채권양도를 승낙하였다면 민법 제451조 제1항 이 적용되어 그 원상복구비용의 보증금 청구 채권으로 채권양수인에게 대항할 수 없다 할 것이다.

◎ 서울중앙지방법원 2007. 5. 31. 선고 2005가합10027

임차인은 임대차계약이 종료한 경우에는 임차목적물을 원상에 회복하여 임대인에게 반환할 의무가 있는데, 원상으로 회복한다고 함은 사회통념상 통상적인 방법으로 사용·수익을 하여 그렇게 될 것인 상태라면 사용을 개시할 당시의 상태보다 나빠지더라도 그대로 반환하면 무방하다는 것으로, 임차인이 통상적인 사용을 한 후에 생기는 임차목적물의 상태 악화나 가치의 감소를 의미하는 통상의 손모(損耗)에 관하여는 임차인의 귀책사유가 없으므로 그 원상회복비용은 채권법의 일반원칙에 비추어 특약이 없는 한 임대인이 부담한다고 해야 한다. 즉, 임대차계약은 임차인에 의한 임차목적물의 사용과 그 대가로서 임료의 지급을 내용으로 하는 것이고, 임차목적물의 손모의 발생은 임대차라고 하는 계약의 본질상 당연하게 예정되어 있다. 이와 같은 이유로 건물의 임대차에서는 임차인이 사회통념상 통상적으로 사용한 경우에 생기는 임차목적물의 상태가 나빠지거나 또는 가치 감소를 의미하는 통상적인 손모에 관한 투하자본의 감가는 일반적으로 임대인이 감가상각비나 수선비 등의 필요경비 상당을 임료에 포함시켜 이를 지급받음으로써 회수하고 있다. 따라서 건물의 임차인에게 건물임대차에서 생기는 통상의 손모에 관해 원상회복의무를 부담시키는 것은 임차인에게 예상하지 않은 특별한 부담을 지우는 것이 되므로 임차인에게 그와 같은 원상회복의무를 부담시키기 위해서는 적어도 임차인이 원상회복을 위해 그 보수비용을 부담하게 되는 손모의 범위가 임대차계약서의 조항 자체에서 구체적으로 명시되어 있거나 그렇지 아니하고 임대차계약서에서 분명하지 않은 경우에는 임대인이 말로써 임차인에게 설명하여 임차인이 그 취지를 분명하게 인식하고 그것을 합의의 내용으로 하였다고 인정되는 등 그와 같은 취지의 특약이 명확하게 합의되어 있어야 할 필요가 있다고 해석함이 상당하다.

◎ 대법원 2008. 10.9. 선고 2008다34903
임대차종료로 인한 임차인의 원상회복의무에는 임차인이 사용하고 있던 부동산의 점유를 임대인에게 이전하는 것은 물론 임대인이 임대 당시의 부동산 용도에 맞게 다시 사용할 수 있도록 협력할 의무도 포함한다. 따라서 임대인 또는 그 승낙을 받은 제3자가 임차건물 부분에서 다시 영업허가를 받는 데 방해가 되지 않도록 임차인은 임차건물 부분에서의 영업허가에 대하여 폐업신고절차를 이행할 의무가 있다.

◎ 서울중앙지방법원 2012. 5. 24. 선고 2011가단201725
이 사건 임대차계약 제19조 제2항에 『명도시 구조물에 대한 파손, 오손의 원상회복은 임대인이 시행하고 그 비용은 임대인 결정에 따른다』라고 기재되어 있으므로, 임대인인 피고들이 정한 원상회복비용을 원고가 따라야 한다고 주장하나,

'임대인 결정에 따른 비용'은 그 뜻이 너무나 주관적이고 모호하여 이를 객관적으로 확정할 수 없어 위 규정은 이를 무효로 볼 수 밖에 없고, 그 내용 또한 일방적으로 임대인에게 유리하고 임차인에게 불리하므로, 여러모로 위 조항은 무효이라고 할 것이므로, 결국 피고들의 원상회복 공사비용이 적정한 것인지는 피고들이 입증하여야 한다.

Q 63 임대차기간이 만료되면 임대차보증금에서 원상회복비용을 공제할 수 있나요?

질문　　　저는 상가를 임차하여 옷가게를 운영하고 있습니다. 임대차기간이 만료하여 다른 곳으로 이사를 해야 해서 임대인에게 임대차계약을 해지하고 임대차보증금을 반환해 달라고 요구하였습니다. 그러나 임대인은 보증금에서 원상회복 비용 명목 등으로 일정 금액을 공제하고 나머지 금액만 반환하여 주었습니다. 임대인은 임대차보증금에서 원상회복 비용 등을 공제할 수 있는 건가요.

답변　　　임대차계약에 있어 임대차보증금은 임대차계약 종료 후 임차인이 목적물을 임대인에게 명도할 때까지 발생하는 임대차에 따른 임차인의 모든 채무를 담보하는 것으로서, 그 피담보채무 상당액은 임대차관계의 종료 후 목적물이 반환될 때에 특별한 사정이 없는 한, 별도의 의사표시 없이 보증금에서 당연히 공제되는 것이므로 임대인은 임대차보증금에서 그 피담보채무를 공제한 나머지만을 임차인에게 반환할 의무가 있습니다.(대법원 2005. 9. 28. 선고 2005다8323, 8330 판결 참조)

임대차계약이 종료되면 임대인은 연체차임 및 관리비, 부당이득금, 손해배상금, 원상회복 비용 등 임대차와 관련하여 발생한 임차인의 채무를 임대차보증금에서 공제할 수 있습니다. 다만 임대차계약의 경우 임대차보증금에서 위 금액 등을 공제하려면 임대인으로서는 그 피담보채무인 연체차임, 연체관리비 등을 임대차보증금에서 공제하여야 한다는 주장을 하여야 하고, 나아가 그 임대차보증금에서 공제될 차임채권, 관리비채권

등의 발생원인에 관하여 주장·입증을 하여야 하는 것이며, 다만 그 발생한 채권이 변제 등의 이유로 소멸하였는지에 관하여는 임차인이 주장·입증책임을 부담합니다.

임대인이 임대차보증금에서 공제하는 것 중 가장 분쟁이 많이 발생하는 것이 원상회복 비용으로 임대인은 보증금을 반환할 때에 원상회복 비용을 공제하고 반환하는 것이 일반적이나 그 금액에 다툼이 있기 때문입니다.

임대차가 종료되면 임차인은 목적물을 원상으로 회복하여 반환하여야 의무가 있습니다. (민법 제654조, 제615조) 대부분의 상가임대차계약서에는 임차인의 원상회복의무가 부동문자로 기재되어 있는 경우가 일반적입니다. 따라서 임대차 계약이 임대인의 책임 있는 사유로 인하여 해지가 되었다고 하더라도 임차인은 원상회복 의무를 부담합니다.

다만 임대차 계약이 임대인의 귀책사유로 해지가 되었다면 임차인은 임대인의 책임 있는 사유로 손해가 발생한 부분에 대해서는 손해배상 청구를 할 수 있습니다.

원상회복의 범위와 관련하여 임차인이 통상적인 사용을 한 후에 생기는 임차목적물의 상태 악화나 가치의 감소를 의미하는 통상의 손모에 관하여는 임차인의 귀책사유가 없으므로 그 원상회복비용은 채권법의 일반원칙에 비추어 특약이 없는 한 임대인이 부담하여야 하므로 임차인은 통상의 손모에 대해서는 원상회복의무가 없습니다. 서울중앙지방법원은 바닥 타일, 벽체 페인트, 걸레받이, 데코타일, 계단실 부분은 임차인의 통상적인 사용에 따라 소모되거나 더러워진 것에 불과하다고 판결하였습니다.(서울중앙지방법원 1999. 9. 1. 선고 98가합44951(본소), 99가합74159(반소) 판결)

임차인의 원상회복의무의 범위와 관련하여 기존 임차인이 설치한 시설도 원상회복의 대상이 되는지도 살펴봐야 합니다.

대법원은 전 임차인이 무도유흥음식점으로 경영하던 점포를 임차인이 소유자로부터 임차하여 내부시설을 개조 단장하였다면 임차인에게 임대차 종료로 인하여 목적물을 원상회복하여 반환할 의무가 있다고 하여도 별도의 약정이 없는 한 그것은 임차인이 개조한 범위 내의 것으로서 임차인이 그가 임차 받았을 때의 상태로 반환하면 되는 것이지 그 이전의 사람이 시설한 것까지 원상회복할 의무가 있다고 할 수는 없다고 판시하여(대법원 1990. 10. 30. 선고 90다카12035 판결) 임차인은 자신이 시설한 부분에 대해서만 원상회복의무가 있다고 하였습니다.

그런데 최근 대법원은 '임차인이 임대인에게 임차목적물을 반환하는 때에는 원상회복의무가 있다(민법 제654조, 제615조). 임차인이 임차목적물을 수리하거나 변경한 때에는 원칙적으로 수리·변경 부분을 철거하여 임대 당시의 상태로 사용할 수 있도록 해야 한다. 다만 원상회복의무의 내용과 범위는 임대차계약의 체결 경위와 내용, 임대 당시 목적물의 상태, 임차인이 수리하거나 변경한 내용 등을 고려하여 구체적·개별적으로 정해야 한다고 하면서, 특정 영업시설이 되어 있는 점포를 임차하여 그대로 사용하다 임대차가 종료한 경우 임차인이 이전에 설치되어 있던 시설물을 철거하여 원상회복할 의무가 있다.'고 판시하였습니다.(대법원 2019. 8. 30. 선고, 2017다268142 판결 참조)

위 대법원 판결은 기존 대법원 판결을 변경한 것은 아니므로 임대차계약을 체결하게 된 경위, 임차인의 권리금 지급 여부 등을 사건별로 잘 따져 봐야 할 것입니다.

임대인은 임차인이 원상회복의무를 이행하지 않아 새로운 임차인에게 임대를 못하는 등 손해가 발생하는 경우가 있는데 이와 같은 경우에도 임대인이 원상회복의무 지체로 인하여 입은 손해는 이행지체일로부터 임대인이 실제로 원상회복을 완료한 날까지의 차임 상당액이 아니라 임대인 스스로 원상회복을 할 수 있었던 기간까지의 차임 상당액입니다.

통상 임대차계약서에 원상복구의무가 부동문자로 기재되어 있으나 임차인이 시설한 부분에 관하여 그 비용의 변상이나 일체의 권리주장을 하지 않는다고 별도 특약을 하는 경우도 있습니다. 대법원은 임대차계약서에 "임차인은 임대인의 승인하에 개축 또는 변조 할 수 있으나 계약대상물을 명도시에는 임차인이 일체 비용을 부담하여 원상복구하여야 함"이라는 내용이 인쇄되어 있기는 하나, 한편 계약체결 당시 특약사항으로 "보수 및 시설은 임차인이 해야 하며 앞으로도 임대인은 해주지 않는다. 임차인은 설치한 모든 시설물에 대하여 임대인에게 시설비를 요구하지 않기로 한다" 등의 약정을 한 경우, 임차인은 시설비용이나 보수비용의 상환청구권을 포기하는 대신 원상복구의무도 부담하지 않기로 하는 합의가 있었다고 보아야 한다고 판시하기도 하였습니다.(대법원 1998. 5. 29. 선고 98다6497 판결 참조)

Q 64   원상회복은 임대차 할 당시의 건물상태와 동일한 상태로 되돌려야 하는 것인가요?

질문   저는 상가를 임차하여 5년동안 브런치 카페를 운영해 왔습니다. 그러나 주변에 유사한 카페가 하나둘 생겨나기 시작하면서 매출이 많이 줄었고 매장을 운영하기 어려워 임대차계약을 해지하였습니다. 저는 임대인에게 임대차보증금을 반환하여 달라고 하였으나 임대인은 원상회복비용을 공제해야 한다고 주장하면서 제가 임차할 당시와 동일한 상태로 상가를 원상회복해야 한다고 합니다. 저는 상가건물을 어느 정도까지 원상회복을 하여야 하나요.

답변   대법원은 원상회복의 범위와 관련하여 "임차인이 임대인에게 임차목적물을 반환하는 때에는 원상회복의무가 있다(민법 제654조, 제615조). 임차인이 임차목적물을 수리하거나 변경한 때에는 원칙적으로 수리·변경 부분을 철거하여 임대 당시의 상태로 사용할 수 있도록 해야 한다. 다만 원상회복의무의 내용과 범위는 임대차계약의 체결 경위와 내용, 임대 당시 목적물의 상태, 임차인이 수리하거나 변경한 내용 등을 고려하여 구체적·개별적으로 정해야 한다"(대법원 2019. 8. 30. 선고, 2017다268142 판결 참조),

"임대차 목적물이 훼손된 경우에 그 수리나 원상복구가 불가능하다면 훼손 당시의 임대차 목적물의 교환가치가 통상의 손해일 것이고 수리나 원상복구가 가능하다면 그 수리비나 원상복구비가 통상의 손해일 것이나 그것이 임대차 목적물의 교환가치가 감소된 부분을 현저하게 넘는 경우에는 특별한 사정이 없는 한 일반적으로 경제적인 면에서 수리나 원상복구가 불능이라고 보아 형평의 원칙상 그 손해액은 임대차 목적물의 교환가치 감소 부분 범위 내로 제한되어야 한다."(대법원 1999. 12. 21. 선고 97다15104 판결)고 판시하였습니다.

서울중앙지방법원은 "임차인이 통상적인 사용을 한 후에 생기는 임차목적물의 상태 악화나 가치의 감소를 의미하는 통상의 손모(損耗)에 관하여는 임차인의 귀책사유가 없으므로 그 원상회복비용은 채권법의 일반원칙에 비추어 특약이 없는 한 임대인이 부담한다고 해야 한다."(서울중앙지방법원 2012. 5. 24. 선고 2011가단201725)고 판시하고 있습니다.

원상회복의무의 내용과 범위는 위 대법원 판결을 근거로 임대차계약의 체결경위, 내용, 구체적 사정을 고려하여 판단하여야 하는 것이고 하급심 법원은 여러 사정을 고려하여 합리적인 범위 안에서 원상회복의무의 내용과 범위를 인정하고 있습니다.

광주지방법원은 "이 사건 임대차계약 체결 당시와 이 사건 임대차계약 종료 무렵 이 사건 상가의 상태에 어떠한 차이가 있는지, 원고가 이 사건 상가를 임차한 이후 이 사건 상가에 어떠한 변경을 가했는지를 알 수 없는바, 원상회복의 내용과 범위를 알 수 없는 이 사건에서, 원고가 이 사건 임대차계약 종료에 따라 이 사건 상가를 피고에게 원상회복함에 있어 이를 인도하는 외에 추가로 어떠한 원상회복의무를 부담한다고 인정하기 어렵다."고 판시하여 원상회복의무 자체를 부정하기도 하였고,(광주지방법원 2021. 6. 9. 선고 2020나58723 판결)

상가 바닥타일 교체비용과 관련하여 "상가의 바닥에 일정한 손상이 있는 사실은 인정된다. 그러나 이 사건 상가는 마트로 약 9년 동안 사용되었는바, 다수의 사람과 물건이 드나드는 영업의 특성, 그 사용기간, 원고 이전의 임차인으로 인해 손상된 부분 역시 존재할 것으로 보이는 점 등의 사정에 비추어 볼 때, 이 사건 상가의 바닥은 원고가 그 임대차 기간 동안 통상적인 방법으로 사용하더라도 상당히 소모되어 교체가 필요한 상태가 될 것으로 보이므로, 원고에게 이 사건 상가 바닥의 타일을 교체할 원상회복 의무가 있다고 보기는 어렵다."고 판시하였습니다.(광주지방법원 2020. 5. 29. 선고 2019가단504526 판결)

대전지방법원은 복합판넬 개·보수 공사(2층 간판 거치에 의한 훼손부 교체 예상 비용)과 관련하여 "건물 임대차의 경우 입주 임차인이 간판 등을 건물 외벽에 설치하는 것이 통상의 관례인 점에 비추어 임대차 종료 후 간판 철거 등으로 인하여 피고들 주장과 같이 일부 흔적이 남는다고 하여도 그것은 임차목적물을 통상의 방법으로 사용함으로 인한 자연적인 마모 또는 훼손에 불과한 것으로 보아야 하고, 임차인에게 간판이 전혀 설치되기 전의 건물 외벽 상태로 복구할 것을 요구할 수는 없는 것"이라고 판시하였습니다.(대전지방법원 2019. 9. 19. 선고 2018가단213306 판결)

춘천지방법원 강릉지원은 "최초 임대차계약 당시와 같이 신규 인테리어공사를 할 경우의 공사대금은 바닥타일공사, 벽체도장공사, 천정공사, 전기공사 및 조명공사를 합하여 800만 원이고, 위 최초 임대차계약 당시의 인테리어 상태가 이 사건 상가에 그대로 남아 있을 경우의 감가수정 후의 가치는 2,660,000원인 사실이 인정된다.

그런데 통상 임차인이 임대차기간 중 목적물을 사용함으로써 임대차목적물이 마모되어 생기는 가치훼손 부분에 대한 경제적 평가는 이미 차임 등에 반영된 것이므로 자연적 마모 또는 감가상각의 정도는 임대인이 감수하여야 할 것이지 임대인이 새롭게 인테리어 공사를 하는 이익을 누리고 임차인이 그 비용 상당을 부담하도록 하는 것은 부당한 점, 상가의 특성상 그 업종에 맞추어 새롭게 인테리어를 하는 것이 일반적이고 원고도 자신의 용도에 맞추어 옆의 H호 상가와 벽을 터서 공간을 넓히는 등 새로이 인테리어 시설을 한 것으로 보이는데, 이를 자연적 마모와 감가상각의 정도를 고려한 임대차 이전의 인테리어 상태로 되돌린다는 것은 사실상으로나 경제적으로나 불가능하거나 어렵다고 볼 여지가 큰 점을 종합하여 보면, 임대차계약 당시의 인테리어 상태가 이 사건 상가에 그대로 남아 있을 경우 감가수정을 거친 가액인 2,660,000원을 일응 그 교환가치로 보아 원상복구비용 상당의 손해액으로 삼을 수 있을 것이다.(춘천지방법원 강릉지원 2021. 5. 26. 선고 2020가단1338)"고 판시하여 인테리어 상태의 감가수정을 거친 가액을 원상복구비용으로 산정하기도 하였습니다.

대구지방법원은 "피고가 이 사건 상가를 5년간 임차하여 사용하였으므로 피고가 유리문을 교체하지 않고 기존의 유리문을 그대로 사용했다면 감가상각이 있을 것으로 예상되는 점, 통상 임차인이 임대차기간 중 목적물을 사용함으로써 임대차목적물이 마모되어 생기는 가치훼손 부분에 대한 경제적 평가는 이미 차임 등에 반영된 것이므로, 임차인의 원상회복의무를 임차인이 임대인으로부터 임대차목적물을 인도받을 당시 현황 그대로 회복하여야 한다는 의미로 볼 수는 없고, 가치의 훼손이 자연적 마모 또는 감가상각의 정도를 초과한다는 등의 특별한 사정이 있는 경우에 임차인이 원상회복의무를 부담하는 점 등을 종합하면, 이 사건 임대차보증금에서 공제할 원상회복비용으로 2,750,000원(= 5,500,000원 × 50%)을 인정하는 것이 타당하다"고 판시하여 유리문 교체 비용의 50%만을 원상회복비용으로 인정하기도 하였습니다.(대구지방법원 2017. 5. 31. 선고 2016나11378(본소),2016나11385(반소))

귀하의 경우도 원상복구의무의 내용과 범위는 반드시 임차할 당시와 동일한 상태로 상가를 원상회복해야 하는 것은 아니고, 여러 가지 사정을 고려하여 합리적인 범위 내에서 원상회복의무를 이행하면 된다 할 것입니다.

Q 65 비용상환청구권 포기 특약이 있는 경우 원상복구는 어떻게 하나요?

질문 저는 상가건물을 임차하면서 임대인과 특약으로 "보수 및 시설은 임차인이 해야 하며 앞으로도 임대인은 해주지 않는다. 임차인은 설치한 모든 시설물에 대하여 임대인에게 시설비를 요구하지 않는다"라고 약정을 하였습니다. 그런데 임대인은 임대차계약서에 "임차인은 임대인의 승인하에 개축 또는 변조할 수 있으나 계약대상물을 명도시에는 임차인이 일체 비용을 부담하여 원상복구하여야 함."이라고 기재되어 있다면서 원상복구를 요구하고 있습니다. 저는 제가 한 시설에 대해서는 권리를 포기할 의사가 있으나 원상복구까지 해야 할 의무가 있나요.

답변 민법은 임차인의 필요비 상환청구권과 유익비 상환청구권에 대해 규정하고 있습니다.(민법 제626조) 즉 임차인은 임차물의 보존에 관한 필요비를 지출한 때에는 임대인에 대하여 그 상환을 청구할 수 있고 임차인이 유익비를 지출한 경우에는 임대차 종료시에 그 가액의 증가가 현존한 때에 한하여 임차인이 지출한 금액이나 그 증가액을 청구할 수 있는 것입니다.

임차인이 그 상환을 청구할 수 있는 유익비는 임차물의 객관적 가치를 증가시킨 비용으로, 임차인이 지출하여 증가된 가액이 임대차 종료시에 현존하여야 하며, 유익비 지출에 관하여 임대인의 승낙을 필요로 하지는 않으나 그 지출로 임대인이 이득을 하고 있다는 사실이 있어야 합니다.

귀하의 경우는 "임차인은 설치한 모든 시설물에 대하여 임대인에게 시설비를 요구하지 않는다"고 특약을 하였으므로 임대인에게 필요비, 유익비 상환청구는 할 수 없습니다. 다만 위 특약이 귀하가 필요비, 유익비 상환청구만을 포기한 것으로 한 것인지, 원상복구 의무까지 부담하기로 한 것인지가 문제가 됩니다.

이와 유사한 사건에서 대법원은 "이 사건 임대차계약서에 '임차인은 임대인의 승인하에 개축 또는 변조할 수 있으나 계약대상물을 명도시에는 임차인이 일체 비용을 부담하여 원상복구하여야 함.'이라는 내용이 인쇄되어 있기는 하나, 한편 원·피고는 위 계약체결 당시에 특약사항으로 '보수 및 시설은 임차인이 해야 하며 앞으로도 임대인은 해주지 않는다. 임차인은 설치한 모든 시설물에 대하여 임대인에게 시설비를 요구하지 않기로 한다.' 등의 약정을 한 사실이 인정되므로, 임차인은 시설비용이나 보수비용의 상환청구 권을 포기하는 대신 원상복구의무도 부담하지 않기로 하는 합의가 임대인과 임차인 사이에 있었다고 보기에 충분하다고 판단하면서, 임차인으로서는 위 계약서의 조항에 의한 원상복구의무를 부담하지 않는다"고 판시한 바 있습니다.(대법원 1998. 5. 29. 선고 98다6497 판결)

그러나 대법원은 임대차계약이 중도에 해지되어 종료하면 임차인은 목적물을 원상으로 회복하여 반환하여야 하는 것이고, 임대인의 귀책사유로 임대차계약이 해지되었다고 하더라도 임차인은 그로 인한 손해배상을 청구할 수 있음은 별론으로 하고 원상회복의무 를 부담하지 않는다고 할 수는 없다. 그리고 이 사건의 경우 임차인이 자신의 영업을 위하여 설치한 시설에 관한 비용을 임대인에게 청구하지 않기로 약정한 사정만으로 원상복구의무를 부담하지 아니하기로 하는 합의가 있었다고 볼 수 없고, 임대차계약서상 기재된 임차인의 원상복구의무에 관한 조항이 단지 부동문자로 남아 있는 무의미한 내용에 불과하다고 볼 수 없다. 상고이유에서 내세우는 대법원 판결은 임차인이 시설비 상환청구권을 포기하는 경우 언제나 원상복구의무를 부담하지 않는다는 취지를 설시한 것이 아닐 뿐만 아니라 이 사건과는 사안을 달리하므로 이 사건에서 원용하기에 적절하지 아니하다고 판시하여(대법원 2002. 12. 6. 선고 2002다42278 판결) 임차인이 원상복구의무를 부담한다고 하였습니다.

따라서 귀하가 임대인과 한 특약은 귀하가 한 시설비용이나 보수비용을 요구하지 않는 대신 임대차 계약서상의 원상복구 의무도 부담하지 않는다는 의미로 볼 수 있으나 구체적 사실관계에 따라 달라질 수도 있을 것으로 보입니다.

Ⅶ. 손해배상 분쟁

Q 66 화재로 인해 피해를 입었는데 임대인에게 보수비용을 청구할 수 있나요?

질문　　　저는 상가건물을 임차하여 가구를 전시·판매하는 가구전시장을 운영하고 있습니다. 그런데 상가건물 위층에 화재가 발생하였고 저도 피해를 입었습니다. 저는 가구점의 보수공사를 보수업체에 맡겨 전기시설, 마감재 교체, 도장공사 등을 하였고 보수공사비로 1500만원 정도를 지출하였습니다. 저는 보수공사비는 임대인이 지급해야 하는 돈이라고 생각하고 월세를 3달 정도 지급하지 않았는데 임대인은 제가 3기 이상의 차임을 연체하였다면서 임대차계약을 해지하겠다고 통보해 왔습니다. 차임연체를 이유로 임대차 계약이 해지되고 저는 상가건물을 임대인에게 명도해야만 하나요.

답변　　　임대차 계약을 체결하면 임대인은 임차인이 임대차기간 동안 임차건물을 사용·수익하게 할 의무를 부담합니다. 따라서 임대인이 이러한 의무를 불이행하여 임차인이 임차건물을 사용·수익하는데 지장이 있으면 임차인은 지장이 있는 한도에서 차임지급도 거절할 수 가 있습니다.

또한 임차인이 임차건물의 보존에 관한 필요비, 즉 임차인이 임차건물의 보존을 위하여 지출한 비용이 있다면 임차인은 임대인에게 그 비용을 청구할 수도 있습니다. 임대차계약에서 임대인은 임차건물을 임대차기간 동안 사용·수익에 필요한 상태를 유지하게 할 의무를 부담하고, 이러한 의무와 관련한 임차건물의 보존을 위한 비용도 임대인이 부담하여야 하기 때문입니다.

따라서 임대인은 임차인이 지출한 필요비를 임차인에게 지급할 의무가 있고 이러한 임대인의 필요비상환의무는 특별한 사정이 없는 한 임차인의 차임지급의무와 서로 대응 관계에 있습니다. 그러므로 임차인은 지출한 필요비 금액의 한도에서 차임 지급도 거절할 수 있는 것입니다.

이와 유사한 사건의 대법원 판결을 보면 "임차인이 건물을 임차하여 영화관을 운영하다 영화관의 위층인 8,9 층에서 두 차례의 화재가 발생하였고 임차인이 공사업자에게 영화관의 보수공사를 맡겨 보수공사비로 1,500만원을 지급하고, 임대인에게 차임을 지급하지 않은 사건에서 "이 사건 영화관의 위층인 8,9층에서 2013년 5월 13일 1차 화재가 발생하였고, 2013년 10월 10일 2차 화재가 발생하였다. 임차인은 2013년 10월 11경 2차 화재로 훼손된 이 사건 영화관의 보수 공사를 공사업자에게 도급하였다. 공사업자는 전선을 교체하는 등 전기시설을 보수하였고, 석고보드 등 마감재를 교체하였으며, 오염된 벽면을 새로이 도장하는 공사를 하였다. 임차인은 공사업자에게 공사대금으로 1,500만 원을 지급하였다.

2차 화재는 2013년 10월 10일 발화 후 1시간여 만에 진화되면서 이 사건 영화관의 위층인 8, 9층 내부시설이 전소되었고, 화재로 발생한 연기와 화재 진압을 위해 사용한 물 때문에 이 사건 영화관 중 6,7층의 천장과 벽면 마감재, 의자, 음향기기, 영사기 등이 훼손되었으며, 승강기 3대가 침소되고 건물외벽과 내부계단이 그을음에 심하게 훼손되었다.

임차인이 2차 화재로 훼손된 이 사건 영화관을 사용·수익할 수 있는 상태로 회복하기 위해 지출한 보수공사비 1,500만원은 임차물의 보존에 관한 필요비로서 임대인에게 즉시 상환을 청구할 수 있다.

임대인은 임차인이 2기 이상의 차임을 연체하였다는 이유로 이 사건 임대차계약을 해지한다고 통지하였고, 위 통지는 2014년 8월 8일 임차인에게 도달하였다. 임차인은 2014년 8월 8일을 기준으로 약정 차임액과 지급액의 차액 2,700만원 중 1,500만원에 대해서는 위 필요비의 상환과 동시이행을 주장할 수 있어 그 지급을 연체한 것으로 볼 수 없고, 연체한 차임은 1,200만원에 불과하다. 따라서 임차인이 2기 이상의 차임을 연체한 것이 아니어서 임대인의 이 사건 임대차계약의 해지는 부적법하다"고 판결하였습니다. (대법원 2019. 11. 14. 선고 2016다227694 판결 참조)

대법원은 임차인이 보수공사비 등을 지출하여 필요비 상환청구권이 있는 경우에는 위 금액에 해당하는 차임의 지급을 거절할 수 있으므로 위 보수공사비를 제외한 차임 연체액이 2기분에 달하는 때에만 계약을 해지할 수 있다고 판결한 것입니다.(3기 차임연체 해지 규정은 2015년 5월 13일 법개정으로 도입이 되었고 위 대법원 판결은 법 개정 전 사건이어서 2기 차임연체를 기준으로 판단을 한 것입니다.)

그렇다면 귀하의 경우 화재로 인해 임차건물의 수선을 위해 1500만원 정도를 지출하였고 이는 필요비로 보입니다. 따라서 귀하는 위 금액에 해당하는 차임의 지급을 거절할 수 있으므로 귀하의 차임연체액이 위 보수수선비를 제외하고도 3기분에 달하는 경우에만 임대인이 차임연체를 이유로 임대차계약을 해지 할 수 있을 것입니다.

Q 67 임차 건물의 결로 현상이 심하여 피해를 입었는데 임대인에게 손해배상을 청구할 수 있나요?

질문 저는 광주 상무지구에 상가건물을 임차하여 가구를 전시·판매하는 가구전시장을 운영해 왔습니다. 그런데 상가건물의 1층 바닥과 벽체 아랫부분에 결로현상이 심하게 나타났습니다. 저는 임대인에게 여러 차례에 걸쳐 1층 바닥에 발생하는 습기 문제를 해결 해 줄 것을 요청하였으나 임대인은 문제를 해결해 주지 않았습니다. 제가 전시해놓은 가구들이 결로 현상으로 인해 많은 손상을 입었는데 저는 임대인에게 손해배상을 청구 할 수 있나요.

답변 주택 또는 상가를 임차하였는데 누수 또는 결로로 인해 곰팡이가 발생하거나 이로 인해 피해를 입는 경우가 종종 발생합니다. 그러나 그 하자 원인을 입증하여 손해 배상을 청구하는 절차가 쉽지만은 않습니다.

임차인이 임대인에게 누수 또는 결로로 인한 책임을 묻기 위해서는 먼저 누수 또는 결로의 발생이 누구의 책임으로 인한 것이냐가 밝혀져야 합니다. 임차인의 사용상의 부주의로 누수 또는 결로가 발생하였다면 이는 임차인의 귀책으로 인한 것이므로 임대인에게 책임을 묻지 못할 것입니다. 그러나 누수 또는 결로의 원인이 건물 구조의 문제로 밝혀진다면 건물의 하자의 정도가 손쉽게 고칠 수 있는 사소한 것인지 여부에 따라서 달라집니다.

임대차계약에 있어서 임대인은 목적물을 계약 존속 중 그 사용·수익에 필요한 상태를 유지하게 할 의무를 부담하는 것이므로, 목적물에 파손 또는 장해가 생긴 경우 그것이 임차인이 별 비용을 들이지 아니하고도 손쉽게 고칠 수 있을 정도의 사소한 것이어서 임차인의 사용·수익을 방해할 정도의 것이 아니라면 임대인은 수선의무를 부담하지 않지만, 그것을 수선하지 아니하면 임차인이 계약에 의하여 정해진 목적에 따라 사용·수익할 수 없는 상태로 될 정도의 것이라면 임대인은 그 수선의무를 부담하기 때문입니다.

귀하의 경우와 유사한 대법원 판결을 보면, ① 임차건물의 용도는 1종 근린생활시설(소매점)이고, 임대인은 이 사건 건물 1층을 이전에는 의류창고로 임대하였고 임차인에게는 가구를 전시·판매하는 가구전시장으로 임대한 사실, ② 임차인이 건물을 임차하기 전에도 건물 1층 바닥에 심각한 결로현상이 있었던 사실, ③ 건물 1층의 바닥 전체와 벽체의 아랫부분에 집중적으로 결로현상이 나타나고 창문이나 벽체의 윗부분에는 결로현상이 거의 나타나지 않는 사실, ④ 바닥 중 임차인이 시공한 데코타일 윗부분으로도 결로현상이 나타난 사실, ⑤ 감정인 감정서에서 건물 1층 바닥의 물은 여름형 결로로 인한 것인바, 건물 1층의 가구배치에 따른 공기정체가 곰팡이 현상을 촉진한 것으로 보이나, 임차인이 시공한 벽면과 커튼은 벽체에 결로현상이 일어나지 않은 점에 비추어 결로와 무관하고, 건물 1층은 바닥 밑 방습조치가 설계에는 반영되었으나, 바닥 밑 환기장치, 기초단열이나 바닥 밑 단열조치, 바닥 밑 실내쪽 방습조치 등을 하지 않아 여름형 결로현상이 발생할 수밖에 없다고 감정한 사실 등을 이유로 결로의 원인이 건축물의 하자라고 판단하면서

임대인이 이 사건 임대차계약의 체결 당시부터 임차인이 이 사건 건물 1층을 가구를 전시·판매하는 전시장으로 임차한 것을 알고 있었으므로 임대인은 임차인에게 그 사용·수익을 할 수 있는 상태를 유지하여 줄 책임이 있으며, 임대인으로서는 이 사건 건물 1층 바닥에 나타난 습기 발생의 원인이 무엇인지 조사하고 이를 제거하기 위하여 제습기 또는 공조시설 등을 설치하여 주거나, 바닥의 물기가 심하여 바닥 공사를 하여야 하는 상황이라면 가구들을 모두 옮기게 한 후 공사를 하여 주는 등의 조치를 취했어야 한다

그럼에도 원심 법원이 이 사건 건물을 일반적 용도로 사용함에는 하자가 없다고 단정한 것은 임대차 목적물에 대한 임대인의 수선의무에 관한 법리를 오해하고 논리와 경험의 법칙에 반하여 자유심증주의의 한계를 벗어나 판단을 그르친 것이라며 원심 판결을 파기하였습니다.(대법원 2012. 6. 14. 선고 2010다89876,89883 판결)

따라서 귀하의 경우도 결로의 원인이 건물 자체의 하자에 기인한 것이고 임대인에게 수차례에 걸쳐 1층 바닥에 발생하는 습기 문제를 해결해 줄 것을 요청하였음에도 이를 해결해 주지 않아 피해를 입었다면 임대인을 상대로 손해배상을 청구 할 수 있을 것입니다.

질문　　　　저는 제 소유의 상가건물을 2020년 3월 1일부터 2022년 2월 28일까지 임대하였습니다. 그런데 임차인과의 임대차 기간이 만료되어 임대차계약을 해지하였는데 임차인은 상가건물을 저에게 반환하지 않고 있습니다. 저는 임차인이 상가건물을 반환할 때까지 임차인에게 차임을 받을 수 있나요.

답변　　　　귀하의 경우와 같이 임대차 기간 만료, 차임연체 등 여러 가지 사유로 임대차계약 관계가 종료되었음에도 임차인이 임차 건물을 반환하지 않고 계속하여 점유를 하고 있는 경우가 많이 있습니다. 이와 같은 경우 임대차 계약관계가 종료되었기 때문에 임대인은 더 이상 임차인에게 임대차계약이 유지되는 것을 전제로 한 차임을 청구할 권리는 없습니다.

그러나 임차인이 임대차기간이 종료한 후에도 임차건물에서 계속해서 장사를 하는 등 임차건물을 사용, 수익하고 있는 경우에는 임차인은 부당한 이득을 취하고 있는 것이기 때문에 종전에 지급하던 차임 상당의 금원을 부당이득으로 지급할 의무가 있습니다.

문제는 임차인이 임대차 계약이 종료된 후 임차건물에서 더 이상 장사도 하지 않아 임차건물을 사용·수익하지도 않고 임대인에게 임차건물을 반환도 하지 않는 경우입니다.

이와 같은 경우 임차인이 임차건물을 반환하지 않아 임대인은 그만큼 손해를 보게 되므로 차임 상당의 금액을 임대인에게 지급하여야 하는 게 합리적일 수 있습니다.

그러나 대법원은 법률상의 원인 없이 이득하였음을 이유로 한 부당이득 반환에 있어 이득이라 함은 실질적인 이익을 의미하므로, 임차인이 임대차계약관계가 소멸된 이후에 임차건물 부분을 계속 점유하기는 하였으나 이를 본래의 임대차계약상의 목적에 따라 사용·수익하지 아니하여 실질적인 이득을 얻은 바 없는 경우에는 그로인하여 임대인에게 손해가 발생하였다고 하더라도 임차인의 부당이득 반환의무는 성립하지 아니하는 것이고, 이는 임차인의 사정으로 인하여 임차건물 부분을 사용·수익하지 못하였거나 임차인이 자신의 시설물을 반출하지 아니하였다고 하더라도 마찬가지라고 할 것이다.(대법원 1984. 5. 15. 선고 84다카108 판결 참조)고 판시하고 있습니다.

즉 임차인이 임차건물에서 장사를 하지 않는 등 임차건물을 사용·수익하지 않는다면 임차건물을 반환하지 않고 계속 점유하고 있더라도 차임 상당의 금액을 임대인에게 지급할 필요가 없다는 것입니다.

또한 대법원은 임대인에 대해 임대차보증금을 반환받을 수 있는 임차인의 경우에는 건물명도와 임대차보증금반환이 동시이행관계에 있다는 점에서 임대인이 자신의 동시이행의무라고 할 수 있는 임대차보증금 제공의무를 이행제공하지 않은 이상 임차인의 점유는 불법이라고도 할 수 없다(대법원 1998. 7. 10. 선고 98다15545 판결 참조)고 하여 불법행위에 기한 손해배상청구도 인정하지 않고 있습니다.

따라서 귀하의 경우 임차인이 임차건물에서 계속하여 장사를 하는 등 임차건물을 사용·수익을 하고 있다면 임차인이 임차건물을 반환할 때까지 차임상당의 금원을 청구할 수 있으나 임차인이 임차건물을 사용·수익하지도 않고 임차건물을 반환도 하지 않고 있다면 차임상당의 금원을 청구하기가 어려울 것입니다.

Q 69 계약기간이 끝난 후에도 상가를 점유하고 있는 임차인의 책임은?

질문　저는 제 소유의 상가건물을 2020년 4월 1일부터 2022년 3월 31일까지 임대하였습니다. 저는 임차인에게 2022년 2월 1일 임대차 계약을 해지하겠다고 통보하였고 임차인은 계약갱신요구를 하지 않아 임대차계약이 해지되었습니다. 그런데 임차인은 상가건물에서 영업을 하지는 않고 있으나 상가 내에 집기 등을 그대로 둔 채 상가를 저에게 명도하지 않고 있습니다. 저는 임차인이 상가건물을 반환할 때까지 임차인에게 차임을 받을 수 있나요.

답변　상가임대차기간이 끝난 후에도 임차인이 계속하여 상가를 점유하면서 영업을 계속하고 있다면 임차인을 상대로 부당이득 내지 불법행위에 기한 손해배상으로 임료상당의 금액을 청구할 수 있습니다.

그런데 문제는 귀하의 경우와 같이 임차인이 임대차 기간 만료, 차임연체 등 여러 가지 사유로 임대차계약 관계가 종료되었음에도 임차인이 상가건물에서 영업도 하지 않으면서 상가건물을 명도를 하지 않는 경우입니다.

이와 같은 경우 대법원은 임차인이 임대차계약관계가 소멸된 이후에 임차건물 부분을 계속 점유하기는 하였으나 이를 본래의 임대차계약상의 목적에 따라 사용·수익하지 아니하여 실질적인 이득을 얻은 바 없는 경우에는 그로인하여 임대인에게 손해가 발생하였다고 하더라도 임차인의 부당이득 반환의무는 성립하지 아니하는 것이고, 이는 임차인의 사정으로 인하여 임차건물 부분을 사용·수익하지 못하였거나 임차인이 자신의 시설물을 반출하지 아니하였다고 하더라도 마찬가지라고 판시하고 있습니다.(대법원 1984. 5. 15. 선고 84다카108 판결 참조)

또한 대법원은 임대인에 대해 임대차보증금을 반환받을 수 있는 임차인의 경우에는 건물명도와 임대차보증금반환이 동시이행관계에 있다는 점에서 임대인이 자신의 동시이행의무라고 할 수 있는 임대차보증금 제공의무를 이행제공하지 않은 이상 임차인의 점유는 불법이라고도 할 수 없다(대법원 1998. 7. 10. 선고 98다15545 판결 참조)고 판시하고 있어 임차인이 상가건물을 사용·수익하지 않는 이상 임대인은 임차인에게 차임상당의 금원을 청구하기가 어렵습니다.

결국 임대인은 임차인이 임대차계약이 해지되었음에도 불구하고 임의로 문을 잠그고 명도를 해주지 않으면 임대인이 일방적으로 손해를 입을 수 밖에 없는 것입니다.

다만 대법원은 최근 임차인의 목적물반환의무와 임대인의 보증금반환의무는 동시이행관계에 있다면서 임차인이 그러한 동시이행항변권을 상실했음에도 목적물의 반환을 계속 거부하면서 점유하고 있다면 이는 불법행위에 해당하다고 판시하면서 임대인이 임대차계약종료 후 연체차임을 공제한 임대차보증금을 적법하게 변제공탁했다면 임차인은 임대차보증금 반환과의 동시이행을 주장할 수 없고 변제공탁의 통지를 받은 다음날부터 상가건물을 명도할 때까지 불법점유를 한 것이므로 손해배상책임이 있다라고 판결을 하였습니다.

따라서 귀하의 경우 임대차보증금반환의무를 이행한다면 설사 임차인이 임차목적물을 본래의 목적대로 사용하지 않았다고 하더라도 상가건물을 명도할 때까지 임차인을 상대로 차임 상당의 손해배상을 청구할 수 있을 것입니다.

Q 70 주택재건축사업의 경우 손실보상은 받을 수 있나요?

질문　　　저는 2020. 6. 15. 보증금 4,000만원, 월차임 200만원, 임대차기간 2년으로 정하여 상가를 임차하여 장사를 하고 있습니다. 그런데 주택재건축정비사업조합이 이 사건 상가 건물 일대를 구역으로 하는 정비사업인가를 받아 설립되었고, 북구청장으로부터 관리처분계획인가를 받은 이후 상가건물에서 퇴거할 것을 요구하고 있습니다. 저는 임차한 상가에서 10년 동안 장사를 할 수 있을 것이라고 생각하고 인테리어 비용 등을 투자하였는데 상가건물을 비워 줘야만 하나요. 비워 줘야 한다면 보상은 받을 수 있나요.

답변

도시 및 주거환경정비법(이하 '도시정비법')은 관리처분계획이 인가되어 고시된 때에는 종전의 토지 또는 건축물의 소유자·지상권자·임차권자 등 권리자는 정비사업의 준공인가에 따른 이전고시가 있는 날까지 종전의 토지 또는 건축물을 사용하거나 수익할 수 없고, 사업시행자가 이를 사용·수익할 수 있습니다. 따라서 정비사업에 관한 관리처분계획의 인가 및 고시에 의해 임차인의 상가 건물에 대한 사용·수익이 정지되고, 사업시행자인 정비사업조합이 사용·수익할 수 있게 되므로 귀하를 상대로 상가건물에서 퇴거할 것을 청구할 수 있습니다.

상가임대차법은 10년의 계약갱신요구권을 보장하고 있으나 상가임대차법 제10조 제1항 단서는 임차인의 계약갱신요구를 거절할 수 있는 예외사유 8가지를 규정하고 있고, 그 중 제7호는 ① 임대차계약 체결 당시 공사시기 및 소요기간 등을 포함한 철거 또는 재건축 계획을 임차인에게 구체적으로 고지하고 그 계획에 따르는 경우 ②건물이 노후 · 훼손 또는 일부 멸실되는 등 안전사고의 우려가 있는 경우 ③ 다른 법령에 따라 철거 또는 재건축이 이루어지는 경우의 사유로 임대인이 목적 건물의 전부 또는 대부분을 철거하거나 재건축하기 위하여 목적건물의 점유를 회복할 필요가 있는 경우입니다.

귀하의 경우 임대차계약체결 당시에 공사시기 및 소요기간 등을 포함한 철거 또는 재건축 계획을 구체적으로 고지받은 사실이 없다고 하더라고 ①, ②, ③ 중 어느 하나의 사유에만 해당되면 되고 이 사건의 경우 ③ 다른 법령에 따라 철거 또는 재건축이 이루어지는 경우에 해당된다 할 것이므로 계약갱신을 주장하기도 어렵다 할 것입니다.

도시정비법은 손실보상을 규정하고 있고 임차인이 권리금, 시설투자비 등에 대한 손실보상을 청구하기도 합니다. 그러나 대법원은 ① 도시정비법에는 재건축정비사업 시행자가 상가임차인에 대하여직접 상가 권리금을 보전해 주어야 한다거나 보상을 통해 주거 및 이주 대책을 수립해 줄 의무가 있다고 볼 명시적 근거규정이 없고, 상가임대차법 제 규정을 종합하더라도 재건축정비사업 시행자가 임차인의 권리금을 보전할 의무가 있다고 해석할 근거가 없는 점 ② 도시정비법은 정비사업의 유형별로 공공성, 공익성의 정도를 고려하여 구체적 규율 내용을 달리하는데 주택재건축사업은 주택재개발사업에 비하여 공공성 및 공익성이 상대적으로 미약한 점, ③ 도시정비법상 주택재건축사업에서는 토지 등 소유자가 임차권자 등에 대한 보상을 스스로 해결하게 할 것을 전제로 한 것으로 보이는 점 등에 비추어 임차인 등의 손실보상에 관한 도시정비법의 관계 규정이 재건축정비사업에는 적용 또는 유추적용된다고 보기 어렵다고 판결하고 있습니다.(대법원 2014. 7. 24. 선고 2012다62561, 62578 판결 참조)

따라서 귀하는 도시정비법에 따른 손실보상도 받기 어려워 보입니다.

Q 71 임차인이 설치한 보일러, 온돌방, 계단전기 등의 비용을 청구할 수 있나요?

질문　　　저는 상가건물을 임차하여 삼계탕집을 운영하고 있습니다. 저는 삼계탕집을 운영하기 위하여 보일러, 온돌방, 방문틀, 주방내부, 합판을 이용한 점포장식, 가스, 실내전등, 계단전기 등을 설치하고 페인트 도색 등을 하였습니다. 제가 이러한 공사를 하여 상가건물의 가치가 상승되었는데 이러한 공사비용을 임대인에게 청구할 수 있나요.

답변　　　민법은 임차인의 필요비 상환청구권과 유익비 상환청구권에 대해 규정하고 있습니다.(민법 제626조) 즉 임차인은 임차물의 보존에 관한 필요비를 지출한 때에는 임대인에 대하여 그 상환을 청구할 수 있고 임차인이 유익비를 지출한 경우에는 임대차 종료시에 그 가액의 증가가 현존한 때에 한하여 임차인이 지출한 금액이나 그 증가액을 청구할 수 있는 것입니다.

임차인이 그 상환을 청구할 수 있는 유익비는 임차물의 객관적 가치를 증가시킨 비용으로, 임차인이 지출하여 증가된 가액이 임대차 종료시에 현존하여야 하며, 유익비 지출에 관하여 임대인의 승낙을 필요로 하지는 않으나 그 지출로 임대인이 이득을 하고 있다는 사실이 있어야 합니다.

임차인의 필요비 또는 유익비 청구와 관련된 법원의 판결들을 보면 ① 임차인이 건물을 임차사용 중 임차인 자신의 돈을 들여 건물내부(주방, 대기실, 마루, 방, 변소 등)의 벽지, 천정지, 장판지를 새로 깔고 페인트 및 바니스칠을 하여 단정하고 기존의 방실 칸막이를 뜯어내거나 새로 설치하는 등 하여 시설의 일부를 개수하고 인터폰 및 비상등 설치공사를 하고 이건 건물의 현관입구에 피고 주장의 전화, 카펫, 동양화 등을 구입하여 설치하거나 깔아놓거나 걸어 놓은 사건에서 대법원은 시설개수 및 시설물설치는 임차인 이 자신의 음식점을 경영하기 위하여 필요에 의하여 한 것이고 카펫, 인터폰, 동양화 등은 임차인이 수거하여 가면 되고 청색 전화가입권은 임차인이 체신관서에 가입권을 반환하고 그 권리금을 찾으면 되는 것이니 위와 같은 것들을 위하여 지출한 비용은 유익비 또는 필요비에 해당하지 않는다고 판단하였고(대법원 1980. 10. 14. 선고 80다18 51, 1852 판결),

② 임차인이 설치한 간판에 대해서 임차인이 간이음식점을 경영하기 위하여 부착시킨 시설물에 불과하여 건물의 객관적 가치를 증가시키기 위한 것이라고 보기 어렵고, 그로 인한 가액의 증가가 현존하는 것도 아니어서 그 간판설치비를 유익비라 할 수 없다고 판단하였고(대법원 1994. 9. 30. 선고 94다20389 판결)

③ 임차인이 삼계탕집을 경영하기 위하여 보일러, 온돌방, 방문틀, 주방내부, 합판을 이용한 점포장식, 가스, 실내전등, 계단전기 등을 설치하고 페인트 도색을 하는 등 공사를 한 사건에서, 현재도 어느 정도의 가치가 남아 있는 사실을 인정하면서도 이 사건 건물의 본래의 용도 및 임차인의 이용실태 등에 비추어 임차인이 지출한 비용은 어디까지나 임차인이 위 건물에서 삼계탕집을 경영하기 위한 것이지 건물의 보존을 위한다거나 그 객관적 가치를 증가시키기 위한 것이 아니어서 이를 필요비 또는 유익비라 고 할 수 없다고 판단하였고(대법원 1993. 10. 8. 선고 93다25738 판결)

④ 임차인이 카페영업을 하기 위한 공사를 하고, 또 카페의 규모를 확장하면서 내부시설 공사를 하고, 또는 창고지붕의 보수공사를 한 사건에서 법원은 임차인이 공사비를 지출한 사실을 인정할 수 있으나, 창고지붕의 보수공사비는 통상의 관리비에 속하고, 나머지

공사비인 이 사건 점포의 내부시설공사는 임차인이 카페를 운영하기 위한 필요에 의하여 행하여진 것이고 그로 인하여 이 사건 점포의 객관적 가치가 증가한 것은 아니다며 필요비 또는 유익비에 해당하지 아니한다고 판단하였습니다.(대법원 1991. 10. 8. 선고 91다8029 판결)

위 판결들과 같이 임차인이 임차건물에 비용을 들여 수리 등의 공사를 하였다고 하더라도 이를 유익비로 인정받기가 쉽지는 않습니다. 무엇보다 표준화된 상가임대차계약서에는 대부분 원상복구 규정이 들어가 있습니다. 대법원은 건물의 임차인이 임대차관계 종료시에 건물을 원상으로 복구하여 임대인에게 명도하기로 약정한 것은 건물에 지출한 각종 유익비 또는 필요비의 상환청구권을 미리 포기하기로 한 취지의 특약이라고 볼 수 있다고 판시하고 있습니다.

따라서 귀하가 삼계탕집을 운영하기 위하여 투자한 시설비용등을 임대인에게 청구하기는 쉽지 않을 것으로 보입니다.

Q 72 약국 처방전 건수를 속여 권리금을 받은 경우 인테리어 업자에게 손해배상을 청구할 수 있나요?

질문

저는 공인중개사로부터 '좋은 약국장소가 나왔는데 관심이 있느냐'는 말을 듣고 공인중개사가 소개한 인테리어 업자를 만났습니다. 위 인테리어 업자는 '용인시 기흥구에 있는 신축건물에 병원 개업을 위한 내부공사를 진행 중인데 1일 처방전이 100건 이상 되는 병원이다. 만일 1일 처방전 건수가 100건 이상이 되지 않으면 내가 받기로 하는 수수료의 배액인 1,000만원을 위약금으로 배상하겠다'고 하면서 임차를 할 것을 종용하였습니다. 위 인테리어 업자는 추가로 바닥권리금 3,000만원도 요구하였습니다. 저는 공인중개사의 중개로 상가임대차계약을 체결하고 권리금 3,000만원과 수수료 500만원을 지급하였습니다. 그런데 약국을 개업하였는데 1일 병원 처방전이 0~7건에 불과하였고 확인해 보니 병원의 주 진료과목이 원내 처방전을 발행하는 신경정신과라는 사실을 알게 되었고 결국 약국을 폐업하였습니다. 저는 인테리어 업자에게 손해배상을 청구할 수 있나요.

답변

대법원은 상품의 선전·광고에서 거래의 중요한 사항에 관하여 구체적 사실을 신의성실의 의무에 비추어 비난받을 정도의 방법으로 허위로 고지한 경우에는 기망행위에 해당하지만, 그 선전·광고에 다소의 과장이나 허위가 수반되는 것은 그것이 일반 상거래의 관행과 신의칙에 비추어 시인될 수 있는 한 기망성이 결여된다고 판시하고 있습니다.(대법원 2012. 6. 14. 선고 2012다15060, 15077 판결 참조) 이러한 법리는 상품의 선전·광고뿐 아니라 그 밖의 다른 거래행위에 있어서 제공되는 정보에 관해서도 마찬가지로 적용이 됩니다.

귀하의 경우 1일 발행되는 처방전 건수는 임대차계약을 체결함에 있어서 가장 중요하게 고려하는 사항이라고 할 수 있고 인테리어 업자도 그와 같은 사정을 충분히 잘 알고 있었을 것입니다. 그럼에도 인테리어 업자가 1일 처방전 건수에 관하여 적극적으로 구체적 수치를 제시해가며 과장되게 정보를 고지하고, 그와 관련된 병원의 운영형태에 관해서도 사실과 다르게 말하면서 임대차계약을 체결할 것을 종용하였다면 이는 거래관계의 신의성실상 허용 될 수 없는 기망행위에 해당한다고 할 것입니다.

따라서 위 인테리어 업자는 귀하에게 귀하가 입은 손해를 배상할 책임이 있다고 할 것이므로 인테리어 업자에게 지급한 수수료 500만원과 바닥권리금 3,000만원에 대한 배상을 청구할 수 있을 것입니다.

Ⅷ. 임차권등기명령

Q 73 임차권등기명령을 신청하려면 어떤 절차를 거쳐야 하나요?

질문
저는 상가건물을 임차하여 안경점을 운영하다 임대차기간이 만료되어 폐업을 할 예정입니다. 저는 임대인에게 임대차보증을 반환하여 달라고 요구하였으나 임대인은 차일피일 미루기만 하고 있습니다. 임대차의 대항력과 우선변제권을 유지하려면 임차권 등기명령을 하여야 한다고 알고 있는데 어떤 절차를 거쳐야 하나요.

답변
임차권등기명령절차는 임대차 종료 후 아직 임차보증금을 반환 받지 못한 임차인에게 임차인 단독으로 임차권등기를 신청하게 하고 임차권등기가 마쳐지면 상가임대차법상 대항력과 우선변제권을 취득 내지 유지하도록 하는 제도입니다.

임차권등기는 임대차종료 후 임대차보증금을 돌려받지 못한 임차인이면 신청을 할 수 있고, 신청 당시에 대항요건이나 확정일자를 미리 갖추고 있을 필요는 없습니다. 보증금 전액을 돌려받지 못한 경우나 보증금을 일부라도 반환받지 못한 경우에도 잔존보증금에 대하여 신청이 가능합니다. 임대차가 종료하게 된 이유는 묻지 않으므로, 임대차기간의 만료로 종료가 된 경우 뿐만아니라 해지에 의하여 종료된 경우나 합의해지된 경우에도 임차권명령신청을 할 수 있습니다.

임차권등기는 임차건물의 소재지를 관할하는 지방법원, 지방법원지원 또는 시·군법원에 신청할 수 있습니다. 임차권등기명령을 신청할 때에는 신청 취지 및 이유, 임대차의 목적인 건물(임대차의 목적이 건물의 일부분인 경우에는 그 부분의 도면을 첨부), 임차권 등기의 원인이 된 사실, 그 밖에 대법원규칙이 정하는 사항을 기재하여야 합니다.

임차권등기명령 절차에 관한 규칙은 임차권등기명령의 기재사항으로 다음 9가지 기재하고 임차인이 기명날인 또는 서명하도록 하고 있습니다.(임차권등기명령 절차에 관한 규칙 제2조 제1항)

---

1. 사건의 표시

2. 임차인과 임대인의 성명, 주소, 임차인의 주민등록번호(임차인이나 임대인이 법인 또는 법인 아닌 단체인 경우에는 법인명 또는 단체명, 대표자, 법인등록번호, 본점 · 사업장소재지)

3. 대리인에 의하여 신청할 때에는 그 성명과 주소

4. 임대차의 목적인 주택 또는 건물의 표시(임대차의 목적이 주택 또는 건물의 일부인 경우에는 그 목적인 부분을 표시한 도면을 첨부한다)

5. 반환받지 못한 임차보증금액 및 차임(주택임대차보호법 제12조 또는 상가건물 임대차보호법 제17조의 등기하지 아니한 전세계약의 경우에는 전세금)

6. 신청의 취지와 이유

7. 첨부서류의 표시

8. 연월일

9. 법원의 표시

임차권등기명령신청서에 첨부하여야 할 서류는 다음과 같습니다. (규칙 제3조 제1항)

1. 임대인의 소유로 등기된 주택 또는 건물에 대하여는 등기사항증명서

2. 임대인의 소유로 등기되지 아니한 주택 또는 건물에 대하여는 즉시 임대인의 명의로 소유권보존등기를 할 수 있음을 증명할 서면

3. 주택임차권등기명령신청의 경우에는 임대차계약증서, 상가건물임차권등기명령신청의 경우에는 임대차계약서

4. 임차인이 신청 당시에 이미 「주택임대차보호법」제3조제1항부터 제3항까지의 규정에 따른 대항력을 취득한 경우에는 임차주택을 점유하기 시작한 날과 주민등록을 마친 날을 소명하는 서류, 제3조의2제2항에 따른 우선변제권을 취득한 경우에는 임차주택을 점유하기 시작한 날과 주민등록을 마친 날을 소명하는 서류 및 공정증서로 작성되거나 확정일자가 찍혀있는 임대차계약증서, 「상가건물 임대차보호법」 제3조제1항에 따른 대항력을 취득한 경우에는 임차건물을 점유하기 시작한 날과 사업자등록을 신청한 날을 소명하는 서류, 제5조 제2항에 따른 우선변제권을 취득한 경우에는 임차건물을 점유하기 시작한 날과 사업자등록을 신청한 날을 소명하는 서류 및 관할 세무서장의 확정일자가 찍혀있는 임대차계약서

5. 주택임차권등기명령신청의 경우 임대차목적물에 관한 등기부상의 용도가 주거시설이 아닌 경우에는 임대차계약체결시부터 현재까지 주거용으로 사용하고 있음을 증명하는 서류, 상가건물임차권등기명령신청의 경우 임대차목적물의 일부를 영업용으로 사용하지 아니하는 경우에는 임대차계약체결시부터 현재까지 그 주된 부분을 영업용으로 사용하고 있음을 증명하는 서류

임차권등기명령은 변론절차를 거치거나 변론없이 할 수 있고, 전자의 경우에는 판결, 후자의 경우에는 결정의 형식으로 임차권등기명령을 하게 됩니다. 판결에 의한 때에는 선고를 한 때, 결정에 의한 때에는 상당한 방법으로 임대인에게 고지를 한 때에 그 효력이 발생합니다.(규칙 제4조) 법원사무관등은 임차권등기명령의 효력이 발생하면 지체없이 촉탁서에 재판서등본을 첨부하여 등기관에게 임차권등기의 기입을 촉탁하여야 하고(규칙 제5조), 등기관이 건물등기부에 임차권을 기입하게 됩니다.

임차권등기명령의 효력발생 후 그 집행에 의하여 임차권등기가 마쳐지면 임차인은 대항력 및 우선변제권을 취득합니다. 임차권등기이전에 이미 대항력 또는 우선변제권을 취득한 경우에는 그 대항력 또는 우선변제권은 그대로 유지가 됩니다. 효력발생은 등기를 마친 시점부터이므로 그 이전에 사업장을 이전하거나 폐업하면 기존 대항력과 우선변제권을 상실할 수 있습니다.(규칙 제6조)

질문　　　　저는 공인중개사와 부동산중개업을 동업하면서 사업자등록을 하기 위해 허위의 부동산임대차계약서는 작성하였습니다. 저는 실제 상가건물을 임차한 것은 아니지만 보증금 1,000만원에 상가건물을 임차하였다는 부동산임대차계약서를 법원에 제출하면서 "보증금 1,000만원에 상가건물을 임차하였고, 확정일자도 부여받았으므로, 상가건물에 임차권등기명령을 신청한다"는 취지의 상가건물 임차권등기명령 신청서를 접수하였고, 법원으로부터 상가건물 임차권등기를 명하는 결정을 받았습니다. 저는 소송사기죄에 해당하나요.

답변　　　　소송사기는 법원을 기망하여 자기에게 유리한 판결을 얻음으로써 상대방의 재물 또는 재산상 이익을 취득하는 것을 내용으로 하는 범죄입니다. 다만 소송사기죄로 처벌을 하는 것은 필연적으로 누구든지 자기에게 유리한 주장을 하고 소송을 통하여 권리구제를 받을 수 있다는 민사재판제도의 위축을 가져올 수 밖에 없으므로, 피고인이 그 범행을 인정한 경우 외에는 그 소송상의 주장이 사실과 다름이 객관적으로 명백하거나 피고인이 그 소송상의 주장이 명백히 허위인 것을 인식하였거나 증거를 조작하려고 한 흔적이 있는 등의 경우 외에는 이를 쉽사리 유죄로 인정하여서는 안 됩니다.

대구지방법원은 허위의 부동산임대차계약서를 작성하여 임차권등기명령을 신청한 한 사건에서 ① 위 부동산임대차계약은 허위의 계약이므로, 피고인이 그에 관한 임차권등기명령을 받았거나 이를 토대로 임차권등기를 마쳤다고 하더라도 그것만으로는 임대차계약에 따른 권리를 취득하거나 상가건물 임대차보호법에 규정된 대항력 또는 우선변제권 등의 법률효과를 취득하는 것이 아니어서, 피고인이 재산상 이익을 취득하였다고 볼 수 없고, ② 위 부동산임대차계약이 통정한 허위의 의사표시에 따른 계약으로서 무효인 이상, 피고인이 위 임차권등기명령을 받은 데에 피해자 공소외 2의 처분행위가 있었다고 할 수도 없고, ③ 피고인이 임차보증금 반환채권에 관하여 현실적으로 청구의 의사표시를 하지 아니한 이상 보증금 반환에 관한 사기죄의 실행에 착수하였다고 볼 수도 없다는 이유로, 이 부분 공소사실에 대하여 무죄를 선고하였습니다.(대구지방법원 2010. 9. 8. 선고 2009노3126)

그러나 대법원은 다음과 같은 이유로 위 판결이 소송사기 또는 임차권등기명령에 관한 법리를 오해하였다며 원심판결을 파기하였습니다.(대법원 2012. 5. 24. 선고 2010도12732 판결)

"형법 제347조에서 말하는 재산상 이익 취득은 그 재산상의 이익을 법률상 유효하게 취득함을 필요로 하지 아니하고 그 이익 취득이 법률상 무효라 하여도 외형상 취득한 것이면 족한 것이다 (대법원 1975. 5. 27. 선고 75도760 판결 등 참조).

상가건물 임대차보호법 제6조에 의한 임차권등기명령이 임대인에게 고지되어 효력이 발생하면 법원사무관 등은 지체 없이 촉탁서에 재판서 등본을 첨부하여 등기관에게 임차권등기의 기입을 촉탁하도록 되어 있고(임차권등기명령 절차에 관한 규칙 제5조), 상가건물 임대차보호법 제6조 제5항에 의하면, 위와 같이 임차권등기명령의 집행에 의한 임차권등기가 경료되면 임차인은 제3조 제1항의 규정에 의한 대항력 및 제5조 제2항의 규정에 의한 우선변제권을 취득하고(임차인이 임차권등기 이전에 이미 대항력 또는 우선변제권을 취득한 경우에는 그 대항력 또는 우선변제권이 그대로 유지된다),

임차권등기 이후에는 제3조 제1항의 대항요건을 상실하더라도 이미 취득한 대항력 또는 우선변제권을 상실하지 아니하는 효력이 있으므로, 그 임차권 등기의 기초가 되는 임대차계약이 통정허위표시로서 무효라 하더라도, 장차 피신청인의 이의신청 또는 취소신청에 의한 법원의 재판을 거쳐 그 임차권등기가 말소될 때까지는 신청인은 외형상으로 우선변제권 있는 임차인으로서 부동산 담보권에 유사한 권리를 취득하게 된다 할 것이니, 이러한 이익은 재산적 가치가 있는 구체적 이익으로서 사기죄의 객체인 재산상 이익에 해당한다고 봄이 상당하다.

또한 소송사기에 있어서 피기망자인 법원의 재판은 피해자의 처분행위에 갈음하는 내용과 효력이 있는 것이어야 하고, 그렇지 아니하는 경우에는 착오에 의한 재물의 교부행위가 있다고 할 수 없어서 사기죄는 성립되지 아니하는바(대법원 2002. 1. 11. 선고 2000도1881 판결 등 참조), 위에서 본 바와 같은 임차권등기명령의 절차 및 그 집행에 의한 임차권등기의 법적 효력을 고려하면, 다른 특별한 사정이 없는 한, 법원의 임차권등기명령은 피신청인의 재산상의 지위 또는 상태에 영향을 미칠 수 있는 행위로서 피신청인의 처분행위에 갈음하는 내용과 효력이 있다고 보아야 하고, 따라서 이러한 법원의 임차권등기명령을 이용한 소송사기의 경우 피해자인 피신청인이 직접 처분행위를 하였는지 여부는 사기죄의 성부에 아무런 영향을 주지 못한다.

위와 같이 법원의 임차권 등기명령을 피해자의 재산적 처분행위에 갈음하는 내용과 효력이 있는 것으로 보고 그 집행에 의한 임차권등기가 마쳐짐으로써 신청인이 재산상 이익을 취득하였다고 보는 이상, 진정한 임차권자가 아니면서 허위의 임대차계약서를 법원에 제출하여 임차권등기명령을 신청하면 그로써 소송사기의 실행행위에 착수한 것으로 보아야 하고, 나아가 그 임차보증금 반환채권에 관하여 현실적으로 청구의 의사표시를 하여야만 사기죄의 실행의 착수가 있다고 볼 것은 아니다."

따라서 귀하는 허위 내용의 부동산임대차계약서를 법원에 제출하여 이에 속은 법원으로부터 임차권등기명령을 받았는 바, 사기죄의 실행에 착수한 것으로 보아야 하고, 소송사기죄로 처벌될 것입니다.

Q 75 임차권등기를 말소하려면 임대차보증금을 먼저 반환해야 하나요?

질문　　　저는 상가건물을 임차하여 옷가게를 운영하여 왔습니다. 저는 임대차기간이 만료가 되자 임대차계약을 해지하고 원상복구를 하였습니다. 저는 임대인에게 임대차보증금 5,000만원을 반환하여 달라고 요구하였으나 임대인은 다음 임차인이 들어오면 보증금을 받아서 반환하겠다며 보증금 반환을 차일피일 미루고 있습니다. 저는 상가임차권등기명령을 신청하였고, 법원으로부터 임차권등기 결정을 받아 등기부등본에 기입이 되었습니다. 임대인은 상가임차권등기가 되어 있으면 새로운 임차인을 구하기 어렵다며 임차권등기를 말소하면 임대차보증금을 반환하겠다고 합니다. 임대인은 상가임차권등기를 말소 할 때까지 임대차보증금을 지급할 수 없다고 하는데 임차권등기 말소와 임대차보증금 반환의무는 동시이행 관계에 있나요.

답변　　　임대차계약이 종료된 경우에 상가의 인도와 임대차보증금반환의무는 동시이행관계에 있습니다.

대법원은 임대인의 임대차보증금 반환의무와 임차인의 주택임대차보호법 제3조의3에 의한 임차권등기 말소의무가 동시이행관계에 있는지 여부에 대하여 "주택임대차가 종료된 후 임대차보증금을 돌려받지 못하였지만 근무지의 변경 등으로 주거지를 옮기거나 주민등록을 전출해야 할 필요가 있는 임차인이 주택임대차보호법에서 정한 대항력 및 우선변제권을 잃지 않고 임차주택으로부터 자유롭게 이주하거나 주민등록을 전출할

수 있도록 할 필요가 있으므로,

이러한 필요에 부응하여 주택임대차보호법 제3조의3은, 임대차가 종료된 후 보증금을 반환받지 못한 임차인은 법원에 임차권등기명령을 신청할 수 있도록 하고, 임차권등기명령의 집행에 의한 임차권등기가 경료되면 임차인은 같은 법에 의한 대항력 및 우선변제권을 취득할 뿐만 아니라, 그 임차인이 임차권등기 이전에 이미 대항력 또는 우선변제권을 취득한 경우에는 그 대항력 또는 우선변제권은 그대로 유지되며, 임차권등기 이후에는 같은 법 제3조 제1항의 대항요건을 상실하더라도 이미 취득한 대항력 또는 우선변제권을 상실하지 아니하는 것으로 정하고 있다.

따라서 위 규정에 의한 임차권등기는 이미 임대차계약이 종료하였음에도 임대인이 그 보증금을 반환하지 않는 상태에서 경료되게 되므로, 이미 사실상 이행지체에 빠진 임대인의 임대차보증금의 반환의무와 그에 대응하는 임차인의 권리를 보전하기 위하여 새로이 경료하는 임차권등기에 대한 임차인의 말소의무를 동시이행관계에 있는 것으로 해석할 것은 아니고, 특히 위 임차권등기는 임차인으로 하여금 기왕의 대항력이나 우선변제권을 유지하도록 해 주는 담보적 기능만을 주목적으로 하는 점 등에 비추어 볼 때, 임대인의 임대차보증금의 반환의무가 임차인의 임차권등기 말소의무보다 먼저 이행되어야 할 의무라고 할 것이다"고 판시하여(대법원 2005. 6. 9. 선고 2005다4529 판결)

임대인의 임대차보증금 반환의무와 임차인의 주택임차권등기 말소의무는 동시이행관계에 있지 아니하고, 임대인의 임대차보증금의 반환의무가 임차인의 임차권등기 말소의무보다 먼저 이행되어야 할 의무라고 판시한 것입니다.

상가임차권 등기도 주택과 마찬가지로 임대인의 임대차보증금의 반환의무가 임차인의 임차권등기 말소의무보다 먼저 이행되어야 할 의무입니다.

인천지방법원은 "상가임차권등기 말소에 관하여 보면, 상가건물 임대차보호법 제6조의 규정에 의한 임차권등기는 이미 임대차계약이 종료하였음에도 임대인이 그 보증금을 반환하지 않는 상태에서 경료되게 되므로, 이미 사실상 이행지체에 빠진 임대인의 임대차보증금의 반환의무와 그에 대응하는 임차인의 권리를 보전하기 위하여 새로이 경료하는 임차권등기에 대한 임차인의 말소의무를 동시이행관계에 있는 것으로 해석할 것은 아니고, 특히 위 임차권등기는 임차인으로 하여금 기왕의 대항력이나 우선변제권을 유지하도록 해 주는 담보적 기능만을 주목적으로 하는 점 등에 비추어 볼 때, 임대인의 임대차보증금의 반환의무가 임차인의 임차권등기 말소의무보다 먼저 이행되어야 할 의무이다. 그러므로 원고의 이 사건 임차권등기 말소의무와 피고의 임대차보증금 반환의무는 동시이행관계에 있다고 할 수 없다."고 판시하였습니다.(인천지방법원 2017. 8. 25. 선고 2016나60020(본소), 2016나60037(반소) 판결)

따라서 귀하는 임대인이 임대차보증금을 반환할 때까지 임차권등기를 말소할 의무는 없으며 귀하가 상가건물을 임대인에게 인도하였다면 임대인을 상대로 임대차보증금을 반환할 때까지 지연이자도 청구할 수 있다 할 것입니다.

IX. 기타 분쟁

Q 76 코로나 19사태에 따른 매출감소로 폐업을 하였습니다. 저는 상가임대차계약을 중도 해지 할 수 있나요?

질문　　　저는 상가를 임차하여 키즈카페를 운영하고 있습니다. 그러나 코로나 19사태가 발생하면서 매출이 급감하였고, 사실을 영업을 유지하는 것이 불가능하게 되었습니다. 저는 계속해서 영업을 유지히기 위한 비용을 투입하면서 버티는 게 한계에 다다랐고, 결국 폐업을 하게 되었습니다. 그런데 임대인과 상대임대차계약을 할 당시에 5년의 장기임대 계약을 하였고 상가임대차기간이 3년 가까이 남아 있습니다. 저는 상가임대차계약을 중도해지 할 수 있나요.

답변　　　코로나 19 여파로 국내 소비지출이 위축되고 상가임차인의 매출과 소득이 급감하여 많은 상가 임차인이 고통을 받았습니다. 매출감소로 임차인이 사실상 영업유지가 불가능하게 되어 버티다 못해 결국 폐업하거나 폐업을 심각하게 고려하고 있는 경우도 많습니다.

그러나 임차인이 장사를 접고 폐업을 하더라도 임차인은 임대인과의 상가임대차계약에 따른 의무는 이행을 하여야 합니다. 폐업을 하였다 하더라도 약속된 임대차기간 동안은 월세를 계속하여 지급하여야 하는 것입니다.

사실상 임대차기간이 만료되기 전에는 임대인의 동의가 없는 이상 임차인이 임대차계약을 해지할 수 있는 방법도 없고 사정변경을 이유로 계약을 해지하는 소송을 법원에 소송을 제기한다고 하더라도 이를 인정받기가 쉽지 않습니다.

대법원은 사정변경으로 인한 계약해제를 "사정변경으로 인한 계약해제는, 계약성립 당시 당사자가 예견할 수 없었던 현저한 사정의 변경이 발생하였고 그러한 사정의 변경이 해제권을 취득하는 당사자에게 책임 없는 사유로 생긴 것으로서, 계약내용대로의 구속력을 인정한다면 신의칙에 현저히 반하는 결과가 생기는 경우에 계약준수 원칙의 예외로서 인정되는 것이고, 여기에서 말하는 사정이라 함은 계약의 기초가 되었던 객관적인 사정으로서, 일방당사자의 주관적 또는 개인적인 사정을 의미하는 것은 아니다. 또한, 계약의 성립에 기초가 되지 아니한 사정이 그 후 변경되어 일방당사자가 계약 당시 의도한 계약목적을 달성할 수 없게 됨으로써 손해를 입게 되었다 하더라도 특별한 사정이 없는 한 그 계약내용의 효력을 그대로 유지하는 것이 신의칙에 반한다고 볼 수도 없다."고 판시하여 매우 엄격한 요건 하에서만 인정을 하고 있기 때문입니다.(대법원 2007. 3. 29. 선고 2004다31302 판결)

최근 서울중앙지방법원은 코로나 19사태로 인하여 점포의 매출이 90%이상 감소하자 영업을 주장하고 임대차계약의 해지를 주장한 사안에서 임대차계약이 적법하게 해지되어 종료되었다는 판결을 한 바가 있습니다. 그러나 위 사안은 임대인과 임차인이 임대차계약 체결 당시 "불가항력적인 사유로 90일 이상 영업을 계속할 수 없을 경우, 상대방에 대해 30일 전에 서면통지를 한 후 본 계약을 해제 또는 해지할 수 있다"고 특약을 한 사건으로 위 판결을 일반화 할 수는 없고 사정변경을 이유로 임대차계약 해지를 인정한 판결을 찾기는 어렵습니다.

서울중앙지방법원의 판결을 구체적으로 소개하면 다음과 같습니다. 임차인은 의류·액세서리·패션잡화 도소매 및 프랜차이즈 업을 사업목적으로 하여 설립된 회사로 액세서리 제품 등을 판매하는 도소매업 및 프랜차이즈 사업을 하고 있고, 2019년 5월경 명도의 한 상가건물을 보증금 2억3,000만원, 차임 월 2,200만원(관리비 및 부가가치세 별도)에 임차하여 프랜차이즈 사업의 직영점으로 운영하였습니다. 그러나 코로나 19사태로 인하여 외국인 관광객 입국이 중단이 되자 점포의 매출은 90%이상 감소가 되었습니다. 임차인은 2020년 5월부터 영업을 중단하였고, 임대인에게 코로나 19사태라는 불가항력 적인 외부사유가 발생하여 특약에 따라 임대차계약을 해지하겠다는 내용증명을 발송하였 으나 임대인은 코로나 19사태는 홍수나 태풍, 화재 등 천재지변으로 건물이 망가진 게 아니라 영업장에서 영업을 하는 제 지장이 없는 멀쩡한 상태여서 '불가항력적인 사유로 90일 이상 자신이 영업을 계속할 수 없을 경우'에 해당하지 아니하므로 임차인의 계약해지 통보를 수용할 수 없다고 하였고, 결국 법원의 판결을 받게 된 것입니다.

서울중앙지방법원은 "코로나19 사태로 인하여 외국인 관광객의 입국이 제한되면서 이 사건 점포에서의 매출이 90% 이상 감소한 것은 이 사건 임대차계약 제13조 제4항에서 정한 '불가항력적인 사유로 90일 이상 자신의 영업을 계속할 수 없을 경우'에 해당한다고 봄이 상당하고, 설령 위와 같은 계약해지조항이 없다고 하더라도 이 사건 임대차계약의 경우 그와 같은 사정은 계약 성립 당시 당사자가 예견할 수 없었던 현저한 사정의 변경이 발생하였고 그러한 사정의 변경이 해지권을 취득하는 당사자에게 책임 없는 사유로 생긴 것으로서, 계약 내용대로의 구속력을 인정한다면 신의칙에 현저히 반하는 결과가 생기는 경우로서 사정변경의 원칙에 따라 계약을 해지할 수 있는 경우에 해당한다고 봄이 상당하다."고 판시하면서 이 사건 임대차계약은 해지되었다고 확인하여 주었습니 다.(서울중앙지방법원 2021. 5. 25. 선고 2020가단5261441 판결)

법원이 사정변경에 따른 계약해지를 매우 엄격하게 판단을 하므로 임차인은 매출감소로 어려움을 겪다 결국 폐업까지 하더라도 기존의 임대차계약에 따른 임대료 지급의무에서 벗어날 수가 없어 임차인에게 과도한 부담이 되고 있는 것입니다.

이에 2022년 1월 4일 상가임대차법을 개정하여 임차인이 총 3개월 이상 감염병 예방을 위한 집합 제한 또는 금지 조치를 받음으로써 발생한 경제사정의 중대한 변동으로 폐업한 경우에는 사정변경을 이유로 임대차계약을 해지할 수 있는 법적 근거를 마련하였습니다. '총 3개월 이상 감염병 예방을 위한 집합 제한 또는 금지 조치(운영시간을 제한한 조치를 포함)를 받음으로써 발생한 경제사정의 중대한 변동으로 폐업'이라는 조건이 붙기는 하였으나 폐업을 한 임차인이 월세지급 의무에서 벗어날 있는 법적 근거가 마련되었고 임대인이 해지통고를 받은 날로부터 3개월이 지나면 효력이 발생하게 됩니다.

개정된 법은 2022년 1월 4일부터 시행이 되었고, 법 개정당시 이미 임대차계약을 체결하고 임대차기간 중에 있는 임차인에게도 적용이 됩니다.

따라서 귀하는 개정된 상가임대차법 제11조의2를 근거로 '총 3개월 이상 감염병 예방을 위한 집합 제한 또는 금지 조치를 받음으로써 발생한 경제사정의 중대한 변동으로 폐업'하게 되었다는 사실을 입증하여야만 임대차계약으로부터 벗어날 수 있을 것입니다.

Q 77 분양계약서상 업종제한이 있는 상가를 임차한 자도 업종제한을 받나요?

질문

저는 상가 점포를 분양받았습니다. 제가 분양받은 상가 점포는 분양당시 업종이 약국자리로 지정이 되어 있었고, 바로 옆 상가점포는 미용실로 업종이 지정되어 있었습니다. 미용실 자리는 A가 분양을 받아 미용실을 운영하다가 B에게 매도하였습니다. 그런데 A로부터 미용실 자리를 매수한 B는 상가를 약사에게 임대하여 주었고 현재 약국을 하겠다며 준비 중에 있습니다. B는 자신이 업종이 미용실로 제한된 상가를 분양받은 사실도 없고 A로부터 미용실을 매수할 때 그러한 업종제한이 있었다는 사실도 몰랐다며 매수한 상가점포를 약국으로 임대한 것은 정당하고 임차한 약사가 약국을 운영하는 것은 정당하다고 주장합니다. 저는 B로부터 상가를 임차한 약사에게 상가점포를 약국으로 사용하지 말도록 강제할 권리가 있나요.

답변

상가를 분양받거나 매수한 사람이 그곳에서 어떤 영업을 하는 가는 개인의 자유이나 집합건물의 경우 여러 상가점포 간에 중복업종을 금지하거나 특정업종을 한정하는 방법으로 업종제한을 하는 경우가 많습니다. 대법원도 분양계약 또는 수분양자들 상호간의 약정에 의한 업종제한은 모두 사적자치의 영역에 속하는 사항으로서 계약자유의 원칙에 따른 것이고, 그 내용 또한 점포 소유자 등이 업종을 변경하고자 할 때에는 그들의 자치적인 모임인 상가자치관리위원회의 동의를 받도록 한 것에 불과하여 영업활동을 본질적으로 제한하는 것은 아니며, 한편 서로 중복되지 않도록 권장업종을 지정하는 것은 인근 주민들의 생활상의 편의를 도모하고 입주 상인들의 영업상 이익을 존중하여 상호간의 이해관계를 조정하는 측면에서 현실적인 필요성도 있는 것이므로 당해 업종 제한 약정이 헌법상 직업선택의 자유를 침해하는 것이라거나 불공정거래행위로서 무효라 고 볼 수 없다고 판시하고 있습니다.(대법원 1997. 12. 28. 선고 97다42520 판결)

상가의 업종을 제한하는 법적인 근거는 크게 상가건물 분양 당시 분양계약서상에 기재된 지정업종준수 내지 중복업종금지에 근거한 것이고, 두 번째는 집합건물의 소유 및 관리에 관한 법률에서 정하는 관리규약에 근거한 제한입니다.

귀하와 A의 경우 분양계약서상에 기재된 지정업종준수 의무가 있는 경우인데 이러한 업종제한의 효력이 분양계약을 체결한 분양회사와 수분양자 사이에서만 효력이 있는지 문제가 됩니다. 즉, B의 경우는 상가점포를 매수할 당시 지정업종이 미용실이라는 사실을 알 수가 없고, 또 이를 알았다고 하더라도 B는 상가점포를 미용실로만 사용하겠다고 약속한 사실이 없기 때문입니다. 또한 B로부터 상가를 임차한 약사는 더더욱 이러 사실을 알 수 없었기 때문에 약사에게도 분양계약서상 업종제한 의무를 부담시킬 수 있는지가 문제되는 것입니다.

이에 대해 대법원은 건축회사가 상가를 건축하여 각 점포별로 업종을 지정하여 분양한 후에 점포에 관한 수분양자의 지위를 양수한 자는 특별한 사정이 없는 한 그 상가의 점포 입주자들에 대한 관계에서 상호 묵시적으로 분양계약에서 약정한 업종제한 등의 의무를 수인하기로 동의하였다고 봄이 상당하므로, 상호간의 업종제한에 관한 약정을 준수할 의무가 있고, 따라서 점포 수분양자의 지위를 양수한 자 등이 분양계약에서 정한 업종제한약정을 위반할 경우 이로 인하여 영업상의 이익을 침해당할 처지에 있는 자는 침해 배제를 위하여 동종 업종의 영업금지를 청구할 권리가 있다고 판시하고 있습니다.

따라서 귀하의 경우도 미용실로 업종이 지정된 상가를 매수한 B가 그 상가를 약사에게 임대하여 약사가 상가를 약국으로 사용, 수익하는 경우 그곳에게 약국영업을 하지 못하도 록 강제할 권리가 있다 할 것입니다.

Q 78 미용실을 인수하였는데 양도인이 70m 떨어진 곳에 미용실을 개업했어요.

질문 저는 기존 임차인으로부터 미용실을 인수하였습니다. 기존 임차인에게 보증금 1,500만원을 지급한 후 임차인의 지위를 승계하였고 추가로 700만원을 지급하고 기존 임차인이 사용하던 상호, 간판, 전화번호, 비품 등 일체를 인수 받았습니다. 그런데 기존 임차인이 미용실에서 70m 가량 떨어진 곳에 새로운 미용실을 개업하여 운영을 하고 있습니다. 저는 기존 임차인의 미용실 영업을 막을 수 있나요.

답변 상법은 영업을 양도한 경우에 다른 약정이 없으면 양도인은 10년간 동일한 특별시 · 광역시 · 시 · 군과 인접 특별시 · 광역시 · 시 · 군에서 동종영업을 하지 못한다고 규정하고 있습니다.(법 제41조) 따라서 다른 사람에게 자신이 영위하는 영업을 양도하게 되면 당사자간에 다른 약정이 없더라도 상법에서 정한 동종업종 금지의무가 발생하게 됩니다.

따라서 자신이 영위하는 영업을 양도한 후 동종영업을 하게 되면 상법 제41조가 규정하고 있는 요건인 ① 영업양도인지 여부, ② 해당 영업이 동종인지 여부에 대해 검토를 하여야 합니다.

대법원은 상법 제41조 제1항의 영업이란 일정한 영업 목적에 의하여 조직화된 유기적 일체로서의 기능적 재산을 말하고, 여기서 말하는 유기적 일체로서의 기능적 재산이란 영업을 구성하는 유형·무형의 재산과 경제적 가치를 갖는 사실관계가 서로 유기적으로 결합하여 수익의 원천으로 기능한다는 것과, 이와 같이 유기적으로 결합한 수익의 원천으로서의 기능적 재산이 마치 하나의 재화와 같이 거래의 객체가 된다는 것을 뜻하는 것이므로, 영업양도를 하였다고 볼 수 있는지의 여부는 양수인이 유기적으로 조직화된 수익의 원천으로서의 기능적 재산을 이전받아 양도인이 하던 것과 같은 영업적 활동을 계속하고 있다고 볼 수 있는지 여부에 따라 판단하여야 한다(대법원 1989. 12. 26. 선고 88다카10128 판결참조).고 판시하면서 이러한 영업양도의 판단기준은 인계·인수할 종업원이나 노하우, 거래처 등이 존재하지 아니하는 소규모 자영업의 경우에도 동일하게 적용된다고 판시하고 있습니다.

귀하와 유사한 사건에서 부산고등법원은 양수인이 미용실의 상호와 시설 일체를 그대로 양도받은 사실은 인정하면서도, 이 사건 미용실의 영업에 관한 경제적 가치가 있는 사실관계(영업상의 비결, 고객선 관계, 구입선 관계) 등에 대해서는 아무런 약정도 없었다는 점, 이 사건 미용실과 같이 1인이 운영하는 소규모 미용실의 경우 그 상호의 인지도나 위치보다는 운영자인 업주의 미용실력과 단골고객과의 신뢰도에 따라 영업의 성공이 좌우되는 점, 양수인이 양도인에게 지급한 비품대 700만 원은 시설·비품의 구입대가로 보는 것이 적절한 점 등의 사정을 들어, 양수인은 이 사건 미용실의 물적 설비를 양도받은 것에 불과할 뿐, 이 사건 미용실의 영업을 양도받은 것이라고 볼 수 없다고 하면서 이 사건 양도계약이 영업양도임을 전제로 하여 상법 제41조에 정한 영업양도인의 경업금지의무를 피보전권리로 내세우는 이 사건 가처분 신청을 배척하였습니다.

그러나 대법원은 양수인이 양도인으로부터 이 사건 미용실을 인수하면서 임차인의 지위를 승계하고, 추가로 금원을 지급하고 채무자가 사용하던 상호(○○미용실), 간판, 전화번호, 비품 등 일체를 인수받은 다음 이를 변경하지 아니한 채 그대로 사용하면서 이사건 미용실을 운영하고 있는 점에 비추어 보면, 비록 이 사건 미용실에 특별히 인계·인수할 종업원이나 노하우, 거래처 등이 존재하지 아니하여 이를 인수받지 못하였다 할지라도 양수인은 양도인으로부터 유기적으로 조직화된 수익의 원천으로서의 기능적 재산을 이전받아 채무자가 하던 것과 같은 영업적 활동을 계속하고 있는 것으로서, 이 사건 미용실의 영업을 양수하였다고 판단된다.(대법원 2009. 9. 14. 자 2009마1136 결정 참조)고 판시를 하면서 원심법원의 판결을 파기하였습니다.

따라서 귀하의 경우도 양도인을 상대로 하여 새로운 미용실의 경업을 금지해 달라고 경업금지 가처분을 통하여 양도인의 미용실 영업을 막을 수 있을 것으로 보입니다.

Q 79 영어학원을 인수하였는데 양도인이 인근에 영어교습소를 시작했어요.

질문　　　　저는 부산 소재 건물 1층을 임차하여 입시영어학원을 개설하여 학원생들을 상대로 영업교습을 하는 학원을 양수하였습니다. 학원의 시설 및 권리금으로 2,000만원을 지급하기로 하였고 시설 등 일체가 위 권리에 포함되며 계약일 현재 학원생이 30명 이상임을 확인받았습니다. 이후 학원 설립자 변경등록을 마치고 동일한 상호로 사업자등록을 한 후 학원 영업을 시작하였습니다 그런데 양도인은 학원으로부터 약 300m 떨어진 곳에 00영어교습소라는 상호로 주로 초, 중학생들을 상대로 영어를 가르치는 영업을 하고 있습니다. 저는 양도인의 00영어교습소 운영을 막을 수 있나요.

답변

상법은 영업을 양도한 경우에 다른 약정이 없으면 양도인은 10년간 동일한 특별시·광역시·시·군과 인접 특별시·광역시·시·군에서 동종영업을 하지 못한다고 규정하고 있습니다.(법 제41조) 따라서 다른 사람에게 자신이 영위하는 영업을 양도하게 되면 당사자간에 다른 약정이 없더라도 상법에서 정한 동종업종 금지의무가 발생하게 됩니다.

상법 제41조가 말하는 영업이란 일정한 영업 목적에 의하여 조직화된 유기적 일체로서의 기능적 재산을 뜻하는 바, 여기서 말하는 유기적 일체로서의 기능적 재산이란 영업을 구성하는 유형·무형의 재산과 경제적 가치를 갖는 사실관계가 서로 유기적으로 결합하여 수익의 원천으로 기능한다는 것과 이와 같이 유기적으로 결합한 수익의 원천으로서의 기능적 재산이 마치 하나의 재화와 같이 거래의 객체가 된다는 것을 뜻한다 할 것이므로, 영업양도가 있다고 볼 수 있는지의 여부는 양수인이 당해 분야의 영업을 경영함에 있어서 무로부터 출발하지 않고 유기적으로 조직화된 수익의 원천으로서의 기능적 재산을 이전받아 양도인이 하던 것과 같은 영업적 활동을 계속하고 있다고 볼 수 있는지의 여부에 따라 판단되어야 할 것입니다.(대법원 1997. 11. 25. 선고 97다35085 판결 참조)

귀하의 경우 귀하가 양도인으로부터 학원을 인수하자마자 기존 학원생들 외에 별도로 새로운 수강생 시장을 개척하기가 사실상 곤란하고, 학원의 고객 관계는 그 성격상 개별적인 인수·인계의 대상이 될 수 없음은 당연하다 할 것이지만 양도인의 학원이 자리하고 있던 위치상의 이점이나 양도인의 그 동안의 학원경영, 영어교습에 대한 고객(학원생 또는 학부모)들의 평가에 의하여 고객관계가 대체로 유지되어 온 점 등에 비추어 보면 양도인의 영어학원 영업이 동일성을 유지하면서 귀하에게 양도되었다고 보아야 할 것이므로, 이 사건 권리양도 계약은 상법상 영업양도 계약에 해당한다 할 것입니다.

그렇다면 귀하가 인수한 학원과 양도인의 영업교습소가 동종 영업으로 볼 수 있는지 문제가 됩니다. 양도인의 영어교습소는 귀하의 학원과 수업프로그램, 과목, 강사진, 영업대상 등에 차이가 있기 때문입니다.

그러나 상법 제41조에서 정한 동종의 영업이라 함은 반드시 동일한 영업뿐만 아니라 경쟁관계를 유발하는 영업 또는 대체관계 있는 영업까지 포함하는 넓은 의미에서의 동종영업을 의미합니다.

그러므로 양도인의 영어교습소는 교습 과목이나 대상, 방법, 강의내용, 수강료 등에 있어 귀하가 운영하는 학원의 영업과 동일 또는 유사하다고 보이므로 위 학원의 경쟁업종에 해당할 것이고, 양도인은 경업금지 의무를 부담한다 할 것입니다.

● 경업금지 관련 판결

◎ 울산지방법원 2013. 6. 19. 선고 2012가합4615

피고가 2012. 5. 15. 이 사건 점포를 신00에게 양도하고, 2012. 5. 31. 이 사건 점포에 관하여 폐업신고한 사실이 인정되나, 갑 제3, 6, 7~9호증, 을 제2호증의 각 기재(가지번호 포함) 및 변론 전체의 취지에 의하면, 이 사건 점포에서 피고와 피고의 처가 함께 떡을 제조·판매하고 있는 사실, 피고는 울산 중구 00군 떡류 협회에 이 사건 점포의 사장 자격으로 참석하고 회비도 납부한 사실, 신00은 1982년생에 불과한 사실이 인정되고, 위 인정사실을 종합하면, 피고가 이 사건 점포를 운영하거나, 제3자인 신00을 내세워 이 사건 점포를 운영하고 있다고 할 것이므로, 피고의 위 주장은 이유 없다. 결국 피고는 원고에 대하여 상법 제41조 제1항에 의한 영업양도인으로서 원고가 구하는 바에 따라 울산광역시 중구 지역에서 2021. 11. 10.까지 떡 제조업을 하여서는 아니 된다.

◎ 대법원 1997. 11. 25. 선고 97다35085 판결

피고는 소외인과 건물 소유자 간의 임대차계약상의 임차인의 지위를 그대로 승계하였고, 슈퍼마켓 안의 정육점에 대한 소외인의 임대인으로서의 지위도 그대로 승계하였으며, 위 슈퍼마켓 양수대금 122,000,000원은 임차보증금 35,000,000원과 권리금 35,000,000원 및 슈퍼마켓 안의 재고 상품 대금 52,000,000원으로 구성되어 있고, 내부 시설을 일부 새롭게 단장한 것 외에는 종전의 판매 시설과 재고 상품을 그대로 인수하여 종전과 똑같은 형태로 슈퍼마켓 영업을 계속하고 있는 사실 및 피고가 이 사건 슈퍼마켓을 인수한 목적은 오로지 슈퍼마켓 영업을 해 보기 위한 데 있었던 사실 등이 인정되는바, 이와 같은 사실들과 함께, 슈퍼마켓에 진열된 재고 상품을 인수하여 영업을 계속하는 피고가 영업을 개시하자마자 그 재고 상품 공급처와의 거래를 대부분 즉시 중단하고 다른 종류의 물품 공급처를 새로 개척하여 진열 상품의 종류를 대부분 바꾸었다고는 보기 어려울 것이고, 슈퍼마켓의 고객관계는 그 성격상 개별적인 인수·인계의 대상이 될 수 없음은 당연하다 할 것이지만 소외인의 슈퍼마켓이 자리하고 있는 위치상의 이점이나 소

외인의 그 동안의 경영에 대한 고객들의 평가에 의하여 영업주의 변경에도 불구하고 종전의 고객관계는 대체로 그대로 유지된다고 볼 수 있고 바로 이러한 점 때문에 권리금 35,000,000원이 지급되었다고 보아야 할 것인 점 등에 비추어 보면, 이 사건에서 소외인의 슈퍼마켓 영업이 동일성을 유지하면서 피고에게 양도되었다고 인정하기에 부족함이 없다고 보아야 할 것이다.

상법 제42조는 채권·채무의 승계가 영업양도의 요건이 아님을 당연한 전제로 하고 있으므로, 이 사건에서 소외인의 건물주에 대한 임차보증금채권과 정육점에 대한 임차보증금반환채무만이 피고에게 인수되고 슈퍼마켓에 진열된 상품의 구입대금채무는 인수되지 않았다는 점은 영업양도를 부정할 근거가 될 수 없고, 또 근로관계가 승계되었는지의 여부나 그 승계의 정도는 상법상의 영업양도가 있다고 볼 것인지를 판단하는 데 있어서 중요한 요소가 된다고 할 것이지만, 양도되는 영업의 종류·방법·규모 및 근로자의 대체 가능성 등에 따라 그 중요성은 개별적인 사안별로 달리 판단되어질 수 있는 것이므로, 이 사건과 같은 슈퍼마켓의 양도에 있어서 단순 노무에 종사하는 종전 종업원들의 근로관계가 그대로 승계되지 않았다고 하더라도 앞서 살펴본 제반 사정에 비추어 볼 때 슈퍼마켓의 영업 목적을 위하여 조직화된 유기적 일체로서의 기능적 재산이 피고에게 그대로 이전되었고 또 피고가 양도인이 하던 것과 같은 영업 활동을 계속하고 있다고 보는 데는 지장이 없다고 할 것이다.

◎ 서울지방법원 동부지원 1999. 10. 22. 선고 99가합4427
이 사건 노래방의 양수 후 원고가 ▲▲노래방이라는 상호를 계속 사용한 점, 피고들이 비슷한 규모의 △△노래방을 양수한 대금이 금 2,200만원인데 비해 이 사건 노래방의 양수대금은 금 6천만원인 점, 이 사건 매매계약 당시의 노래방 기기의 가치는 양수대금에 훨씬 못 미치는 약 13,058,000원인 점 등을 알 수 있는 바, 이러한 사정에 비추어 보면 이 사건 매매계약은 단순한 시설물 일체의 양도라기보다는 일정한 영업목적에 의하여 조직화된 유기적 일체로서의 기능적 재산으로서 영업시설 및 고객관계 등 이 사건 노래방 영업일체를 양도한 것이라 봄이 상당하므로 이 사건 매매계약은 영업양도계약으로 봄이 상당하다.

◎ 서울고등법원 2007. 9. 4. 선고 2006나93788호 판결

원고와 피고는 2005. 4. 4. 이 사건 영업을 양도하기로 하는 계약을 체결하면서도, 그와 더불어 피고에게 이 사건 미용실의 직원에 대한 교육 등 의무를 부담시키고, 원·피고에게 '김○○ 헤어○○'라는 상호를 이용하여 이 사건 미용실 외에도 다른 지점을 개설할 수 있는 권리를 부여하고 있는 바, 결국 원·피고 사이의 2005. 4. 4. 약정은 향후 원·피고가 '김○○ 헤어○○'의 프랜차이즈 사업을 전제로 하여 체결한 특수한 형태의 영업양도계약이라고 봄이 상당하다.

이 사건 계약이 일종의 영업양도계약에 해당하는 이상, 피고는 영업양도인으로서 경업금지의무를 부담한다고 할 것이나, 다만 그 경업금지의무의 범위는 프랜차이즈 사업을 전제로 하여 피고에게 지점을 개설할 수 있는 권리를 부여한 이 사건 계약의 특수성에 비추어 볼 때 상법 제41조의 '10년간 동일한 특별시, 광역시, 시, 군과 인접 특별시, 광역시, 시, 군에서 동종영업을 금지'하는 포괄적인 것이 아니라, 동일한 서울시 내라고 하더라도, 이 사건 미용실의 영업에 막대한 지장을 초래하지 아니하는 범위에서는 경업이 인정되는 제한된 범위의 경업금지라고 할 것이다.

그런데 위에서 인정한 바와 같이, 이 사건 미용실의 양도인인 피고가 민◇◇에게 개업자금을 전적으로 지원하여 민◇◇이 2005. 11. 3.부터 이 사건 미용실에서 약 1km 밖에 떨어지지 않은 곳에서 자신 명의로 사업자등록이 된 'AA'라는 상호로 미용실을 개업하고 피고가 자신의 홈페이지에 자신이 위 상호로 강남점을 개업하였다면서 광고해 왔으므로, 위 'AA'를 개업함으로써 피고가 원고와의 이 사건 계약 소정의 영업양도인으로서의 경업금지 의무를 위반한 것이라 할 것이다.

◎ 대법원 2006. 7. 4. 자 2006마164, 165

건축회사가 상가를 건축하여 각 점포별로 업종을 지정하여 분양한 후에 점포에

관한 수분양자의 지위를 양수한 자는 특별한 사정이 없는 한 그 상가의 점포 입주자들에 대한 관계에서 상호 묵시적으로 분양계약에서 약정한 업종제한 등의 의무를 수인하기로 동의하였다고 봄이 상당하므로, 상호간의 업종제한에 관한 약정을 준수할 의무가 있고, 따라서 점포 수분양자의 지위를 양수한 자 등이 분양계약에서 정한 업종제한약정을 위반할 경우, 이로 인하여 영업상의 이익을 침해당할 처지에 있는 자는 침해 배제를 위하여 동종 업종의 영업금지를 청구할 권리가 있으며, 상가 분양회사가 수분양자에게 특정영업을 정하여 분양한 이유는 수분양자에게 그 업종을 독점적으로 운영하도록 보장함으로써 이를 통하여 분양을 활성화하기 위한 것이고, 수분양자들 역시 지정품목이 보장된다는 전제 아래 분양회사와 계약을 체결한 것이므로, 지정업종에 대한 경업금지의무는 수분양자들에게만 적용되는 것이 아니라 분양회사에도 적용된다고 할 것이다

Q 80 임대차 기간 만료 전 3개월 전까지 해지 통보를 해야 한다고 특약을 한 경우 계약 해지의 효력은 언제 발생하나요?

질문   저는 2017년 임대인과 보증금 5,000만원, 차임 월 200만원, 임대차기간 2017년 6월 1일부터 2019년 5월 31일까지로 하는 상가임대차계약을 체결하였습니다. 임대차계약서에는 특약으로 "임대인 또는 임차인이 기간만료 3개월 전까지 본 임대차계약의 종결 또는 조건변경의 의사를 명시한 서면통지를 하지 않을 경우 임대인은 본 임대차계약과 동일한 조건으로 연장한 것으로 간주한다.", "계약이 연장된 경우 임차인이 서면으로 해지통보를 한 날로부터 3개월 되는 날을 계약종료일로 한다"고 명시하였습니다. 저는 2019년 4월 23일 부득이 폐업을 하게 되었다며 임대차계약을 해지하겠으니 임대차 기간 만료일인 2019년 5월 31일 보증금을 반환해 달라고 하였으나 임대인은 특약 조건대로 해지 통보를 받은 날로부터 3개월이 지난 후인 2019년 7월 22일 임대차계약이 해지된다며 그때까지의 차임을 공제하겠다고 합니다. 저는 보증금을 전부 돌려받을 수 있나요.

답변   주택임대차보호법은 명확하게 임차인의 계약갱신거절권을 명문화하고 있습니다. 주택임대차보호법 제6조 제1항은 '임대인이 임대차기간이 끝나기 6개월 전부터 1개월 전까지의 기간에 임차인에게 갱신거절의 통지를 하지 아니하거나 계약조건을 변경하지 아니하면 갱신하지 아니한다는 뜻의 통지를 하지 아니한 경우에는 그 기간이 끝난 때에 전 임대차와 동일한 조건으로 다시 임대차한 것으로 본다. 임차인이 임대차기간이 끝나기 1개월 전까지 통지하지 아니한 경우에도 같다'고 하여 임차인은 1개월 전까지 해지 통지를 하면 임대차계약이 해지 되는 것으로 규정하고 있습니다.

즉 임대인과 임차인 사이에 "임대차종료 3개월 전까지" 해지통보를 하여야 임대차계약이 해지된다고 특약을 하였다고 하더라도 이는 주택임대차보호법에 반하는 임차인에게 불리한 특약으로 임차인은 1개월 전에만 해지통지를 하면 임대차계약의 해지의 효력이 발생합니다.

그러나 상가임대차의 경우에는 주택임대차보호법과 같은 규정을 두고 있지 않습니다. 상가임대차법은 '임대인이 임대차기간이 만료되기 6개월전부터 1개월 전까지 사이에 임차인에게 갱신거절의 통지 또는 조건 변경의 통지를 하지 아니한 경우에는 그 기간이 만료된 때에 전 임대차와 동일한 조건으로 다시 임대차한 것으로 본다'고만 규정하고 있을뿐 임차인에 대해서는 주택임대차보호법 제6조 제1항 단서와 같은 규정이 없습니다.

따라서 상가임차인의 경우에도 주택임대차와 같이 임차인이 임대차 종료 1개월 전에만 해지통지를 하면 특약과 상관없이 임대차계약 해지의 효력이 발생하는 것으로 볼 수 있는지 문제가 됩니다.

귀하의 경우 상가임차인에게도 주택임대차의 경우와 같이 임차인이 1개월 전에만 해지통지를 하면 효력이 발생한다고 본다면 귀하가 임대인과 맺은 특약은 임차인에게 불리한 특약으로 무효가 되고 귀하의 임대차 계약은 임대차기간의 종료일인 2019년 5월 31일 만료가 되므로 귀하는 임대차보증금을 전부 돌려받을 수 있을 것이나 귀하가 임대인과 맺은 특약이 유효하다면 귀하가 해지통보를 한 날로부터 3개월이 되는 날 임대차 계약이 종료가 되므로 그때까지의 차임을 보증금에서 공제 당할 수밖에 없을 것입니다.

서울중앙지방법원은 이와 유사한 사례에서 임대차기간 만료 3개월 전까지 해지통보를 하지 않으면 임대차 계약이 갱신된다는 특약의 효력을 인정하는 판결을 하고 있습니다. 법원은 "주택임대차법과 달리 상가임대차법은 임차인이 기간만료 6개월 전부터 1개월 전까지 사이에 임대인에게 갱신 거절의 통지를 하지 않은 경우에는 계약이 갱신되도록 하는 내용만 규정할 뿐 임차인의 갱신거절권에 대해서는 아무 규정을 두고 있지 않다. 상가임대차법 제15조가 임차인에게 불리한 약정은 효력이 없다고 하더라도, 이 사건 특약에서 규정된 임차인의 갱신거절 통지 및 묵시적 갱신에 관한 규정은 상가임대차법에서 정하고 있지 않은 갱신거절 통지권을 임차인에게 주고 있는 것일뿐이어서 상가임대차법 규정에 위반된다고 볼 수 없다"고 판시하였습니다.(서울중앙지방법원 2018나10776 판결)

이에 대한 대법원의 명시적인 판결은 없으나 위 항소심 법원의 판결에 따른다면 귀하가 맺은 특약의 효력은 유효하고 결국 귀하가 해지 통보를 한 날로부터 3개월이 되는 날인 2019년 7월 22일 임대차계약의 해지의 효력이 발생한다고 할 것이므로 임대인은 그때까지의 차임을 임대차보증금에서 공제할 수 있다 할 것입니다.

Q 81 묵시적 갱신이 되었는데 임대인이 일방적으로 임대차계약을 해지할 수 있나요?

질문　　　　저는 서울에서 보증금 5억원, 월세 3천만원, 임대차기간 2018년 4월 1일부터 2020년 3월 30일까지로 정하여 상가건물을 임차하였고 현재 일식집을 운영하고 있습니다. 2020년 3월 30일 임대차기간이 만료되었으나 임대인이 아무런 말이 없어 계약은 묵시적으로 갱신이 되었습니다. 그런데 임대인이 갑자기 2020년 7월 1일 임대차계약을 해지하겠다고 내용증명을 보내왔습니다. 저는 상가건물을 비워줘야만 하나요.

답변　　　　귀하가 2018년 4월 1일 임대차 계약을 체결할 당시 상가임대차법이 적용되는 환산보증금은 서울특별시의 경우 4억원이었습니다. 따라서 귀하의 경우는 상가임대차법의 적용을 받지 못하고 민법의 적용을 받게 됩니다.

민법은 임대차기간이 만료한 후 임차인이 임차물을 사용, 수익을 계속하는 경우에 임대인이 상당한 기간내에 이의를 하지 아니한 때에는 전임대차와 동일한 조건으로 다시 임대차한 것으로 본다고 규정하고 있습니다.(민법 제639조) 다만 민법은 묵시적 갱신이 되는 경우 당사자는 언제든지 해지 통고를 할 수 있고 임대인이 해지를 통고한 경우에는 6월, 임차인이 해지를 통고한 경우에는 1월이 경과하면 임대차계약이 해지가 됩니다.(민법 제635조)

따라서 귀하의 경우 임대차계약이 묵시적으로 갱신이 되었으나 임대인은 언제든지 해지통고를 할 수 있고, 임대인이 2020년 7월 1일 해지통고를 하였으므로 해지통고를 받은 날로부터 6월이 경과하면 임대차계약이 해지가 됩니다.

Q 82 차임을 신고하지 않기로 합의하였는데 누락신고임이 밝혀지면 누락된 세금은 누가 추가부담해야 하나요?

질문   저는 상가건물을 임차하면서 임대인과 임대차보증금 4억원만 세무서에 신고하고 월차임 630만원은 신고하지 않기로 합의를 하였습니다. 그리고 '만약 4억원에 630만원을 임차인이 다 신고하면 월세 630만원에 대한 부가세 및 소득세 등 제세금은 본인이 부담하기로 각서함'이라는 내용의 각서를 임대인에게 써 주었습니다. 그런데 임대인이 세무조사를 받으면서 차임이 누락된 사실이 밝혀졌고 소득세, 부가가치세 및 주민세 등을 추가로 납부하게 되었습니다. 임대인은 위 세금들을 모두 제가 부담하여야 한다고 주장하는데 제가 추가 세금을 부담해야만 하나요.

답변   임대차계약을 체결하면서 임대인과 임차인의 합의하에 임대차보증금만 신고하고 월차임을 신고하지 않거나 월차임을 낮춰서 신고하는 경우가 많이 있습니다. 문제는 귀하의 경우와 같이 추후에 세무조사 등으로 누락신고임이 밝혀진 경우입니다.

임대인은 추후 누락신고 임이 밝혀져 부가가치세, 소득세, 주민세 등을 추가 부담하게 되면 이를 임대차보증금에서 공제하기도 합니다.

귀하의 경우와 유사한 사건에서 부산고등법원(부산고등법원 2010. 10. 26. 선고 2009나 6318 판결)은 소득세와 주민세 부분에 대해 ① 임대인과 임차인이 임대차계약 체결 당시 세무서 제출용 계약서를 먼저 작성하고, 세금을 면탈할 목적으로 별도로 세금

부담 약정을 한 것으로 보이는바, 애초에 임대차계약 당시 차임에 대한 세금을 면탈하고자 하는 불법의 목적이 당사자 사이에 명백하게 표시되었다고 보이는 점, ② 종합소득세 및 주민세는 직접세로서 임대인이 부담하여야 함에도, 임대차 계약 체결시 임대인이 상대적으로 우월한 지위에 있음을 이용하여 자신이 부담하여야 할 종합소득세나 주민세까지 임차인에게 전가시키는 것을 용인한다면, 국가과세권의 적정한 행사라는 이념이 형해화될 위험성이 있는 점, ③ 민법 제103조에 의하여 무효로 되는 반사회질서행위는 법률행위의 목적인 권리의무의 내용이 선량한 풍속 기타 사회질서에 위반되는 경우뿐만 아니라, 그 내용 자체는 반사회질서적인 것이 아니라고 하여도 법률적으로 이를 강제하거나 그 법률행위에 반사회질서적인 조건 또는 금전적 대가가 결부됨으로써 반사회질서적 성질을 띠게 되는 경우 및 표시되거나, 상대방에게 알려진 법률행위의 동기가 반사회질서적인 경우를 포함하는 점(대법원 2001. 2. 9. 선고 99다38613 판결 참조), ④ 임차인이 세금을 축소하여 신고하기로 한 약정을 지키지 않았다는 이유만으로 임대인에게 추가로 부과된 세금을 임차인으로 하여금 모두 부담하게 하는 것은, 임차인에게 위와 같은 불법적인 약정을 지키기 위하여 세무조사시 허위자료를 제출하는 등 불법을 강요하는 결과가 되는 점 등 이 사건 세금 부담 약정의 의미 및 위 약정이 이루어진 경위, 그 반복성과 불법의 정도 등을 두루 고려하여 볼 때, 비록 세금 부담에 관한 당사자 사이의 약정 자체를 반사회질서 행위라고 볼 수 없다 하더라도, 세무조사를 받는 것을 조건으로 임대인이 부담해야 할 세금을 임차인에게 전가함으로써 사실상 허위의 세금신고를 강제한 것은, 세금을 면탈하고자 하는 목적과 결부되어 그 불법의 정도가 크고 선량한 풍속 기타 사회질서에 위반되는 반사회적인 것으로서 무효라 할 것이므로, 임대인의 종합소득세 및 주민세 부분에 대한 공제 주장은 이유 없다고 판시하였고,

부가가치세 부분에 대해서는 ① 임대차계약서에는 월임료에 대한 부가가치세를 임차인이 부담하기로 하는 약정이 명시적으로 기재되어 있고, 월임료 6,300,000원에 부가가치세가 포함되지 않은 점, ② 임대차계약 체결 이후 2004. 12.까지는 임차인이 월 140,000원씩 부가가치세를 부담하였고, 임대인은 2005. 1.부터 2006. 6.까지는 월임료를 3,400,000원으로 축소신고하였으나 2006. 7.부터는 월임료 6,300,000원 전액을 세무당국에

신고함으로써 임대인이 처음부터 월임료 6,300,000원 전액에 대하여 부가가치세를 탈루하려고 의도한 것은 아닌 것으로 보이는 점, ③ 부가가치세는 종합소득세나 주민세 등 직접세와 달리 거래 당사자 사이의 약정을 통해 재화 또는 용역을 공급받는 자에게 납세부담을 전가시키는 것이 세법상 가능하기 때문에 임대인으로서는 종합소득세나 주민세 등과는 별도로 부가가치세를 처음부터 임차인에게 전가시켜 징수할 있었음에도 임대차계약서와 달리 월임료를 미신고하거나 축소신고하고, 축소신고 상당의 부가가치세를 임차인으로부터 징수하지 않은 것은, 종합소득세 등 제세금을 한꺼번에 절세하려는 목적에서 부가가치세 부분만을 따로 떼어 구분하지 않았기 때문으로 보이는 점, ④ 다만, 세금 부담 약정이 임차인에게 부과되었어야 할 부가가치세(본세) 외에 월임료의 미신고 또는 축소신고로 인한 부가가치세에 대한 가산세까지 임차인이 부담하기로 한 것으로 해석된다면, 세금 부담 약정은 불법적인 약정을 유지하는 과정에서 발생한 세금까지 임차인에게 부담시키는 약정으로서 용인되기 어려운 점 등의 사정을 종합하여 보면, 이 사건 세금 부담 약정은 임대인이 납세의무를 부담하는 부가가치세(본세)를 임차인이 부담하기로 하는 약정으로 해석함이 상당하고, 이 사건 세금 부담 약정을 위와 같이 해석하는 한 그 불법의 정도가 선량한 풍속 기타 사회질서에 위반되는 반사회적인 것으로서 무효라고 볼 정도에 이르지 않았다 할 것이라고 판시하였습니다.

그러나 대법원은 부가가치세 부분과 관련하여 임대인과 임차인 사이의 세금부담 약정이 기재된 각서에 의하면, 만약 임대차보증금 4억 원에 차임 630만 원을 '임차인이 다 신고하면' 그 차임에 대한 부가가치세 등을 임차인이 부담하기로 한다는 것이고, 그 각서는 임대인이 그 내용을 기재하여 임차인에게 서명을 요구함으로써 임차인이 이에 서명하여 작성된 것인 사실을 알 수 있는바, 위 각서의 문언에 의하면 이 사건 세금부담 약정은 임차인이 스스로 세무서에 차임 약정이 존재한다는 사실을 신고함으로써 그에 관한 부가가치세 등을 임대인이 부담하게 될 경우 이를 임차인이 부담하겠다는 뜻으로 이해된다. 그런데 원심은 임대인에 대한 세무조사 과정에서 누락신고 된 차임이 밝혀졌다는 사유만으로 임대인에게 추가로 부과된 부가가치세 본세 15,589,976원을 이 사건 세금부담 약정에 따라 임차인이 부담하여야 한다고 판단하였으니, 이러한 원심의 판단은 세금부담 약정의 해석에 관한 법리를 오해하고 있다고 판결하였습니다.(대법원 2011. 3. 24. 선고 2010다95062 판결)

따라서 세무조사 과정에서 누락신고 된 차임이 있다는 사실이 밝혀졌다는 이유만으로 귀하에게 소득세, 주민세 및 부가가치세를 부담시킬 수는 없을 것으로 보입니다.

Q 83 권리금 거래도 법정 중개수수료만 지급하면 되나요?

질문　　　저는 상가를 임차하여 옷가게를 하고 있습니다. 임대차기간 만료일이 다가와 새로운 임차인으로부터 권리금을 받고 상가를 넘기려고 공인중개사에게 권리금 중개 의뢰를 하였습니다. 공인중개사는 새로운 임차인을 구했고 저는 권리금 명목으로 7,000만원을 받고 상가를 넘겼습니다. 그런데 공인중개사가 중개수수료 명목으로 약정하였던 300만원을 요구하고 있습니다. 저는 300만원을 전부 지급해야 하나요.

답변　　　공인중개사법 제2조 제1호는 '중개'라 함은 제3조에 따른 중개대상물에 대하여 거래당사자간의 매매·교환·임대차 그 밖의 권리의 득실변경에 관한 행위를 알선하는 것을 말한다고 규정하고 있고, 제3조는 중개대상물의 범위를 1. 토지, 2. 건축물 그 밖의 토지의 정착물, 3. 그 밖에 대통령령으로 정하는 재산권 및 물건 이라고 규정하고 있으며, 시행령 제2조는 법 제3조 제3호에 따른 중개대상물은 1. 「입목에 관한 법률」에 따른 입목, 2. 「공장 및 광업재단 저당법」에 따른 공장재단 및 광업재단이라고 규정하고 있습니다.

위와 같은 법령의 규정을 종합하여 보면, 영업용 건물의 영업시설·비품 등 유형물이나 거래처, 신용, 영업상의 노하우 또는 점포위치에 따른 영업상의 이점 등 무형의 재산적 가치는 공인중개사법이 정하는 중개대상물이라고 할 수 없습니다.

따라서 유무형의 재산적 가치의 양도에 대하여 이른바 "권리금"을 수수하도록 중개한 것은 공인중개사법이 규율하고 있는 중개행위에 해당하지 아니한다 할 것이고, 따라서 공인중개사법이 정하고 있는 중개수수료의 한도액 역시 이러한 거래대상의 중개행위에는 적용이 되지 않는다 할 것입니다.

대법원은 '법령의 규정을 종합하여 보면 영업용 건물의 영업시설, 비품 등 유형물이나 거래처, 신용, 영업상의 노하우 또는 점포위치에 따른 영업상의 이점 등 무형의 재산적 가치는 구법 제3조, 구법 시행령 제2조에서 정한 중개대상물이라고 할 수 없으므로, 그러한 유, 무형의 재산적 가치의 양도에 대하여 이른바 권리금 등을 수수하도록 중개한 것은 구법이 규율하고 있는 중개행위에 해당하지 아니한다 할 것이고 따라서 구법이 규정하고 있는 중개수수료의 한도액 역시 이러한 거래대상의 중개행위에는 적용되지 아니한다고 할 것이다'라고 판시하고 있습니다.(대법원 2006. 9. 22. 선고 2005도6054 판결 참조)

또한 권리금 중개에 대한 수수료와 임차권 중개에 대한 수수료가 혼재되어 있는 공인중개사법 위반 사건에서 대법원은 멀티아카페의 임차권 및 권리금, 시설비의 교환계약을 중개하고 그 사례 명목으로 1,700만원을 수령하였다는 것이므로 그 사례금 속에는 위 멀티아카페의 임차권 뿐 아니라 권리금 및 시설비의 교환 수수료가 포함되어 있음이 분명한 바, 그와 같이 포괄적으로 지급받은 금원 중 어느 금액까지가 공인중개사법의 규율대상인 중개수수료에 해당하는지를 특정할 수 없으므로, 피고인이 공인중개사법에서 정한 한도를 초과하여 중개수수료를 지급받았다고 단정 할 수 없다고 판시하였는 바(대법원 2006. 9. 22. 선고 2005도6054호 판결 참조) 권리금 거래는 공인중개사법이 정하고 있는 중개행위에 해당하지 않고 중개수수료의 한도액 역시 이러한 권리금의 중개행위에는 적용되지 않는다고 판시를 하였습니다.

따라서 귀하는 권리금 거래의 경우 공인중개사법이 정하고 있는 중개수수료의 한도액 규정이 적용되지 않으므로 약정한 수수료 300만원을 전부 지급해야 할 것으로 보입니다.

Q 84 월차임을 신고하지 않기로 합의하였으나 이후 세무조사과정에서 밝혀진 경우 관련 세금은 누가 부담하나요.

질문　　저는 2020년 5월 20일 임대인과 보증금 1억원, 차임 월 3,000,000원, 임대차기간 2020년 7월 1일부터 2023년 6월 30일까지로 정하여 임대차계약을 체결하였습니다. 임대차계약서에는 특약으로 "세무서에 임대차계약서상의 임대차보증금 1억원에 대하여만 신고를 하고 차임에 대해서는 신고를 하지 않기로 하며, 만약 임차인이 이를 신고할 경우 위 신고에 따라 부과되는 세금에 대해서는 임차인이 부담한다"고 약정하였습니다. 그런데 임대차계약기간이 만료되고 임대인과 반환받을 보증금에 대한 정산을 하는 동안에 임대인이 세무조사를 받게 되면서 차임을 신고하지 않은 사실이 드러났고, 임대인은 누락세액에 대한 소득세, 부가가치세, 주민세 등을 추가로 납부하게 되었습니다. 임대인은 위 세금에 대해서도 보증금에서 공제를 하겠다고 하는데 위 세금은 누가 부담해야 하나요.

답변　　임대차계약에 있어 임대차보증금은 임대차계약 종료 후 임차인이 목적물을 임대인에게 명도할 때까지 발생하는, 임대차에 따른 임차인의 모든 채무를 담보하는 것으로서, 그 피담보채무 상당액은 임대차관계의 종료 후 목적물이 반환될 때에, 특별한 사정이 없는 한, 별도의 의사표시 없이 보증금에서 당연히 공제되는 것이므로 임대인은 임대차보증금에서 그 피담보채무를 공제한 나머지만을 임차인에게 반환할 의무가 있습니다.(대법원 2005. 9. 28. 선고 2005다8323, 8330 판결 참조)

귀하는 임대인과 사이에 세금과 관련된 부담 약정을 하였고 임대인이 세무조사를 받게 되면서 차임을 신고하지 않은 사실이 드러나 누락세액에 대하여 임대인은 부가가치세 등 제세금을 추가로 부담하게 되었습니다.

임대인의 누락세액에 대해서는 소득세, 주민세와 부가가치세를 구분하여 판단하여야 합니다. 소득세와 주민세 부분에 있어서는 다음과 같은 이유로 임대차보증금에서 공제할 수 없다 할 것입니다.

① 귀하와 임대인은 세금을 면탈할 목적으로 세금 부담 약정을 한 것으로, 애초에 임대차 계약 당시 차임에 대한 세금을 면탈하고자 하는 불법의 목적이 당사자 사이에 명백하게 표시되었습니다.

② 종합소득세 및 주민세는 직접세로서 임대인이 부담하여야 함에도, 임대차 계약 체결 시 임대인이 상대적으로 우월한 지위에 있음을 이용하여 자신이 부담하여야 할 종합소득세나 주민세까지 임차인에게 전가시키는 것을 용인한다면, 국가과세권의 적정한 행사라는 이념이 형해화될 위험성이 있습니다.

③ 민법 제103조에 의하여 무효로 되는 반사회질서행위는 법률행위의 목적인 권리의무의 내용이 선량한 풍속 기타 사회질서에 위반되는 경우뿐만 아니라, 그 내용 자체는 반사회질서적인 것이 아니라고 하여도 법률적으로 이를 강제하거나 그 법률행위에 반사회질서적인 조건 또는 금전적 대가가 결부됨으로써 반사회질서적 성질을 띠게 되는 경우 및 표시되거나, 상대방에게 알려진 법률행위의 동기가 반사회질서적인 경우를 포함합니다.

④ 임차인이 세금을 축소하여 신고하기로 한 약정을 지키지 않았다는 이유만으로 임대인에게 추가로 부과된 세금을 임차인으로 하여금 모두 부담하게 하는 것은, 임차인에게 위와 같은 불법적인 약정을 지키기 위하여 세무조사시 허위자료를 제출하는 등 불법을 강요하는 결과가 됩니다.

따라서 귀하와 임대인의 세금 부담 약정의 의미 및 위 약정이 이루어진 경위, 그 반복성과 불법의 정도 등을 두루 고려하여 볼 때, 비록 세금 부담에 관한 당사자 사이의 약정 자체를 반사회질서 행위라고 볼 수 없다 하더라도, 세무조사를 받는 것을 조건으로 임대인이 부담해야 할 세금을 임차인에게 전가함으로써 사실상 허위의 세금신고를 강제한 것은, 세금을 면탈하고자 하는 목적과 결부되어 그 불법의 정도가 크고 선량한 풍속 기타 사회질서에 위반되는 반사회적인 것으로서 무효라 할 것이므로, 임대인이 종합소득세 및 주민세 부분을 임대차보증금에서 공제할 수는 없다 할 것입니다.

그러나 부가가치세 부분은 소득세 및 주민세와는 달리 판달할 부분이 존재합니다.

① 임대차계약서에는 월임료에 대한 부가가치세를 임차인이 부담하기로 하는 약정이 명시적으로 기재되어 있고, 월임료에 부가가치세가 포함되지 않은 점,

② 부가가치세는 종합소득세나 주민세 등 직접세와 달리 거래 당사자 사이의 약정을 통해 재화 또는 용역을 공급받는 자에게 납세부담을 전가시키는 것이 세법상 가능하기 때문에 임대인으로서는 종합소득세나 주민세 등과는 별도로 부가가치세를 처음부터 임차인에게 전가시켜 징수할 있었음에도 임대차계약서와 달리 월임료를 미신고하거나 축소신고하고, 축소신고 상당의 부가가치세를 임차인으로부터 징수하지 않은 것은, 종합소득세 등 제세금을 한꺼번에 절세하려는 목적에서 부가가치세 부분만을 따로 떼어 구분하지 않았기 때문으로 보이는 점,

등을 고려하면 임대인이 납세의무를 부담하는 부가가치세(본세)를 임차인이 부담하기로 하는 약정으로 해석함이 상당하고, 세금 부담 약정을 위와 같이 해석하는 한 그 불법의 정도가 선량한 풍속 기타 사회질서에 위반되는 반사회적인 것으로서 무효라고 볼 정도에 이르지 않았다 할 것입니다.

다만 대법원은 특약에 의하면 세금부담 약정은 임차인이 스스로 세무서에 차임 약정이 존재한다는 사실을 신고함으로써 그에 관한 부가가치세 등을 임대인이 부담하게 될

경우 이를 임차인이 부담하겠다는 뜻으로 이해되므로 임대인에 대한 세무조사 과정에서 누락신고된 차임이 밝혀졌다는 사유만으로 임차인에게 부가가치세를 부과시킬수는 없다고 판시하였습니다.(대법원 2011. 3. 24. 선고 2010다95062 판결)

Q 85 임대차계약의 종료일에 임대인이 임의로 임차인의 물건을 철거·폐기하기로 특약한 경우 효력이 있나요.

질문 저는 상가건물을 임차기간 2022년 5월 3일부터 2024년 5월 2일까지로 정하여 임차를 하면서 "임대차계약의 종료일 또는 계약해지 통보 1주일 이내에 임차인이 임차인의 소유물 및 재산을 반출하지 않은 경우에는, 소유자는 임차인의 물건을 소유자 임의대로 철거·폐기 처분할 수 있으며 임차인은 개인적으로나 법적으로나 하등의 이의를 제기하지 않는다. 이 경우 발생한 비용은 임차인의 부담으로 한다"는 특약을 하였습니다. 제가 3개월분의 차임을 연체하게 되자 임대인은 임대차계약 해지 통보를 하였고, 1주일 이내에 자신해서 철거하지 않을 경우 강제로 철거를 하고 그 비용을 청구하겠다는 내용증명을 보내 왔습니다. 제가 1주일 내에 명도를 하지 않으면 임대인은 특약과 같이 임의 철거가 가능한가요.

답변 상가임대차법은 임차인의 차임연체액이 3기의 차임액에 달하는 때에는 임대인은 계약을 해지할 수 있다고 규정하고 있습니다. "3기의 차임액에 달하는 때"의 의미는 차임 연체의 횟수가 3회라는 의미가 아니라 연체된 차임의 누적액이 3기분에 달하는 경우를 말합니다. 따라서 귀하가 3개월분의 차임을 연체하였고 연체된 차임의 누적액이 3기분에 달한다면 임대인의 임대차 계약 해지통보는 적법하고, 귀하가 임대인의 해지통고를 받은 날 임대차계약은 해지됩니다.

귀하와의 임대차계약이 적법하게 해지되었을 경우 임대차계약 특약에 따라 임대인이 계약해지 통보일로부터 1주일 후 귀하의 물건을 임의대로 철거·폐기처분할 수 있는지가 문제됩니다.

강제집행은 국가가 독점하고 있는 사법권의 한 작용을 이루고 있고, 채권자는 국가에 대하여 강제집행권의 발동을 신청할 수 있는 지위에 있을 뿐입니다. 그러므로 법률이 정한 집행기관에 강제집행을 신청하지 않고 채권자가 임의로 강제집행을 하기로 하는 계약은 사회질서에 반하는 것으로 민법 제103조에 의하여 무효라고 할 것입니다.

임대인과 임차인 사이에 임대인이 임의로 강제집행을 하기로 하는 약정을 하였다고 하더라도 이는 무효이고, 이러한 약정을 근거로 임대인이 임의로 강제집행을 할 경우 업무방해죄, 재물손괴죄 등으로 형사처벌을 받을 수 있는 것입니다.

따라서 귀하가 임대차 계약 당시 임대인과 "임대차계약의 종료일 또는 계약해지 통보 1주일 이내에 임차인이 임차인의 소유물 및 재산을 반출하지 않은 경우에는, 소유자는 임차인의 물건을 소유자 임의대로 철거·폐기 처분할 수 있으며 임차인은 개인적으로나 법적으로나 하등의 이의를 제기하지 않는다. 이 경우 발생한 비용은 임차인의 부담으로 한다"고 특약을 하였다고 하더라도 이러한 특약은 법률이 정한 집행기관에 강제집행을 신청하지 않고 채권자가 임의로 강제집행을 하기로 하는 계약으로 이는 사회질서에 위반되어 무효라고 할 것입니다.

그러므로 임대인이 귀하를 상대로 임차건물을 명도받기 위해서는 법원에 명도소송을 제기하여 판결을 받아 집행기관에 집행을 신청하는 방법을 통해야 하고 임대인이 임의로 강제집행을 할 수는 없는 것입니다.

Q 86 보증금을 일부를 월차임으로 전환하려고 하는데 전환률에 대한 기준이 있나요.

질문　　저는 상가건물을 보증금 1억원, 월차임 100만원에 임대를 하였습니다. 보증금 1억원 중 5천만원을 2023년 12월 1일 기준으로 월차임으로 전환하려고 하는데 전환률에 대한 기준이 있나요.

답변　　상가임대차법은 보증금의 전부 또는 일부를 월단위의 차임으로 전환하는 경우에는 그 전환되는 금액에 다음 두 가지 ① 은행법에 따른 은행의 대출금리 및 해당 지역의 경제 여건 등을 고려하여 대통령령으로 정하는 비율 ② 한국은행에서 공시한 기준금리에 대통령령으로 정하는 배수를 곱한 비율 중 낮은 비율을 곱한 월차임의 범위를 초과할 수 없도록 하고 있습니다.(상가임대차법 제12조)

상가임대차법 시행령은 ①의 대통령령으로 정하는 비율을 연 1할2푼으로 정하고 있고, ②의 대통령령으로 정하는 배수를 4.5배로 정하고 있습니다.

상가임대차법에 따라 보증금 1억원중 5천만원을 월차임으로 전환하게 되면 먼저 위 두 가지 방법중 낮은 비율을 적용해야 하므로 위 두가지의 전환율을 비교하여야 합니다. ①의 비율은 12%이고 ②의 비율은 15.75%[=3.50%(2023년 12월 1일 한국은행기준금리) X 4.5]이므로 ①의 비율에 따른 전환율을 적용하여 월차임을 계산하여야 합니다.

①의 비율인 연 12%의 전환율을 적용하여 보증금 1억원 중 전환하고자 하는 50,000,000 만원을 월차임으로 전환하게 되면 50,000,000원 X 12% = 6,000,000원이 되고 이를 12개월로 나누면 월차임 500,000원(=6,000,000원/12개월) 됩니다.

따라서 귀하는 보증금 1억원 중 보증금 5천만원을 월차임 500,000원을 초과하지 않는 범위에서 전환할 수 있으므로 기존의 보증금 1억원, 월차임 100만원의 임대차계약을 보증금 50,000,000원, 월차임 1,500,000만원을 초과하지 않는 범위에서 전환할 수 있습니다.

X. 제소전 화해

Q 87 제소전 화해란 무엇인가요?

답변   제소전 화해란 일반 민사분쟁이 소송으로 발전하는 것을 방지하기 위하여 소제기 전에 지방법원 단독판사 앞에서 화해신청을 하여 해결하는 절차를 말합니다. 제소전 화해는 소송이 계속되기 전에 분쟁이 소송으로 발전하는 것을 예방하기 위한 화해라는 점에서, 소가 제기된 후에 소송계속 중에 그 소송을 종료시키기 위한 소송상의 화해와는 구별이 됩니다.

다만, 법적 성질, 요건 및 효력 등에 있어서는 소송상 화해의 법리가 그대로 적용이 되고 보통 제소전 화해와 소송상 화해를 통칭하여 재판상 화해라고 부릅니다.

실무상으로는 주택이나 상가건물의 임대인이 임차인에 대한 차임 지급이나 계약 종료시의 건물인도의 집행권원을 확보해 두기 위하여 임대차계약 체결 무렵에 법원에 신청하는 경우가 가장 많습니다. 즉, 임대인이 임차인의 임대차 계약 내용 이행을 확보하기 위한 방법으로 활용이 되어 왔습니다.

즉, 임대차계약에 있어서 임대차기간이 만료되었거나 혹은 계약기간 내에 중도해지된 경우 임차인은 임차목적물을 임대인에게 반환하여야 합니다. 그럼에도 불구하고 임차인이 임차목적물을 반환하지 않고 계속하여 점유를 하고 있는 경우 임대인으로서는 임차인을 상대로 명도소송을 제기하여 판결을 받아 강제집행을 하여야 하나 소송을 통해 강제집행을 하기까지는 상당히 장기간의 시간이 소유되기 때문에 임대인으로서는 그로 인한 피해를 입을 수 있는 것입니다. 특히나 차임이 장기간 연체되어 연체된 차임을 공제하고 나면 반환할 보증금이 남아있지 않거나 당장 건물을 명도받아야 할 사정이 있는 임대인이라면 큰 낭패를 당할 수도 있는 것입니다.

이러한 이유로 임대인은 명도소송을 거치지 않고도 임차인을 상대로 강제집행을 할 수 있는 방법으로 제소전화해 절차를 이용하고 있는 경우가 많은 것입니다.

당사자가 제소전 화해를 신청하면 법원이 당사자간에 화해를 권고하거나 중개하기 보다는 법원은 당사자간의 화해 조항이 법에 위반되었는지 등의 여부만을 확인한 후 그 조항대로 화해가 성립되었다는 취지의 화해조서를 작성하여 주는 것입니다.

Q 88 제소전 화해는 어느 법정에, 어떤 방법으로 신청해야 하나요?

1. 관할법원

제소전 화해는 상대방의 보통재판적 소재지의 지방법원의 토지관할에 속합니다. (민사소송법 제385조 제1항) 따라서 제소전 화해 사건은 상대방의 주소지가 있는 곳의 지방법원이 관할을 가지고 있으므로 그 법원에 신청을 하는 것이 원칙이고 상대방의 주소지가 시·군법원의 관할 내이면 당시 시·군법원의 판사도 담당할 수 있습니다.

다만 제소전 화해의 경우 대부분 사전에 합의가 된 내용으로 제소전 화해 신청이 이루어지므로 관할 법원에 대해서도 미리 합의가 된 경우가 많습니다. 이와 같이 관할 법원이 합의가 되면 합의된 법원에 신청을 하면 됩니다.

실무상으로는 제소전 화해의 처리기간이 법원마다 상이하기 때문에 제소전 화해가 급박한 경우에는 처리 기간이 빠른 법원을 확인하여 관할법원을 그곳으로 합의하고 그 법원에 신청을 하는 경우도 있습니다.

2. 화해신청서의 작성

제소전 화해 신청은 구두로도 할 수 있으나 보통은 서면으로 법원에 신청하는 것이 일반적입니다. 제소전 화해의 신청서에는 청구의 취지, 청구의 원인과 다투는 사정 등을 기재하여야 합니다. 청구 취지와 청구 원인은 필수적 기재사항이나 다투는 사정은 임의적 기재사항으로 해석이 되는 바, 다투는 사정은 그 명시가 없다 해서 신청이 부적법한 것으로 되지는 않습니다. 다투는 사정은 법원이 화해를 권고함에 있어서 쌍방의 의사접근 정도, 다툼의 내용, 쟁점 등을 알아두는 것이 편리하다는 관점에서 이를 명시하도록 한 것입니다.

청구의 취지와 청구의 원인은 소장 기재사항의 그것과 같다 할 수 있고, 소장의 청구취지에 비하면 잡다하고 신청인의 청구권 뿐만아니라 의무이행사항까지 함께 기재되는 것이 보통입니다.

청구취지는 '화해조항 기재 취지의 화해를 구한다'고 간략하게 기재를 하는 것이 보통이고 청구원인과 화해조항은 구체적으로 명확하게 기재할 필요가 있습니다. 대부분의 화해조항은 당사자간에 이미 체결된 계약서의 문구를 그대로 가져다가 기재하는 것이 일반적이기는 합니다. 다만 그 내용이 불명확하거나 특정이 되지 않아 집행이 부적당한 경우 이후 제소전 화해 조서에 불구하고 집행이 불가능한 경우가 발생하므로 주의하셔야 할 것입니다.

그리고 화해조항은 강행법규 내지 공서양속에 반하지 않아야 합니다. 화해조항이 강행법규 내지 공서양속에 반할 경우 법원은 당사자에게 청구취지의 내용을 정정을 요구하는 경우가 있고 당사자는 이에 따라 청구취지를 정정하면 조서에 바로 기재하는 경우도 있고, 기일을 속행하여 신청서의 청구취지를 수정하여 청구취지 변경신청서를 제출하게 하는 경우도 있습니다.

3. 첩용인지와 송달료

제소전 화해 신청서가 작성이 되면 신청서에 소장 인지액의 5분의 1의 인지를 붙여야 합니다.(민사소송등인지법 제7조 제1항) 즉, 다음과 같이 1심 소가에 따른 인지액 산정방법에 따라 인지액을 산정한 후 그 금액에서 1/5을 하면 제소전화해신청 인지액이 나옵니다. 인지액이 1천원 미만이면 1천원으로 하고, 1천원 이상이면 100원 미만은 계산하지 않습니다.

소가	인지대
소가 1천만원 미만	소가 × 50 / 10,000
소가 1천만원 이상 1억원 미만	소가 × 45 / 10,000 + 5,000
소가 1억원 이상 10억원 미만	소가 × 40 / 10,000 + 55,000
소가 10억원 이상	소가 × 35 / 10,000 + 555,000

제 소 전 화 해 신 청

신 청 인 ㅇㅇㅇ

　　　　서울 ㅇㅇ구 ㅇㅇㅇ ㅇㅇ-ㅇㅇ

　　　　위 신청인 대리인 법무법인 민주로

　　　　광주 동구 동명로 107, 202호호(지산동, 금강빌딩)

　　　　담당변호사 김덕은

　　　　전화 : 062-225-3341, 팩스 : 062-225-3343

피신청인 ㅇㅇㅇ

　　　　부산 ㅇㅇ구 ㅇㅇ동 ㅇㅇㅇ-ㅇㅇ

건물명도 등

신 청 취 지

신청인과 피신청인은 화해조항 기재 취지의 제소전화해를 구합니다.

신 청 원 인

1. 신청인과 피신청인은 2019. 5. 23. 신청인 소유 별지목록기재 건물을 계약기
　간 2년, 임차보증금 2,000만원, 월 임대료 100만원(부가가치세 별도)을 지급
　하는 조건으로 임대차계약을 체결하였습니다.

2. 따라서 신청인과 피신청인은 위 계약에 관한 모든 사항을 상호 성실히 이행키로 약속하였으며, 당사자간 아래 사항에 대해 화해성립이 가능하므로 이건 신청에 이르게 된 것입니다.

화 해 조 항

1. 피신청인과 신청인간 체결한 이 사건 건물 임대차계약에 따라 위 계약종료 및 계약해지 사유 등으로 인한 계약해지시에는 피신청인이 설치한 시설물, 장비 등 일체를 피신청인 비용으로 철거한 후 목적물을 원상복구한 상태로 신청인에게 즉시 명도한다.

2. 피신청인은 신청인에 대해 이 사건 임차건물에 대한 권리금, 영업권, 유익비 등을 일체 청구하지 아니한다.

3. 피신청인이 제1항에 따른 명도를 이행하지 아니할 경우 신청인이 강제집행을 실시할 수 있으며, 그 비용은 피신청인의 부담으로 하고 임차보증금 잔액에서 공제할 수 있다.

4. 화해비용은 각자의 부담으로 한다.

첨 부 서 류

1. 부동산목록   1통
2. 임대차계약서   1통

3. 건물등기부등본   1통

4. 일반건축물대장   1통

2019. 4. .

위 신청인의 대리인
법무법인 민주로
담당변호사 김덕은

서울중앙지방법원 귀중

제 소 전 화 해 신 청

신 청 인 고 ○ ○

　　　　광주 ○○구 ○○○ ○○-○○

　　　　위 신청인 대리인 법무법인 민주로

　　　　광주 동구 동명로 107, 202호호(지산동, 금강빌딩)

　　　　담당변호사 김덕은

　　　　전화 : 062-225-3341, 팩스 : 062-225-3343

피신청인 이 ○ ○

　　　　광주 ○○구 ○○동 ○○○-○○

건물명도 등

신 청 취 지

신청인과 피신청인은 화해조항 기재 취지의 제소전 화해를 구합니다.

신 청 원 인

1. 신청인과 별지목록 기재 부동산의 소유자로서 피신청인과 임대차기간은 201
   9. 1. 1.부터 2020. 12. 31.까지, 임대차보증금 3,000만원, 월임료 금 200만
   원(부가세별도)로 하는 임대차계약을 체결하였습니다.

2. 신청인과 피신청인은 당사 간에 화해조항과 같이 합의의 의사가 성립되어 이
   건 신청에 이르게 된 것입니다.

화 해 조 항

1. 피신청인은 신청인으로부터 임대차보증금 3,000만원을 수령함과 상환으로 2
   018. 12. 31.까지 별지 목록 기재 부동산(이하 '이 사건 부동산')을 인도한다.

2. 피신청인은 신청인에게 2019. 1. 1.부터 이 사건 부동산의 인도 완료시까지
   매월 1일 월임료 200만원(부가세별도)을 지급하고 이에 대한 납입이 연체될
   경우, 월임료에 대하여 연 20%의 비율에 의한 금원을 지연손해금으로 가산
   하여 지급한다.

3. 피신청인은 아래 각 호에 해당하거나 제2항 기재 월임료의 지급을 2회 이상
   연체하였을 때에는 위 제1항 기재 기한의 이익을 상실한다.
   가. 피신청인이 이 사건 부동산을 타에 전대하거나 임대차보증금반환채권을
       타에 양도하거나 질권 기타 담보목적으로 사용한 경우.
   나. 피신청인이 영업정지 이상의 행정처분을 받아 계속적으로 영업을 영위할
       수 없는 경우
   다. 제3자로부터 압류 경매 등의 강제집행을 당하거나 파산신청이 있을 경우
   라. 이 사건 부동산을 상가 이외의 용도로 사용하는 경우
   마. 피신청인이 신청인의 동의 없이 이 사건 부동산을 개축 또는 변경하는 경
       우

4. 피신청인은 임대차기간이 만료하거나 위 제3항 기재 사유의 발생으로 기한
   의 이익이 상실된 때에는 지체없이 이 사건 부동산을 원상회복한 후 신청인
   에게 인도한다. 이 경우 이 사건 부동산에 대하여 권리금, 유익비, 시설비,
   필요비, 유치권 등 기타 일체의 권리에 대한 주장이나 청구를 하지 않는다.

5. 화해비용은 각자의 부담으로 한다.

첨 부 서 류

1. 임대차계약서	1통
2. 토지등기부등본	1통
3. 건물등기부등본	1통
4. 건축물관리대장	1통
5. 토지대장	1통

2018. 12.   .

위 신청인의 대리인
법무법인 민주로
담당변호사 김덕은

광주지방법원 귀중

Q 89 제소전 화해는 어떤 효력이 있나요?

답변   제소전 화해조서는 확정판결과 동일한 효력을 가집니다. 따라서 법원의 판결문과 같이 집행력을 갖게 되어 당사자는 화해조서를 가지고 강제집행을 할 수도 있습니다.

또한 제소전 화해조서는 확정판결과 동일한 효력이 있어 당사자 사이에 기판력이 생기는 것이므로, 거기에 확정판결의 당연무효 사유와 같은 사유가 없는 한 설령 그 내용이 강행법규에 위반된다 할지라도 그것은 단지 제소전 화해에 하자가 있음에 지나지 아니하여 준재심절차에 의하여 구제받는 것은 별문제로 하고 그 화해조서를 무효라고 주장할 수도 없습니다.

대법원은 '제소전 화해조서는 확정판결과 같은 효력이 있어 당사자 사이에 기판력이 생기는 것이므로, 원고가 피고에게 토지에 관하여 신탁해지를 원인으로 한 소유권이전등 기절차를 이행하기로 한 제소전 화해가 준재심에 의하여 취소되지 않은 이상, 그 제소전 화해에 기하여 마쳐진 소유권이전등기가 원인무효라고 주장하며 말소등기절차의 이행을 청구하는 것은 제소전 화해에 의하여 확정된 소유권이전등기청구권을 부인하는 것이어서 그 기판력에 저촉된다.'(대법원 2002. 12. 6. 선고 2002다44014 판결 참조)고 판시하였 습니다.

Q 90 제소전 화해는 어떤 방법으로 다퉈야 하나요?

답변　　　제소전 화해는 실체법상 하자가 존재한다고 하더라도 당연무효가 되지 않습니다. 제소전 화해의 효력은 준재심의 소에 의하여 그 효력을 다퉈야 합니다. 민사소송법 제461조는 확정판결과 동일한 효력을 가지는 조서와 즉시항고로 불복을 신청할 수 있는 결정, 명령이 확정된 경우에 제451조 제1항에 규정된 사유가 있는 때에는 재심의 사유에 준하여 재심을 제기할 수 있다고 준재심에 대해 규정을 하고 있습니다.

민사소송법 제451조 제1항은 재심의 사유로 ① 법률에 따라 판결법원을 구성하지 아니한 때, ② 법률상 그 재판에 관여할 수 없는 법관이 관여한 때, ③ 법정대리권·소송대리권 또는 대리인이 소송행위를 하는 데에 필요한 권한의 수여에 흠이 있는 때. 다만, 제60조 또는 제97조의 규정에 따라 추인한 때에는 그러하지 아니하다. ④ 재판에 관여한 법관이 그 사건에 관하여 직무에 관한 죄를 범한 때, ⑤ 형사상 처벌을 받을 다른 사람의 행위로 말미암아 자백을 하였거나 판결에 영향을 미칠 공격 또는 방어방법의 제출에 방해를 받은 때, ⑥ 판결의 증거가 된 문서, 그 밖의 물건이 위조되거나 변조된 것인 때, ⑦ 증인·감정인·통역인의 거짓 진술 또는 당사자신문에 따른 당사자나 법정대리인의 거짓 진술이 판결의 증거가 된 때, ⑧ 판결의 기초가 된 민사나 형사의 판결, 그 밖의 재판 또는 행정처분이 다른 재판이나 행정처분에 따라 바뀐 때, ⑨ 판결에 영향을 미칠 중요한 사항에 관하여 판단을 누락한 때, ⑩ 재심을 제기할 판결이 전에 선고한 확정판결에 어긋나는 때, ⑪ 당사자가 상대방의 주소 또는 거소를 알고 있었음에도 있는 곳을 잘 모른다고 하거나 주소나 거소를 거짓으로 하여 소를 제기한 때 11가지 사유를 규정하고 있습니다.

대법원도 재판상 화해조서 또는 제소전 화해조서는 확정판결과 같은 효력이 있어 당사자 사이에 기판력이 생기는 것이므로 재심 또는 준재심의 절차에서 취소 또는 변경되지 않는 한 그 화해의 효력은 다툴 수 없다는 것이 당원의 확립된 견해이다고 판시하고 있습니다.(대법원 1990. 12. 11. 선고 90다카24953 판결 참조)

제소전 화해가 준재심의 소에 의하여 취소되고 그 준재심 재판이 확정되면 제소전 화해의 효력은 소멸되고, 따라서 그 제소전 화해로 인하여 생긴 모든 법률효과는 당연히 실효가 됩니다.

대법원도 제소전 화해에 있어서는 종결될 소송이 계속되었던 것이 아니고 종결된 것은 화해절차 뿐이므로, 재심사유가 있어 준재심의 소에 의하여 제소전 화해를 취소하는 준재심 판결이 확정된다 하여도 부활될 소송이 없음은 물론, 그 화해절차는 화해가 성립되지 아니한 것으로 귀착되어 그 제소전 화해에 의하여 생긴 법률관계가 처음부터 없었던 것과 같이 되는 것뿐이다.(대법원 1996. 3. 22. 선고 95다14275 판결 참조)고 판시하였습니다.

부 록

상가건물임대차보호법

일부개정 2022. 1. 4. [법률 제18675호, 시행 2022. 1. 4.] 법무부

제1조(목적)

이 법은 상가건물 임대차에 관하여 「민법」에 대한 특례를 규정하여 국민 경제생활의 안정을 보장함을 목적으로 한다.

[전문개정 2009.1.30.]

제2조(적용범위)

① 이 법은 상가건물(제3조제1항에 따른 사업자등록의 대상이 되는 건물을 말한다)의 임대차(임대차 목적물의 주된 부분을 영업용으로 사용하는 경우를 포함한다)에 대하여 적용한다. 다만, 제14조의2에 따른 상가건물임대차위원회의 심의를 거쳐 대통령령으로 정하는 보증금액을 초과하는 임대차에 대하여는 그러하지 아니하다. 〈개정 2020. 7.31〉

② 제1항 단서에 따른 보증금액을 정할 때에는 해당 지역의 경제 여건 및 임대차 목적물의 규모 등을 고려하여 지역별로 구분하여 규정하되, 보증금 외에 차임이 있는 경우에는 그 차임액에 「은행법」에 따른 은행의 대출금리 등을 고려하여 대통령령으로 정하는 비율을 곱하여 환산한 금액을 포함하여야 한다. 〈개정 2010.5.17〉

③ 제1항 단서에도 불구하고 제3조, 제10조제1항, 제2항, 제3항 본문, 제10조의2부터 제10조의9까지의 규정, 제11조의2 및 제19조는 제1항 단서에 따른 보증금액을 초과하는 임대차에 대하여도 적용한다. 〈신설 2013.8.13, 2015.5.13, 2020.9.29, 2022. 1.4〉

[전문개정 2009.1.30.]

제3조(대항력 등)

① 임대차는 그 등기가 없는 경우에도 임차인이 건물의 인도와 「부가가치세법」 제8조, 「소득세법」 제168조 또는 「법인세법」 제111조에 따른 사업자등록을 신청하면 그 다음

날부터 제3자에 대하여 효력이 생긴다. 〈개정 2013.6.7〉

② 임차건물의 양수인(그 밖에 임대할 권리를 승계한 자를 포함한다)은 임대인의 지위를 승계한 것으로 본다.

③ 이 법에 따라 임대차의 목적이 된 건물이 매매 또는 경매의 목적물이 된 경우에는 「민법」 제575조제1항 · 제3항 및 제578조를 준용한다.

④ 제3항의 경우에는 「민법」 제536조를 준용한다.

[전문개정 2009.1.30.]

제4조(확정일자 부여 및 임대차정보의 제공 등)

① 제5조제2항의 확정일자는 상가건물의 소재지 관할 세무서장이 부여한다.

② 관할 세무서장은 해당 상가건물의 소재지, 확정일자 부여일, 차임 및 보증금 등을 기재한 확정일자부를 작성하여야 한다. 이 경우 전산정보처리조직을 이용할 수 있다.

③ 상가건물의 임대차에 이해관계가 있는 자는 관할 세무서장에게 해당 상가건물의 확정일자 부여일, 차임 및 보증금 등 정보의 제공을 요청할 수 있다. 이 경우 요청을 받은 관할 세무서장은 정당한 사유 없이 이를 거부할 수 없다.

④ 임대차계약을 체결하려는 자는 임대인의 동의를 받아 관할 세무서장에게 제3항에 따른 정보제공을 요청할 수 있다.

⑤ 확정일자부에 기재하여야 할 사항, 상가건물의 임대차에 이해관계가 있는 자의 범위, 관할 세무서장에게 요청할 수 있는 정보의 범위 및 그 밖에 확정일자 부여사무와 정보제공 등에 필요한 사항은 대통령령으로 정한다.

[전문개정 2015.5.13.]

제5조(보증금의 회수)

① 임차인이 임차건물에 대하여 보증금반환청구소송의 확정판결, 그 밖에 이에 준하는 집행권원에 의하여 경매를 신청하는 경우에는 「민사집행법」 제41조에도 불구하고 반대의무의 이행이나 이행의 제공을 집행개시의 요건으로 하지 아니한다.

② 제3조제1항의 대항요건을 갖추고 관할 세무서장으로부터 임대차계약서상의 확정일자를 받은 임차인은 「민사집행법」에 따른 경매 또는 「국세징수법」에 따른 공매 시 임차건물(임대인 소유의 대지를 포함한다)의 환가대금에서 후순위권리자나 그 밖의 채권자보다 우선하여 보증금을 변제받을 권리가 있다.

③ 임차인은 임차건물을 양수인에게 인도하지 아니하면 제2항에 따른 보증금을 받을 수 없다.

④ 제2항 또는 제7항에 따른 우선변제의 순위와 보증금에 대하여 이의가 있는 이해관계인은 경매법원 또는 체납처분청에 이의를 신청할 수 있다. 〈개정 2013.8.13〉

⑤ 제4항에 따라 경매법원에 이의를 신청하는 경우에는 「민사집행법」 제152조부터 제161조까지의 규정을 준용한다.

⑥ 제4항에 따라 이의신청을 받은 체납처분청은 이해관계인이 이의신청일부터 7일 이내에 임차인 또는 제7항에 따라 우선변제권을 승계한 금융기관 등을 상대로 소(소)를 제기한 것을 증명한 때에는 그 소송이 종결될 때까지 이의가 신청된 범위에서 임차인 또는 제7항에 따라 우선변제권을 승계한 금융기관 등에 대한 보증금의 변제를 유보(유보)하고 남은 금액을 배분하여야 한다. 이 경우 유보된 보증금은 소송 결과에 따라 배분한다. 〈개정 2013.8.13〉

⑦ 다음 각 호의 금융기관 등이 제2항, 제6조제5항 또는 제7조제1항에 따른 우선변제권을 취득한 임차인의 보증금반환채권을 계약으로 양수한 경우에는 양수한 금액의 범위에서 우선변제권을 승계한다. 〈신설 2013.8.13, 2016.5.29〉

  1. 「은행법」에 따른 은행
  2. 「중소기업은행법」에 따른 중소기업은행
  3. 「한국산업은행법」에 따른 한국산업은행
  4. 「농업협동조합법」에 따른 농협은행
  5. 「수산업협동조합법」에 따른 수협은행
  6. 「우체국예금 · 보험에 관한 법률」에 따른 체신관서
  7. 「보험업법」 제4조제1항제2호라목의 보증보험을 보험종목으로 허가받은 보험회사
  8. 그 밖에 제1호부터 제7호까지에 준하는 것으로서 대통령령으로 정하는 기관

⑧ 제7항에 따라 우선변제권을 승계한 금융기관 등(이하 "금융기관등"이라 한다)은 다음 각 호의 어느 하나에 해당하는 경우에는 우선변제권을 행사할 수 없다. 〈신설 2013.8.13〉

  1. 임차인이 제3조제1항의 대항요건을 상실한 경우
  2. 제6조제5항에 따른 임차권등기가 말소된 경우
  3. 「민법」 제621조에 따른 임대차등기가 말소된 경우

⑨ 금융기관등은 우선변제권을 행사하기 위하여 임차인을 대리하거나 대위하여 임대

차를 해지할 수 없다. 〈신설 2013.8.13〉

[전문개정 2009.1.30.]

제6조(임차권등기명령)

① 임대차가 종료된 후 보증금이 반환되지 아니한 경우 임차인은 임차건물의 소재지를 관할하는 지방법원, 지방법원지원 또는 시 · 군법원에 임차권등기명령을 신청할 수 있다. 〈개정 2013.8.13〉

② 임차권등기명령을 신청할 때에는 다음 각 호의 사항을 기재하여야 하며, 신청 이유 및 임차권등기의 원인이 된 사실을 소명하여야 한다.

  1. 신청 취지 및 이유
  2. 임대차의 목적인 건물(임대차의 목적이 건물의 일부분인 경우에는 그 부분의 도면을 첨부한다)
  3. 임차권등기의 원인이 된 사실(임차인이 제3조제1항에 따른 대항력을 취득하였거나 제5조제2항에 따른 우선변제권을 취득한 경우에는 그 사실)
  4. 그 밖에 대법원규칙으로 정하는 사항

③ 임차권등기명령의 신청에 대한 재판, 임차권등기명령의 결정에 대한 임대인의 이의신청 및 그에 대한 재판, 임차권등기명령의 취소신청 및 그에 대한 재판 또는 임차권등기명령의 집행 등에 관하여는 「민사집행법」 제280조제1항, 제281조, 제283조, 제285조, 제286조, 제288조제1항 · 제2항 본문, 제289조, 제290조제2항 중 제288조제1항에 대한 부분, 제291조, 제293조를 준용한다. 이 경우 "가압류"는 "임차권등기"로, "채권자"는 "임차인"으로, "채무자"는 "임대인"으로 본다.

④ 임차권등기명령신청을 기각하는 결정에 대하여 임차인은 항고할 수 있다.

⑤ 임차권등기명령의 집행에 따른 임차권등기를 마치면 임차인은 제3조제1항에 따른 대항력과 제5조제2항에 따른 우선변제권을 취득한다. 다만, 임차인이 임차권등기 이전에 이미 대항력 또는 우선변제권을 취득한 경우에는 그 대항력 또는 우선변제권이 그대로 유지되며, 임차권등기 이후에는 제3조제1항의 대항요건을 상실하더라도 이미 취득한 대항력 또는 우선변제권을 상실하지 아니한다.

⑥ 임차권등기명령의 집행에 따른 임차권등기를 마친 건물(임대차의 목적이 건물의 일부분인 경우에는 그 부분으로 한정한다)을 그 이후에 임차한 임차인은 제14조에 따른 우선변제를 받을 권리가 없다.

⑦ 임차권등기의 촉탁, 등기관의 임차권등기 기입 등 임차권등기명령의 시행에 관하여 필요한 사항은 대법원규칙으로 정한다.

⑧ 임차인은 제1항에 따른 임차권등기명령의 신청 및 그에 따른 임차권등기와 관련하여 든 비용을 임대인에게 청구할 수 있다.

⑨ 금융기관등은 임차인을 대위하여 제1항의 임차권등기명령을 신청할 수 있다. 이 경우 제3항·제4항 및 제8항의 "임차인"은 "금융기관등"으로 본다. 〈신설 2013.8.13〉

[전문개정 2009.1.30.]

제7조(「민법」에 따른 임대차등기의 효력 등)

① 「민법」 제621조에 따른 건물임대차등기의 효력에 관하여는 제6조제5항 및 제6항을 준용한다.

② 임차인이 대항력 또는 우선변제권을 갖추고 「민법」 제621조제1항에 따라 임대인의 협력을 얻어 임대차등기를 신청하는 경우에는 신청서에 「부동산등기법」 제74조제1호부터 제6호까지의 사항 외에 다음 각 호의 사항을 기재하여야 하며, 이를 증명할 수 있는 서면(임대차의 목적이 건물의 일부분인 경우에는 그 부분의 도면을 포함한다)을 첨부하여야 한다. 〈개정 2011.4.12, 2020.2.4〉

　1. 사업자등록을 신청한 날

　2. 임차건물을 점유한 날

　3. 임대차계약서상의 확정일자를 받은 날

[전문개정 2009.1.30.]

제8조(경매에 의한 임차권의 소멸)

임차권은 임차건물에 대하여 「민사집행법」에 따른 경매가 실시된 경우에는 그 임차건물이 매각되면 소멸한다. 다만, 보증금이 전액 변제되지 아니한 대항력이 있는 임차권은 그러하지 아니하다.

[전문개정 2009.1.30.]

제9조(임대차기간 등)

① 기간을 정하지 아니하거나 기간을 1년 미만으로 정한 임대차는 그 기간을 1년으로 본다. 다만, 임차인은 1년 미만으로 정한 기간이 유효함을 주장할 수 있다.

② 임대차가 종료한 경우에도 임차인이 보증금을 돌려받을 때까지는 임대차 관계는 존속하는 것으로 본다.

[전문개정 2009.1.30.]

제10조(계약갱신 요구 등)

① 임대인은 임차인이 임대차기간이 만료되기 6개월 전부터 1개월 전까지 사이에 계약갱신을 요구할 경우 정당한 사유 없이 거절하지 못한다. 다만, 다음 각 호의 어느 하나의 경우에는 그러하지 아니하다. 〈개정 2013.8.13〉

1. 임차인이 3기의 차임액에 해당하는 금액에 이르도록 차임을 연체한 사실이 있는 경우
2. 임차인이 거짓이나 그 밖의 부정한 방법으로 임차한 경우
3. 서로 합의하여 임대인이 임차인에게 상당한 보상을 제공한 경우
4. 임차인이 임대인의 동의 없이 목적 건물의 전부 또는 일부를 전대(전대)한 경우
5. 임차인이 임차한 건물의 전부 또는 일부를 고의나 중대한 과실로 파손한 경우
6. 임차한 건물의 전부 또는 일부가 멸실되어 임대차의 목적을 달성하지 못할 경우
7. 임대인이 다음 각 목의 어느 하나에 해당하는 사유로 목적 건물의 전부 또는 대부분을 철거하거나 재건축하기 위하여 목적 건물의 점유를 회복할 필요가 있는 경우
   가. 임대차계약 체결 당시 공사시기 및 소요기간 등을 포함한 철거 또는 재건축 계획을 임차인에게 구체적으로 고지하고 그 계획에 따르는 경우
   나. 건물이 노후·훼손 또는 일부 멸실되는 등 안전사고의 우려가 있는 경우
   다. 다른 법령에 따라 철거 또는 재건축이 이루어지는 경우
8. 그 밖에 임차인이 임차인으로서의 의무를 현저히 위반하거나 임대차를 계속하기 어려운 중대한 사유가 있는 경우

② 임차인의 계약갱신요구권은 최초의 임대차기간을 포함한 전체 임대차기간이 10년을 초과하지 아니하는 범위에서만 행사할 수 있다. 〈개정 2018.10.16〉

③ 갱신되는 임대차는 전 임대차와 동일한 조건으로 다시 계약된 것으로 본다. 다만, 차임과 보증금은 제11조에 따른 범위에서 증감할 수 있다.

④ 임대인이 제1항의 기간 이내에 임차인에게 갱신 거절의 통지 또는 조건 변경의 통지를 하지 아니한 경우에는 그 기간이 만료된 때에 전 임대차와 동일한 조건으로 다시 임대차한 것으로 본다. 이 경우에 임대차의 존속기간은 1년으로 본다. 〈개정 2009.5.8〉

⑤ 제4항의 경우 임차인은 언제든지 임대인에게 계약해지의 통고를 할 수 있고, 임대

인이 통고를 받은 날부터 3개월이 지나면 효력이 발생한다.

[전문개정 2009.1.30.]

제10조의2(계약갱신의 특례)

제2조제1항 단서에 따른 보증금액을 초과하는 임대차의 계약갱신의 경우에는 당사자는 상가건물에 관한 조세, 공과금, 주변 상가건물의 차임 및 보증금, 그 밖의 부담이나 경제사정의 변동 등을 고려하여 차임과 보증금의 증감을 청구할 수 있다.

[본조신설 2013.8.13.]

제10조의3(권리금의 정의 등)

① 권리금이란 임대차 목적물인 상가건물에서 영업을 하는 자 또는 영업을 하려는 자가 영업시설·비품, 거래처, 신용, 영업상의 노하우, 상가건물의 위치에 따른 영업상의 이점 등 유형·무형의 재산적 가치의 양도 또는 이용대가로서 임대인, 임차인에게 보증금과 차임 이외에 지급하는 금전 등의 대가를 말한다.

② 권리금 계약이란 신규임차인이 되려는 자가 임차인에게 권리금을 지급하기로 하는 계약을 말한다.

[본조신설 2015.5.13.]

제10조의4(권리금 회수기회 보호 등)

① 임대인은 임대차기간이 끝나기 6개월 전부터 임대차 종료 시까지 다음 각 호의 어느 하나에 해당하는 행위를 함으로써 권리금 계약에 따라 임차인이 주선한 신규임차인이 되려는 자로부터 권리금을 지급받는 것을 방해하여서는 아니 된다. 다만, 제10조제1항 각 호의 어느 하나에 해당하는 사유가 있는 경우에는 그러하지 아니하다. 〈개정 2018.10.16〉

  1. 임차인이 주선한 신규임차인이 되려는 자에게 권리금을 요구하거나 임차인이 주선한 신규임차인이 되려는 자로부터 권리금을 수수하는 행위

  2. 임차인이 주선한 신규임차인이 되려는 자로 하여금 임차인에게 권리금을 지급하지 못하게 하는 행위

  3. 임차인이 주선한 신규임차인이 되려는 자에게 상가건물에 관한 조세, 공과금, 주변 상가건물의 차임 및 보증금, 그 밖의 부담에 따른 금액에 비추어 현저히 고액의 차

임과 보증금을 요구하는 행위

4. 그 밖에 정당한 사유 없이 임대인이 임차인이 주선한 신규임차인이 되려는 자와 임대차계약의 체결을 거절하는 행위

② 다음 각 호의 어느 하나에 해당하는 경우에는 제1항제4호의 정당한 사유가 있는 것으로 본다.

1. 임차인이 주선한 신규임차인이 되려는 자가 보증금 또는 차임을 지급할 자력이 없는 경우

2. 임차인이 주선한 신규임차인이 되려는 자가 임차인으로서의 의무를 위반할 우려가 있거나 그 밖에 임대차를 유지하기 어려운 상당한 사유가 있는 경우

3. 임대차 목적물인 상가건물을 1년 6개월 이상 영리목적으로 사용하지 아니한 경우

4. 임대인이 선택한 신규임차인이 임차인과 권리금 계약을 체결하고 그 권리금을 지급한 경우

③ 임대인이 제1항을 위반하여 임차인에게 손해를 발생하게 한 때에는 그 손해를 배상할 책임이 있다. 이 경우 그 손해배상액은 신규임차인이 임차인에게 지급하기로 한 권리금과 임대차 종료 당시의 권리금 중 낮은 금액을 넘지 못한다.

④ 제3항에 따라 임대인에게 손해배상을 청구할 권리는 임대차가 종료한 날부터 3년 이내에 행사하지 아니하면 시효의 완성으로 소멸한다.

⑤ 임차인은 임대인에게 임차인이 주선한 신규임차인이 되려는 자의 보증금 및 차임을 지급할 자력 또는 그 밖에 임차인으로서의 의무를 이행할 의사 및 능력에 관하여 자신이 알고 있는 정보를 제공하여야 한다.

[본조신설 2015.5.13.]

제10조의5(권리금 적용 제외)

제10조의4는 다음 각 호의 어느 하나에 해당하는 상가건물 임대차의 경우에는 적용하지 아니한다. 〈개정 2018.10.16〉

1. 임대차 목적물인 상가건물이 「유통산업발전법」 제2조에 따른 대규모점포 또는 준대규모점포의 일부인 경우(다만, 「전통시장 및 상점가 육성을 위한 특별법」 제2조제1호에 따른 전통시장은 제외한다)

2. 임대차 목적물인 상가건물이 「국유재산법」에 따른 국유재산 또는 「공유재산 및 물품 관리법」에 따른 공유재산인 경우

[본조신설 2015.5.13.]

제10조의6(표준권리금계약서의 작성 등)

국토교통부장관은 법무부장관과 협의를 거쳐 임차인과 신규임차인이 되려는 자의 권리금 계약 체결을 위한 표준권리금계약서를 정하여 그 사용을 권장할 수 있다. 〈개정 2020.7.31〉

[본조신설 2015.5.13.]

제10조의7(권리금 평가기준의 고시)

국토교통부장관은 권리금에 대한 감정평가의 절차와 방법 등에 관한 기준을 고시할 수 있다.

[본조신설 2015.5.13.]

제10조의8(차임연체와 해지)

임차인의 차임연체액이 3기의 차임액에 달하는 때에는 임대인은 계약을 해지할 수 있다.

[본조신설 2015.5.13.]

제10조의9(계약 갱신요구 등에 관한 임시 특례)

임차인이 이 법(법률 제17490호 상가건물임대차보호법 일부개정법률을 말한다) 시행일부터 6개월까지의 기간 동안 연체한 차임액은 제10조제1항제1호, 제10조의4제1항 단서 및 제10조의8의 적용에 있어서는 차임연체액으로 보지 아니한다. 이 경우 연체한 차임액에 대한 임대인의 그 밖의 권리는 영향을 받지 아니한다.

[본조신설 2020.9.29.]

제11조(차임 등의 증감청구권)

① 차임 또는 보증금이 임차건물에 관한 조세, 공과금, 그 밖의 부담의 증감이나 「감염병의 예방 및 관리에 관한 법률」 제2조제2호에 따른 제1급감염병 등에 의한 경제사정의 변동으로 인하여 상당하지 아니하게 된 경우에는 당사자는 장래의 차임 또는 보증금에 대하여 증감을 청구할 수 있다. 그러나 증액의 경우에는 대통령령으로 정하는 기

준에 따른 비율을 초과하지 못한다. 〈개정 2020.9.29〉

② 제1항에 따른 증액 청구는 임대차계약 또는 약정한 차임 등의 증액이 있은 후 1년 이내에는 하지 못한다.

③ 「감염병의 예방 및 관리에 관한 법률」 제2조제2호에 따른 제1급감염병에 의한 경제 사정의 변동으로 차임 등이 감액된 후 임대인이 제1항에 따라 증액을 청구하는 경우에는 증액된 차임 등이 감액 전 차임 등의 금액에 달할 때까지는 같은 항 단서를 적용하지 아니한다. 〈신설 2020.9.29〉

[전문개정 2009.1.30.]

제11조의2(폐업으로 인한 임차인의 해지권)

① 임차인은 「감염병의 예방 및 관리에 관한 법률」 제49조제1항제2호에 따른 집합 제한 또는 금지 조치(같은 항 제2호의2에 따라 운영시간을 제한한 조치를 포함한다)를 총 3개월 이상 받음으로써 발생한 경제사정의 중대한 변동으로 폐업한 경우에는 임대차계약을 해지할 수 있다.

② 제1항에 따른 해지는 임대인이 계약해지의 통고를 받은 날부터 3개월이 지나면 효력이 발생한다.

[본조신설 2022.1.4.]

제12조(월 차임 전환 시 산정률의 제한)

보증금의 전부 또는 일부를 월 단위의 차임으로 전환하는 경우에는 그 전환되는 금액에 다음 각 호 중 낮은 비율을 곱한 월 차임의 범위를 초과할 수 없다. 〈개정 2010.5. 17, 2013.8.13〉

  1. 「은행법」에 따른 은행의 대출금리 및 해당 지역의 경제 여건 등을 고려하여 대통령령으로 정하는 비율
  2. 한국은행에서 공시한 기준금리에 대통령령으로 정하는 배수를 곱한 비율

[전문개정 2009.1.30.]

제13조(전대차관계에 대한 적용 등)

① 제10조, 제10조의2, 제10조의8, 제10조의9(제10조 및 제10조의8에 관한 부분으로 한정한다), 제11조 및 제12조는 전대인(전대인)과 전차인(전차인)의 전대차관계에

적용한다. 〈개정 2015.5.13, 2020.9.29〉

② 임대인의 동의를 받고 전대차계약을 체결한 전차인은 임차인의 계약갱신요구권 행사기간 이내에 임차인을 대위(대위)하여 임대인에게 계약갱신요구권을 행사할 수 있다. [전문개정 2009.1.30.]

제14조(보증금 중 일정액의 보호)

① 임차인은 보증금 중 일정액을 다른 담보물권자보다 우선하여 변제받을 권리가 있다. 이 경우 임차인은 건물에 대한 경매신청의 등기 전에 제3조제1항의 요건을 갖추어야 한다.

② 제1항의 경우에 제5조제4항부터 제6항까지의 규정을 준용한다.

③ 제1항에 따라 우선변제를 받을 임차인 및 보증금 중 일정액의 범위와 기준은 임대건물가액(임대인 소유의 대지가액을 포함한다)의 2분의 1 범위에서 해당 지역의 경제여건, 보증금 및 차임 등을 고려하여 제14조의2에 따른 상가건물임대차위원회의 심의를 거쳐 대통령령으로 정한다. 〈개정 2013.8.13, 2020.7.31〉
[전문개정 2009.1.30.]

제14조의2(상가건물임대차위원회)

① 상가건물 임대차에 관한 다음 각 호의 사항을 심의하기 위하여 법무부에 상가건물임대차위원회(이하 "위원회"라 한다)를 둔다.

  1. 제2조제1항 단서에 따른 보증금액

  2. 제14조에 따라 우선변제를 받을 임차인 및 보증금 중 일정액의 범위와 기준

② 위원회는 위원장 1명을 포함한 10명 이상 15명 이하의 위원으로 성별을 고려하여 구성한다.

③ 위원회의 위원장은 법무부차관이 된다.

④ 위원회의 위원은 다음 각 호의 어느 하나에 해당하는 사람 중에서 위원장이 임명하거나 위촉하되, 제1호부터 제6호까지에 해당하는 위원을 각각 1명 이상 임명하거나 위촉하여야 하고, 위원 중 2분의 1 이상은 제1호·제2호 또는 제7호에 해당하는 사람을 위촉하여야 한다.

  1. 법학·경제학 또는 부동산학 등을 전공하고 상가건물 임대차 관련 전문지식을 갖춘 사람으로서 공인된 연구기관에서 조교수 이상 또는 이에 상당하는 직에 5년 이상

재직한 사람

2. 변호사·감정평가사·공인회계사·세무사 또는 공인중개사로서 5년 이상 해당 분야에서 종사하고 상가건물 임대차 관련 업무경험이 풍부한 사람

3. 기획재정부에서 물가 관련 업무를 담당하는 고위공무원단에 속하는 공무원

4. 법무부에서 상가건물 임대차 관련 업무를 담당하는 고위공무원단에 속하는 공무원 (이에 상당하는 특정직공무원을 포함한다)

5. 국토교통부에서 상가건물 임대차 관련 업무를 담당하는 고위공무원단에 속하는 공무원

6. 중소벤처기업부에서 소상공인 관련 업무를 담당하는 고위공무원단에 속하는 공무원

7. 그 밖에 상가건물 임대차 관련 학식과 경험이 풍부한 사람으로서 대통령령으로 정하는 사람

⑤ 그 밖에 위원회의 구성 및 운영 등에 필요한 사항은 대통령령으로 정한다.

[본조신설 2020.7.31.]

제15조(강행규정)

이 법의 규정에 위반된 약정으로서 임차인에게 불리한 것은 효력이 없다.

[전문개정 2009.1.30.]

제16조(일시사용을 위한 임대차)

이 법은 일시사용을 위한 임대차임이 명백한 경우에는 적용하지 아니한다.

[전문개정 2009.1.30.]

제17조(미등기전세에의 준용)

목적건물을 등기하지 아니한 전세계약에 관하여 이 법을 준용한다. 이 경우 "전세금"은 "임대차의 보증금"으로 본다.

[전문개정 2009.1.30.]

제18조(「소액사건심판법」의 준용)

임차인이 임대인에게 제기하는 보증금반환청구소송에 관하여는 「소액사건심판법」 제6

조·제7조·제10조 및 제11조의2를 준용한다.

[전문개정 2009.1.30.]

제19조(표준계약서의 작성 등)

법무부장관은 국토교통부장관과 협의를 거쳐 보증금, 차임액, 임대차기간, 수선비 분담 등의 내용이 기재된 상가건물임대차표준계약서를 정하여 그 사용을 권장할 수 있다. 〈개정 2020.7.31〉

[본조신설 2015.5.13.]

제20조(상가건물임대차분쟁조정위원회)

① 이 법의 적용을 받는 상가건물 임대차와 관련된 분쟁을 심의·조정하기 위하여 대통령령으로 정하는 바에 따라 「법률구조법」 제8조에 따른 대한법률구조공단의 지부, 「한국토지주택공사법」에 따른 한국토지주택공사의 지사 또는 사무소 및 「한국감정원법」에 따른 한국감정원의 지사 또는 사무소에 상가건물임대차분쟁조정위원회(이하 "조정위원회"라 한다)를 둔다. 특별시·광역시·특별자치시·도 및 특별자치도는 그 지방자치단체의 실정을 고려하여 조정위원회를 둘 수 있다. 〈개정 2020.7.31〉

② 조정위원회는 다음 각 호의 사항을 심의·조정한다.

  1. 차임 또는 보증금의 증감에 관한 분쟁

  2. 임대차 기간에 관한 분쟁

  3. 보증금 또는 임차상가건물의 반환에 관한 분쟁

  4. 임차상가건물의 유지·수선 의무에 관한 분쟁

  5. 권리금에 관한 분쟁

  6. 그 밖에 대통령령으로 정하는 상가건물 임대차에 관한 분쟁

③ 조정위원회의 사무를 처리하기 위하여 조정위원회에 사무국을 두고, 사무국의 조직 및 인력 등에 필요한 사항은 대통령령으로 정한다.

④ 사무국의 조정위원회 업무담당자는 「주택임대차보호법」 제14조에 따른 주택임대차분쟁조정위원회 사무국의 업무를 제외하고 다른 직위의 업무를 겸직하여서는 아니 된다.

[본조신설 2018.10.16.]

제21조(주택임대차분쟁조정위원회 준용)

조정위원회에 대하여는 이 법에 규정한 사항 외에는 주택임대차분쟁조정위원회에 관한「주택임대차보호법」제14조부터 제29조까지의 규정을 준용한다. 이 경우 "주택임대차분쟁조정위원회"는 "상가건물임대차분쟁조정위원회"로 본다.

[본조신설 2018.10.16.]

제22조(벌칙 적용에서 공무원 의제)

공무원이 아닌 상가건물임대차위원회의 위원 및 상가건물임대차분쟁조정위원회의 위원은「형법」제127조, 제129조부터 제132조까지의 규정을 적용할 때에는 공무원으로 본다. 〈개정 2020.7.31〉

[본조신설 2018.10.16.]

부칙 〈제6542호,2001.12.29〉

①(시행일) 이 법은 2002년 11월 1일부터 시행한다. 〈개정 2002.8.26〉

②(적용례) 이 법은 이 법 시행후 체결되거나 갱신된 임대차부터 적용한다. 다만, 제3조·제5조 및 제14조의 규정은 이 법 시행당시 존속중인 임대차에 대하여도 이를 적용하되, 이 법 시행 전에 물권을 취득한 제3자에 대하여는 그 효력이 없다.

③(기존 임차인의 확정일자 신청에 대한 경과조치) 이 법 시행당시의 임차인으로서 제5조의 규정에 의한 보증금 우선변제의 보호를 받고자 하는 자는 이 법 시행전에 대통령령이 정하는 바에 따라 건물의 소재지 관할 세무서장에게 임대차계약서상의 확정일자를 신청할 수 있다.

부칙 〈제6718호,2002.8.26〉

이 법은 공포한 날부터 시행한다.

부칙(민사집행법) 〈제7358호,2005.1.27〉

제1조 (시행일) 이 법은 공포 후 6월이 경과한 날부터 시행한다.

제2조 생략

제3조 (다른 법률의 개정) ①상가건물임대차보호법중 다음과 같이 개정한다.

제6조제3항 전단중 "민사집행법 제280조제1항, 제281조, 제283조, 제285조, 제286

조, 제288조제1항·제2항·제3항 본문, 제289조제1항 내지 제4항"을 "민사집행법 제280조제1항, 제281조, 제283조, 제285조, 제286조, 제288조제1항·제2항 본문, 제289조"로 한다.

②및 ③생략

제4조 생략

부칙 〈제9361호,2009.1.30〉

이 법은 공포한 날부터 시행한다.

부칙 〈제9649호,2009.5.8〉

이 법은 공포한 날부터 시행한다.

부칙(은행법) 〈제10303호, 2010.5.17〉

제1조(시행일) 이 법은 공포 후 6개월이 경과한 날부터 시행한다. 〈단서 생략〉

제2조부터 제8조까지 생략

제9조(다른 법률의 개정) ① 부터 〈40〉 까지 생략

〈41〉 상가건물임대차보호법 일부를 다음과 같이 개정한다.

제2조제2항 및 제12조 중 "금융기관"을 각각 "은행"으로 한다.

〈42〉 부터 〈86〉 까지 생략

제10조 생략

부칙(부동산등기법) 〈제10580호, 2011.4.12〉

제1조(시행일) 이 법은 공포 후 6개월이 경과한 날부터 시행한다. 〈단서 생략〉

제2조 및 제3조 생략

제4조(다른 법률의 개정) ①부터 〈22〉까지 생략

〈23〉 상가건물임대차보호법 일부를 다음과 같이 개정한다.

제7조제2항 각 호 외의 부분 중 "「부동산등기법」 제156조에 규정된 사항 외에"를 "「부동산등기법」 제74조제1호부터 제5호까지의 사항 외에"로 한다.

〈24〉부터 〈42〉까지 생략

제5조 생략

부칙(부가가치세법) 〈제11873호, 2013.6.7〉

제1조(시행일) 이 법은 2013년 7월 1일부터 시행한다.

제2조부터 제17조까지 생략

제18조(다른 법률의 개정) ①부터 ⑨까지 생략

⑩ 상가건물임대차보호법 일부를 다음과 같이 개정한다.

제3조제1항 중 "「부가가치세법」 제5조"를 "「부가가치세법」 제8조"로 한다.

⑪부터 ⑭까지 생략

제19조 생략

부칙 〈제12042호,2013.8.13〉

제1조(시행일) 이 법은 공포한 날부터 시행한다. 다만, 제12조, 제14조제3항의 개정규정은 2014년 1월 1일부터 시행한다.

제2조(일반적 적용례) 이 법은 이 법 시행 후 최초로 체결되거나 갱신되는 임대차부터 적용한다.

제3조(금융기관등의 우선변제권에 관한 적용례) 제5조제4항, 같은 조 제6항부터 제9항까지, 제6조제1항 및 제9항의 개정규정은 이 법 시행 당시 존속 중인 임대차에 대하여도 적용하되, 이 법 시행 후 최초로 보증금반환채권을 양수한 경우부터 적용한다.

제4조(월 차임 전환 시 산정률의 제한에 관한 적용례) 제12조의 개정규정은 같은 개정규정 시행 당시 존속 중인 임대차에 대하여도 적용하되, 같은 개정규정 시행 후 최초로 보증금의 전부 또는 일부를 월 단위 차임으로 전환하는 경우부터 적용한다.

제5조(소액보증금 보호에 관한 적용례) 제14조제3항의 개정규정은 같은 개정규정 시행 당시 존속 중인 임대차에 대하여도 이를 적용하되, 같은 개정규정 시행 전에 물권을 취득한 제3자에 대하여는 그 효력이 없다.

부칙 〈제13284호,2015.5.13〉

제1조(시행일) 이 법은 공포한 날부터 시행한다. 다만, 제4조의 개정규정은 공포 후 6개월이 경과한 날부터 시행한다.

제2조(대항력에 관한 적용례) 제2조제3항의 개정규정 중 제3조 대항력에 관한 규정은 이 법 시행 후 최초로 계약이 체결되거나 갱신되는 임대차부터 적용한다.

제3조(권리금 회수기회 보호 등에 관한 적용례) 제10조의4의 개정규정은 이 법 시행 당시 존속 중인 임대차부터 적용한다.

부칙(수산업협동조합법) 〈제14242호, 2016.5.29〉
제1조(시행일) 이 법은 2016년 12월 1일부터 시행한다. 〈단서 생략〉
제2조부터 제20조까지 생략
제21조(다른 법률의 개정) ①부터 ⑪까지 생략
⑫ 상가건물임대차보호법 일부를 다음과 같이 개정한다.
제5조제7항제5호 중 "수산업협동조합중앙회"를 "수협은행"으로 한다.
⑬부터 〈27〉까지 생략
제22조 생략

부칙 〈제15791호,2018.10.16〉
제1조(시행일) 이 법은 공포한 날부터 시행한다. 다만, 제20조부터 제22조까지의 개정규정은 공포 후 6개월이 경과한 날부터 시행한다.
제2조(계약갱신요구 기간의 적용례) 제10조제2항의 개정규정은 이 법 시행 후 최초로 체결되거나 갱신되는 임대차부터 적용한다.
제3조(권리금 회수기회 보호 등에 관한 적용례) 제10조의4제1항의 개정규정은 이 법 시행 당시 존속 중인 임대차에 대하여도 적용한다.
제4조(권리금 적용 제외에 관한 적용례) 제10조의5제1호의 개정규정은 이 법 시행 당시 존속 중인 임대차에 대하여도 적용한다.
제5조(다른 법률의 개정) 주택임대차보호법 일부를 다음과 같이 개정한다.
제14조제4항 중 "다른 직위의 업무를 겸직하여서는 아니 된다"를 "「상가건물임대차보호법」 제20조에 따른 상가건물임대차분쟁조정위원회 사무국의 업무를 제외하고 다른 직위의 업무를 겸직하여서는 아니 된다"로 한다.

부칙(부동산등기법) 〈제16912호, 2020.2.4〉
제1조(시행일) 이 법은 공포 후 6개월이 경과한 날부터 시행한다.
제2조 및 제3조 생략
제4조(다른 법률의 개정) ①부터 ③까지 생략

④ 상가건물임대차보호법 일부를 다음과 같이 개정한다.

제7조제2항 각 호 외의 부분 중 "「부동산등기법」 제74조제1호부터 제5호까지"를 "「부동산등기법」 제74조제1호부터 제6호까지"로 한다.

⑤부터 ⑦까지 생략

부칙 〈제17471호,2020.7.31〉

제1조(시행일) 이 법은 공포 후 3개월이 경과한 날부터 시행한다.

제2조(위원회의 심의 사항에 관한 특례) ① 이 법 시행 당시 종전의 제2조제1항 단서에 따라 대통령령으로 정한 보증금액은 같은 항 단서의 개정규정에 따라 위원회의 심의를 거쳐 대통령령으로 정하기 전까지는 같은 개정규정에 따라 위원회의 심의를 거쳐 대통령령으로 정한 보증금액으로 본다.

② 이 법 시행 당시 종전의 제14조제3항에 따라 대통령령으로 정한 우선변제를 받을 임차인 및 보증금 중 일정액의 범위와 기준은 같은 항의 개정규정에 따라 위원회의 심의를 거쳐 대통령령으로 정하기 전까지는 같은 개정규정에 따라 위원회의 심의를 거쳐 대통령령으로 정한 범위와 기준으로 본다.

부칙 〈제17490호,2020.9.29〉

제1조(시행일) 이 법은 공포한 날부터 시행한다.

제2조(계약 갱신요구 등의 임시 특례 등에 관한 적용례) 제2조제3항, 제10조의9, 제11조제1항·제3항 및 제13조제1항의 개정규정은 이 법 시행 당시 존속 중인 임대차에 대하여도 적용한다.

부칙 〈제18675호, 2022.1.4〉

제1조(시행일) 이 법은 공포한 날부터 시행한다.

제2조(임차인의 해지권에 관한 적용례) 제11조의2의 개정규정은 이 법 시행 당시 존속 중인 임대차에 대해서도 적용한다.

상가건물 임대차보호법 시행령

[시행 2023. 1. 1.] [대통령령 제33106호, 2022. 12. 20. 일부개정]

제1조【목적】

이 영은 「상가건물 임대차보호법」에서 위임된 사항과 그 시행에 관하여 필요한 사항을 정하는 것을 목적으로 한다. 〈개정 2008. 8. 21., 2010. 7. 21.〉

제2조【적용범위】

① 「상가건물 임대차보호법」(이하 "법"이라 한다) 제2조제1항 단서에서 "대통령령으로 정하는 보증금액"이란 다음 각 호의 구분에 의한 금액을 말한다. 〈개정 2008. 8. 21., 2010. 7. 21., 2013. 12. 30., 2018. 1. 26., 2019. 4. 2.〉

  1. 서울특별시 : 9억원

  2. 「수도권정비계획법」에 따른 과밀억제권역(서울특별시는 제외한다) 및 부산광역시: 6억9천만원

  3. 광역시(「수도권정비계획법」에 따른 과밀억제권역에 포함된 지역과 군지역, 부산광역시는 제외한다), 세종특별자치시, 파주시, 화성시, 안산시, 용인시, 김포시 및 광주시: 5억4천만원

  4. 그 밖의 지역 : 3억7천만원

② 법 제2조제2항의 규정에 의하여 보증금외에 차임이 있는 경우의 차임액은 월 단위의 차임액으로 한다.

③ 법 제2조제2항에서 "대통령령으로 정하는 비율"이라 함은 1분의 100을 말한다. 〈개정 2010. 7. 21.〉

제3조【확정일자부 기재사항 등】

① 상가건물 임대차 계약증서 원본을 소지한 임차인은 법 제4조제1항에 따라 상가건물의 소재지 관할 세무서장에게 확정일자 부여를 신청할 수 있다. 다만, 「부가가치세법」 제8조제3항에 따라 사업자 단위 과세가 적용되는 사업자의 경우 해당 사업자의 본

점 또는 주사무소 관할 세무서장에게 확정일자 부여를 신청할 수 있다.

② 확정일자는 제1항에 따라 확정일자 부여의 신청을 받은 세무서장(이하 "관할 세무서장"이라 한다)이 확정일자 번호, 확정일자 부여일 및 관할 세무서장을 상가건물 임대차 계약증서 원본에 표시하고 관인을 찍는 방법으로 부여한다.

③ 관할 세무서장은 임대차계약이 변경되거나 갱신된 경우 임차인의 신청에 따라 새로운 확정일자를 부여한다.

④ 관할 세무서장이 법 제4조제2항에 따라 작성하는 확정일자부에 기재하여야 할 사항은 다음 각 호와 같다.

  1. 확정일자 번호

  2. 확정일자 부여일

  3. 임대인ㆍ임차인의 인적사항

    가. 자연인인 경우: 성명, 주민등록번호(외국인은 외국인등록번호)

    나. 법인인 경우: 법인명, 대표자 성명, 법인등록번호

    다. 법인 아닌 단체인 경우: 단체명, 대표자 성명, 사업자등록번호ㆍ고유번호

  4. 임차인의 상호 및 법 제3조제1항에 따른 사업자등록 번호

  5. 상가건물의 소재지, 임대차 목적물 및 면적

  6. 임대차기간

  7. 보증금ㆍ차임

⑤ 제1항부터 제4항까지에서 규정한 사항 외에 확정일자 부여 사무에 관하여 필요한 사항은 법무부령으로 정한다.

〈전문개정 2015. 11. 13.〉

제3조의2【이해관계인의 범위】

법 제4조제3항에 따라 정보의 제공을 요청할 수 있는 상가건물의 임대차에 이해관계가 있는 자(이하 "이해관계인"이라 한다)는 다음 각 호의 어느 하나에 해당하는 자로 한다.

  1. 해당 상가건물 임대차계약의 임대인ㆍ임차인

  2. 해당 상가건물의 소유자

  3. 해당 상가건물 또는 그 대지의 등기부에 기록된 권리자 중 법무부령으로 정하는 자

  4. 법 제5조제7항에 따라 우선변제권을 승계한 금융기관 등

5. 제1호부터 제4호까지에서 규정한 자에 준하는 지위 또는 권리를 가지는 자로서 임대차 정보의 제공에 관하여 법원의 판결을 받은 자

[본조신설 2015. 11. 13.]

제3조의3 【이해관계인 등이 요청할 수 있는 정보의 범위】

① 제3조의2제1호에 따른 임대차계약의 당사자는 관할 세무서장에게 다음 각 호의 사항이 기재된 서면의 열람 또는 교부를 요청할 수 있다.

1. 임대인·임차인의 인적사항(제3조제4항제3호에 따른 정보를 말한다. 다만, 주민등록번호 및 외국인등록번호의 경우에는 앞 6자리에 한정한다)
2. 상가건물의 소재지, 임대차 목적물 및 면적
3. 사업자등록 신청일
4. 보증금·차임 및 임대차기간
5. 확정일자 부여일
6. 임대차계약이 변경되거나 갱신된 경우에는 변경·갱신된 날짜, 새로운 확정일자 부여일, 변경된 보증금·차임 및 임대차기간
7. 그 밖에 법무부령으로 정하는 사항

② 임대차계약의 당사자가 아닌 이해관계인 또는 임대차계약을 체결하려는 자는 관할 세무서장에게 다음 각 호의 사항이 기재된 서면의 열람 또는 교부를 요청할 수 있다.

1. 상가건물의 소재지, 임대차 목적물 및 면적
2. 사업자등록 신청일
3. 보증금 및 차임, 임대차기간
4. 확정일자 부여일
5. 임대차계약이 변경되거나 갱신된 경우에는 변경·갱신된 날짜, 새로운 확정일자 부여일, 변경된 보증금·차임 및 임대차기간
6. 그 밖에 법무부령으로 정하는 사항

③ 제1항 및 제2항에서 규정한 사항 외에 임대차 정보의 제공 등에 필요한 사항은 법무부령으로 정한다.

[본조신설 2015. 11. 13.]

제4조 【차임 등 증액청구의 기준】

법 제11조제1항의 규정에 의한 차임 또는 보증금의 증액청구는 청구당시의 차임 또는 보증금의 100분의 5의 금액을 초과하지 못한다. 〈개정 2008. 8. 21., 2018. 1. 26.〉

제5조【월차임 전환 시 산정률】

① 법 제12조제1호에서 "대통령령으로 정하는 비율"이란 연 1할2푼을 말한다.

② 법 제12조제2호에서 "대통령령으로 정하는 배수"란 4.5배를 말한다.

〈전문개정 2013. 12. 30.〉

제6조【우선변제를 받을 임차인의 범위】

법 제14조의 규정에 의하여 우선변제를 받을 임차인은 보증금과 차임이 있는 경우 법 제2조제2항의 규정에 의하여 환산한 금액의 합계가 다음 각호의 구분에 의한 금액 이하인 임차인으로 한다. 〈개정 2008. 8. 21., 2010. 7. 21., 2013. 12. 30.〉

1. 서울특별시 : 6천500만원
2. 「수도권정비계획법」에 따른 과밀억제권역(서울특별시는 제외한다): 5천500만원
3. 광역시(「수도권정비계획법」에 따른 과밀억제권역에 포함된 지역과 군지역은 제외한다), 안산시, 용인시, 김포시 및 광주시: 3천8백만원
4. 그 밖의 지역 : 3천만원

제7조【우선변제를 받을 보증금의 범위 등】

① 법 제14조의 규정에 의하여 우선변제를 받을 보증금중 일정액의 범위는 다음 각호의 구분에 의한 금액 이하로 한다. 〈개정 2008. 8. 21., 2010. 7. 21., 2013. 12. 30.〉

1. 서울특별시 : 2천200만원
2. 「수도권정비계획법」에 따른 과밀억제권역(서울특별시는 제외한다): 1천900만원
3. 광역시(「수도권정비계획법」에 따른 과밀억제권역에 포함된 지역과 군지역은 제외한다), 안산시, 용인시, 김포시 및 광주시: 1천300만원
4. 그 밖의 지역 : 1천만원

② 임차인의 보증금중 일정액이 상가건물의 가액의 2분의 1을 초과하는 경우에는 상가건물의 가액의 2분의 1에 해당하는 금액에 한하여 우선변제권이 있다. 〈개정 2013. 12. 30.〉

③ 하나의 상가건물에 임차인이 2인 이상이고, 그 각 보증금중 일정액의 합산액이 상가건물의 가액의 2분의 1을 초과하는 경우에는 그 각 보증금중 일정액의 합산액에 대한 각 임차인의 보증금중 일정액의 비율로 그 상가건물의 가액의 2분의 1에 해당하는 금액을 분할한 금액을 각 임차인의 보증금중 일정액으로 본다. 〈개정 2013. 12. 30.〉

제7조의2【상가건물임대차위원회의 구성】

법 제14조의2제4항제7호에서 "대통령령으로 정하는 사람"이란 다음 각 호의 어느 하나에 해당하는 사람을 말한다.

1. 특별시·광역시·특별자치시·도 및 특별자치도(이하 "시·도"라 한다)에서 상가건물 정책 또는 부동산 관련 업무를 담당하는 주무부서의 실·국장
2. 법무사로서 5년 이상 해당 분야에서 종사하고 상가건물 임대차 관련 업무 경험이 풍부한 사람

[본조신설 2020. 10. 20.]

제7조의3【위원의 임기 등】

① 법 제14조의2에 따른 상가건물임대차위원회(이하 "위원회"라 한다)의 위원의 임기는 2년으로 하되, 한 차례만 연임할 수 있다. 다만, 공무원인 위원의 임기는 그 직위에 재직하는 기간으로 한다.

② 위원회의 위원장(이하 "위원장"이라 한다)은 위촉된 위원이 다음 각 호의 어느 하나에 해당하는 경우에는 해당 위원을 해촉할 수 있다.

1. 심신장애로 직무를 수행할 수 없게 된 경우
2. 직무와 관련한 형사사건으로 기소된 경우
3. 직무태만, 품위손상, 그 밖의 사유로 위원으로 적합하지 않다고 인정되는 경우
4. 위원 스스로 직무를 수행하는 것이 곤란하다고 의사를 밝히는 경우

[본조신설 2020. 10. 20.]

제7조의4【위원장의 직무】

① 위원장은 위원회를 대표하고, 위원회의 업무를 총괄한다.

② 위원장이 부득이한 사유로 직무를 수행할 수 없을 때에는 위원장이 미리 지명한 위원이 그 직무를 대행한다.

[본조신설 2020. 10. 20.]

제7조의5 【간사】

① 위원회에 간사 1명을 두되, 간사는 상가건물 임대차 관련 업무에 종사하는 법무부 소속의 고위공무원단에 속하는 일반직 공무원(이에 상당하는 특정직·별정직 공무원을 포함한다) 중에서 위원장이 지명한다.

② 간사는 위원회의 운영을 지원하고, 위원회의 회의에 관한 기록과 그 밖에 서류의 작성·보관에 관한 사무를 처리한다.

③ 간사는 위원회에 참석하여 심의사항을 설명하거나 그 밖에 필요한 발언을 할 수 있다.

[본조신설 2020. 10. 20.]

제7조의6 【위원회의 회의】

① 위원회의 회의는 매년 1회 개최되는 정기회의와 위원장이 필요하다고 인정하거나 위원 3분의 1 이상이 요구하는 경우에 개최되는 임시회의로 구분하여 운영한다.

② 위원장은 위원회의 회의를 소집하고, 그 의장이 된다.

③ 위원회의 회의는 재적위원 과반수의 출석으로 개의하고, 출석위원 과반수의 찬성으로 의결한다.

④ 위원회의 회의는 비공개로 한다.

⑤ 위원장은 위원이 아닌 사람을 회의에 참석하게 하여 의견을 듣거나 관계 기관·단체 등에 필요한 자료, 의견 제출 등 협조를 요청할 수 있다.

[본조신설 2020. 10. 20.]

제7조의7 【실무위원회】

① 위원회에서 심의할 안건의 협의를 효율적으로 지원하기 위하여 위원회에 실무위원회를 둔다.

② 실무위원회는 다음 각 호의 사항을 협의·조정한다.

  1. 심의안건 및 이와 관련하여 위원회가 위임한 사항

  2. 그 밖에 위원장 및 위원이 실무협의를 요구하는 사항

③ 실무위원회의 위원장은 위원회의 간사가 되고, 실무위원회의 위원은 다음 각 호의

사람 중에서 그 소속기관의 장이 지명하는 사람으로 한다.

1. 기획재정부에서 물가 관련 업무를 담당하는 5급 이상의 국가공무원
2. 법무부에서 상가건물 임대차 관련 업무를 담당하는 5급 이상의 국가공무원
3. 국토교통부에서 상가건물 임대차 관련 업무를 담당하는 5급 이상의 국가공무원
4. 중소벤처기업부에서 소상공인 관련 업무를 담당하는 5급 이상의 국가공무원
5. 시 · 도에서 소상공인 또는 민생경제 관련 업무를 담당하는 5급 이상의 지방공무원

[본조신설 2020. 10. 20.]

제7조의8 【전문위원】

① 위원회의 심의사항에 관한 전문적인 조사 · 연구업무를 수행하기 위하여 5명 이내의 전문위원을 둘 수 있다.

② 전문위원은 법학, 경제학 또는 부동산학 등에 학식과 경험을 갖춘 사람 중에서 법무부장관이 위촉하고, 임기는 2년으로 한다.

[본조신설 2020. 10. 20.]

제7조의9 【수당】

위원회 또는 실무위원회 위원에게는 예산의 범위에서 수당을 지급할 수 있다. 다만, 공무원인 위원이 그 소관 업무와 직접적으로 관련되어 위원회에 출석하는 경우는 제외한다.

[본조신설 2020. 10. 20.]

제7조의10 【운영세칙】

이 영에서 규정한 사항 외에 위원회의 운영에 필요한 사항은 법무부장관이 정한다.

[본조신설 2020. 10. 20.]

제8조 【상가건물임대차분쟁조정위원회의 설치】

법 제20조제1항에 따른 상가건물임대차분쟁조정위원회(이하 "조정위원회"라 한다)를 두는 「법률구조법」 제8조에 따른 대한법률구조공단(이하 "공단"이라 한다), 「한국토지주택공사법」에 따른 한국토지주택공사(이하 "공사"라 한다) 및 「한국부동산원법」에 따른 한국부동산원(이하 "부동산원"이라 한다)의 지부, 지사 또는 사무소와 그 관할구역

은 별표와 같다. 〈개정 2020. 12. 8.〉

〈전문개정 2020. 10. 20.〉

제9조【조정위원회의 심의·조정 사항】

법 제20조제2항제6호에서 "대통령령으로 정하는 상가건물 임대차에 관한 분쟁"이란 다음 각 호의 분쟁을 말한다. 〈개정 2020. 10. 20.〉

1. 임대차계약의 이행 및 임대차계약 내용의 해석에 관한 분쟁
2. 임대차계약 갱신 및 종료에 관한 분쟁
3. 임대차계약의 불이행 등에 따른 손해배상청구에 관한 분쟁
4. 공인중개사 보수 등 비용부담에 관한 분쟁
5. 법 제19조에 따른 상가건물임대차표준계약서의 사용에 관한 분쟁
6. 그 밖에 제1호부터 제5호까지의 규정에 준하는 분쟁으로서 조정위원회의 위원장이 조정이 필요하다고 인정하는 분쟁

[본조신설 2019. 4. 2.]

제10조【공단의 지부 등에 두는 조정위원회의 사무국】

① 법 제20조제3항에 따라 공단, 공사 또는 부동산원의 지부, 지사 또는 사무소에 두는 조정위원회의 사무국(이하 "사무국"이라 한다)에는 사무국장 1명을 각각 두며, 사무국장 밑에 심사관 및 조사관을 각각 둔다. 〈개정 2020. 10. 20., 2020. 12. 8.〉

② 사무국장은 공단 이사장, 공사 사장 및 부동산원 원장이 각각 임명하며, 조정위원회의 위원을 겸직할 수 있다. 〈개정 2020. 10. 20., 2020. 12. 8.〉

③ 심사관 및 조사관은 공단 이사장, 공사 사장 및 부동산원 원장이 각각 임명한다. 〈개정 2020. 10. 20., 2020. 12. 8.〉

④ 사무국장은 사무국의 업무를 총괄하고, 소속 직원을 지휘·감독한다.

⑤ 심사관은 다음 각 호의 업무를 담당한다. 〈개정 2020. 10. 20.〉

1. 분쟁조정 신청 사건에 대한 쟁점정리 및 법률적 검토
2. 조사관이 담당하는 업무에 대한 지휘·감독
3. 그 밖에 조정위원회의 위원장이 조정위원회의 사무 처리를 위하여 필요하다고 인정하는 업무

⑥ 조사관은 다음 각 호의 업무를 담당한다. 〈개정 2020. 10. 20.〉

1. 분쟁조정 신청의 접수

2. 분쟁조정 신청에 관한 민원의 안내

3. 조정당사자에 대한 송달 및 통지

4. 분쟁의 조정에 필요한 사실조사

5. 그 밖에 조정위원회의 위원장이 조정위원회의 사무 처리를 위하여 필요하다고 인정하는 업무

⑦ 사무국장 및 심사관은 변호사의 자격이 있는 사람으로 한다.

[본조신설 2019. 4. 2.]

[제목개정 2020. 10. 20.]

제11조【시·도의 조정위원회 사무국】

시·도가 법 제20조제1항 후단에 따라 조정위원회를 두는 경우 사무국의 조직 및 운영 등에 관한 사항은 그 지방자치단체의 실정을 고려하여 해당 지방자치단체의 조례로 정한다. 〈개정 2020. 10. 20.〉

[본조신설 2019. 4. 2.]

제12조【고유식별정보의 처리】

관할 세무서장은 법 제4조에 따른 확정일자 부여에 관한 사무를 수행하기 위하여 불가피한 경우 「개인정보 보호법 시행령」 제19조제1호 및 제4호에 따른 주민등록번호 및 외국인등록번호가 포함된 자료를 처리할 수 있다. 〈개정 2013. 12. 30., 2015. 11. 13.〉

[본조신설 2012. 1. 6.]

[제8조에서 이동 〈2019. 4. 2.〉]

부칙 〈제17757호,2002.10.14〉

①(시행일) 이 영은 2002년 11월 1일부터 시행한다.

②(기존 임차인의 확정일자 신청에 대한 경과조치) 이 영 공포후 법 부칙 제3항의 규정에 의하여 임대차계약서상의 확정일자를 신청하고자 하는 자는 임대차계약서와 함께 사업자등록증을 제시하여야 한다.

부칙(행정정보의 공동이용 및 문서감축을 위한 국가채권관리법 시행령 등 일부개정령)
〈제19507호,2006.6.12〉
이 영은 공포한 날부터 시행한다.

부칙 〈제20970호,2008.8.21〉
제1조(시행일) 이 영은 공포한 날부터 시행한다.
제2조(경과조치) 이 영 시행 당시 존속 중인 상가건물임대차계약에 대하여는 종전의
규정에 따른다. 다만, 제4조의 개정규정은 그러하지 아니하다.

부칙 〈제21988호,2010.1.11〉
이 영은 공포한 날부터 시행한다.

부칙(전자정부법 시행령) 〈제22151호, 2010.5.4〉
제1조(시행일) 이 영은 2010년 5월 5일부터 시행한다.
제2조 및 제3조 생략
제4조(다른 법령의 개정) ① 부터 〈98〉 까지 생략
〈99〉 상가건물임대차보호법 시행령 일부를 다음과 같이 개정한다.
별지 제1호서식 중 "「전자정부법」 제21조제1항"을 "「전자정부법」 제36조제1항"으로 한
다.
〈100〉 부터 〈192〉 까지 생략

부칙 〈제22283호,2010.7.21〉
제1조(시행일) 이 영은 2010년 7월 26일부터 시행한다. 다만, 별지 제2호서식의 개정
규정은 2010년 9월 26일부터 시행한다.
제2조(경과조치) ① 이 영 시행 당시 존속 중인 상가건물 임대차계약에 대해서는 종전
의 규정에 따른다.
② 이 영 시행 전에 임차건물에 대하여 담보물권을 취득한 자에 대해서는 종전의 규정
에 따른다.

부칙(민감정보 및 고유식별정보 처리 근거 마련을 위한 과세자료의 제출 및 관리에 관한 법률 시행령 등 일부개정령) 〈제23488호, 2012.1.6〉

제1조(시행일) 이 영은 공포한 날부터 시행한다. 〈단서 생략〉

제2조 생략

부칙(개인정보 보호를 위한 상가건물임대차보호법 시행령 등 일부개정령) 〈제23807호,2012.5.23〉

제1조(시행일) 이 영은 공포한 날부터 시행한다.

제2조(서식 개정에 관한 경과조치) 이 영 시행 당시 종전의 규정에 따른 서식은 2012년 8월 31일까지 이 영에 따른 서식과 함께 사용할 수 있다.

부칙 〈제25036호,2013.12.30〉

제1조(시행일) 이 영은 2014년 1월 1일부터 시행한다.

제2조(적용범위에 관한 적용례) 제2조의 개정규정은 이 영 시행 후 체결되거나 갱신되는 상가건물 임대차계약부터 적용한다.

제3조(월차임 전환 시 산정률의 제한에 관한 적용례) 제5조의 개정규정은 이 영 시행 당시 존속 중인 상가건물 임대차계약에 대해서도 적용하되, 이 영 시행 후 보증금의 전부 또는 일부를 월 단위 차임으로 전환하는 경우부터 적용한다.

제4조(소액보증금 보호에 관한 적용례) 제6조 및 제7조의 개정규정은 이 영 시행 당시 존속 중인 상가건물 임대차계약에 대해서도 적용하되, 이 영 시행 전에 담보물권을 취득한 자에 대해서는 종전의 규정에 따른다.

부칙 〈제26637호,2015.11.13〉

이 영은 2015년 11월 14일부터 시행한다.

부칙 〈제28611호,2018.1.26〉

제1조(시행일) 이 영은 공포한 날부터 시행한다.

제2조(적용범위에 대한 적용례) 제2조의 개정규정은 이 영 시행 이후 체결되거나 갱신되는 상가건물 임대차계약부터 적용한다.

제3조(차임 등 증액청구 기준에 대한 적용례) 제4조의 개정규정은 이 영 시행 당시 존

속 중인 상가건물 임대차계약에 대해서도 적용한다.

부칙 〈제29671호,2019.4.2〉
제1조(시행일) 이 영은 공포한 날부터 시행한다. 다만, 제8조부터 제11조까지의 개정규정은 2019년 4월 17일부터 시행한다.
제2조(적용범위에 대한 적용례) 제2조제1항의 개정규정은 이 영 시행 이후 체결되거나 갱신되는 상가건물 임대차계약부터 적용한다.

부칙 〈제31117호,2020.10.20〉
이 영은 2020년 11월 1일부터 시행한다.

부칙(한국부동산원법 시행령) 〈제31243호, 2020.12.8〉
제1조(시행일) 이 영은 2020년 12월 10일부터 시행한다.
제2조(다른 법령의 개정) ①부터 〈19〉까지 생략
〈20〉 상가건물임대차보호법 시행령 일부를 다음과 같이 개정한다.
제8조 중 "「한국감정원법」에 따른 한국감정원(이하 "감정원"이라 한다)"을 "「한국부동산원법」에 따른 한국부동산원(이하 "부동산원"이라 한다)"으로 한다.
제10조제1항부터 제3항까지 중 "감정원"을 각각 "부동산원"으로 한다.
별표의 기관란 중 "감정원"을 "부동산원"으로 한다.
〈21〉부터 〈33〉까지 생략

부칙 〈대통령령 제33106호, 2022. 12. 20.〉
제1조(시행일) 이 영은 2023년 1월 1일부터 시행한다.
제2조(공사의 인천지역본부 등에 설치된 조정위원회에 조정 신청된 사항에 관한 경과조치) 이 영 시행 당시 종전의 별표에 따라 다음 표의 왼쪽 란에 기재된 지역본부에 설치된 조정위원회에 조정 신청된 사항은 별표의 개정규정에 따라 다음 표의 오른쪽 란에 기재된 지사에 설치된 조정위원회에 조정 신청된 것으로 본다.
제3조(부동산원의 경기서부지사에 설치된 조정위원회에 관한 경과조치) ① 이 영 시행 당시 종전의 별표에 따라 부동산원의 경기서부지사에 설치된 조정위원회는 별표의 개정규정에 따라 부동산원의 고양지사에 설치된 조정위원회로 본다.

공사의 인천지역본부	부동산원의 인천지사
공사의 경남지역본부	부동산원의 창원지사
공사의 경기지역본부	부동산원의 성남지사
공사의 부산울산지역본부	부동산원의 울산지사

② 이 영 시행 당시 종전의 별표에 따라 부동산원의 경기서부지사에 설치된 조정위원회의 위원장 및 위원으로 호선 및 위촉된 사람은 별표의 개정규정에 따라 부동산원의 고양지사에 설치된 조정위원회의 위원장 및 위원으로 호선 및 위촉된 것으로 본다. 이 경우 그 임기는 종전 임기의 남은 기간으로 한다.

3. 상가건물 임대차계약서상의 확정일자 부여 및 임대차 정보제공에 관한 규칙

타법개정 2022. 2. 7. [법무부령 제1022호, 시행 2022. 2. 7]

제1조(목적)
이 규칙은 「상가건물임대차보호법」 제4조에 따른 임대차계약서상의확정일자부여및임대차정보제공에관한 사항을 규정함을 목적으로 한다.

제2조(확정일자부여 신청 방법)
① 상가건물임대차 계약서(이하 "계약서"라 한다)에 확정일자를 부여받으려는 자(이하 "확정일자 신청인"이라 한다)는 「상가건물임대차보호법 시행령」(이하 "영"이라 한다) 제3조에 따른 관할 세무서장(이하 "관할 세무서장"이라 한다)에게 별지 제1호서식의 확정일자 신청서를 작성하여 제출하여야 한다. 다만, 임대차의 목적이 상가건물의 일부분인 경우 확정일자 신청서와 함께 그 부분의 도면을 제출하여야 한다.
② 확정일자 신청인은 제1항에 따른 신청 시 다음 각 호의 서류를 제시하여야 한다.
 1. 다음 각 목의 사항이 적혀 있는 계약서 원본
     가. 임대인·임차인의 인적사항, 임대차 목적물·면적, 임대차기간, 보증금·차임
     나. 계약당사자(대리인에 의하여 계약이 체결된 경우에는 그 대리인을 말한다)의 서명 또는 기명날인
 2. 주민등록증, 운전면허증, 여권 또는 외국인등록증 등 본인을 확인할 수 있는 서류
③ 사업자등록 신청 또는 사업자등록 정정신고와 동시에 확정일자부여를 신청하는 경우 확정일자 신청서를 갈음하여 사업자등록 신청서 또는 사업자등록 정정신고서에 확정일자부여 신청 의사를 표시하여 제출할 수 있다.

제3조(확정일자부여 방법 등)
① 관할 세무서장은 계약서 원본의 여백(여백이 없는 경우에는 뒷면을 말한다)에 별지 제2호서식의 확정일자인을 찍고, 확정일자인의 인영(인영) 안에 날짜와 확정일자번호를 아라비아숫자로 적은 후 같은 서식의 확정일자용 관인(관인)을 날인하는 방법으로

확정일자를 부여한다.

② 계약서가 두 장 이상인 경우에는 간인(간인)해야 한다. 다만, 간인은 구멍 뚫기 방식으로 갈음할 수 있다. 〈개정 2022.2.7〉

③ 관할 세무서장은 확정일자를 부여한 계약서를 복사하여 사본과 원본을 간인한 후 원본을 신청인에게 내준다.

④ 관할 세무서장은 별지 제3호서식에 따라 영 제3조제4항 각 호의 사항을 적은 확정일자부를 작성하여야 한다.

제4조(이해관계인의 범위 등)

① 영 제3조의2제3호에서 "법무부령으로 정하는 자"란 해당 싱가건물 또는 대지의 등기부에 기록되어 있는 환매권자, 지상권자, 전세권자, 질권자, 저당권자 · 근저당권자, 임차권자, 신탁등기의 수탁자, 가등기권리자, 압류채권자 및 경매개시결정의 채권자를 말한다.

② 영 제3조의3제1항제7호에서 "법무부령으로 정하는 사항"이란 임대차의 목적이 상가건물의 일부분인 경우 그 부분의 도면을 말한다.

제5조(임대차 정보제공 요청방법)

① 영 제3조의2에 따른 이해관계인과 임대차계약을 체결하려는 자가 영 제3조의3에 따라 임대차 정보의 제공을 요청하는 경우 관할 세무서장에게 별지 제4호서식의 임대차 정보제공 요청서를 작성하여 제출하여야 한다. 다만, 제4조제2항에 따른 상가건물 도면을 요청하는 경우에는 별지 제5호서식에 따른 도면 제공 요청서를 작성하여 제출하여야 한다.

② 제1항의 요청인은 주민등록증, 운전면허증, 여권 또는 외국인등록증 등 본인을 확인할 수 있는 서류를 제시하여야 한다.

③ 이해관계인이 임대차 정보의 제공을 요청하는 경우에는 관할 세무서장에게 제1항에 따른 요청서에 다음 각 호의 서류를 첨부하여 제출하여야 한다.

  1. 영 제3조의2제1호의 경우: 계약서 등 해당 상가건물의 계약당사자임을 증명하는 서류

  2. 영 제3조의2제2호의 경우: 해당 상가건물의 등기사항증명서 등 소유자임을 증명하는 서류

3. 영 제3조의2제3호의 경우: 해당 상가건물 또는 그 대지의 등기사항증명서 등 권리자임을 증명하는 서류

4. 영 제3조의2제4호의 경우: 채권양도증서 등 우선변제권을 승계하였음을 증명하는 서류

5. 영 제3조의2제5호의 경우: 법원의 판결문

④ 임대차계약을 체결하려는 자가 임대차 정보의 제공을 요청하는 경우에는 제1항에 따른 요청서에 다음 각 호의 서류를 첨부하여 제출하여야 한다.

1. 임대인의 동의서

2. 임대인의 신분증명서 사본, 인감증명서, 본인서명사실 확인서 등 임대인의 동의를 받았음을 증명할 수 있는 서류

제6조(임대차 정보제공 방법)

① 임대차 정보의 제공은 관할 세무서장이 별지 제6호서식의 상가건물임대차 현황서를 열람하도록 하거나 교부하는 방법으로 한다. 다만, 도면의 경우에는 임차인이 제출한 도면을 열람하게 하거나 사본을 내주는 방법으로 한다.

② 제1항에 따른 상가건물임대차 현황서의 열람 또는 제공은 전자적 방법으로 할 수 있다.

부칙 〈제854호, 2015.11.13〉

이 규칙은 2015년 11월 14일부터 시행한다.

부칙(어려운 법령용어 정비를 위한 32개 법령의 일부개정에 관한 법무부령) 〈제1022호, 2022.2.7〉

이 규칙은 공포한 날부터 시행한다.

4. 임차권등기명령 절차에 관한 규칙

[시행 2023. 7. 19] [대법원규칙 제3102호, 2023. 7. 14, 일부개정]

제1조(목적)

이 규칙은 주택임대차보호법과 상가건물임대차보호법이 임차권등기명령절차의 시행에 관하여 대법원규칙에 위임한 사항 및 기타 주택임대차보호법과 상가건물임대차보호법의 시행에 필요한 사항을 규정함을 목적으로 한다.

제2조(임차권등기명령신청서의 기재사항등)

① 임차권등기명령신청서에는 다음 각호의 사항을 기재하고 임차인 또는 대리인이 기명날인 또는 서명하여야 한다. 〈개정 2002. 6. 28., 2002. 10. 30., 2007. 10. 29.〉

1. 사건의 표시
2. 임차인과 임대인의 성명, 주소, 임차인의 주민등록번호(임차인이나 임대인이 법인 또는 법인 아닌 단체인 경우에는 법인명 또는 단체명, 대표자, 법인등록번호, 본점 · 사업장소재지)
3. 대리인에 의하여 신청할 때에는 그 성명과 주소
4. 임대차의 목적인 주택 또는 건물의 표시(임대차의 목적이 주택 또는 건물의 일부인 경우에는 그 목적인 부분을 표시한 도면을 첨부한다)
5. 반환받지 못한 임차보증금액 및 차임(주택임대차보호법 제12조 또는 상가건물임대차보호법 제17조의 등기하지 아니한 전세계약의 경우에는 전세금)
6. 신청의 취지와 이유
7. 첨부서류의 표시
8. 연월일
9. 법원의 표시

② 신청이유에는 임대차계약의 체결 사실 및 계약내용과 그 계약이 종료한 원인 사실을 기재하고, 임차인이 신청 당시에 이미 「주택임대차보호법」 제3조제1항부터 제3항까지의 규정에 따른 대항력을 취득한 경우에는 임차주택을 점유하기 시작한 날과 주민등

록을 마친 날(제3조제2항 또는 제3항의 규정에 따른 대항력을 취득한 경우에는 지방자치단체장 또는 해당 법인이 선정한 입주자 또는 직원이 그 주택을 점유하기 시작한 날과 주민등록을 마친 날을 말한다. 이하 같다)을, 제3조의2제2항의 규정에 의한 우선변제권을 취득한 경우에는 임차주택을 점유하기 시작한 날, 주민등록을 마친 날과 임대차계약증서상의 확정일자를 받은 날을, 「상가건물 임대차보호법」 제3조제1항에 따른 대항력을 취득한 경우에는 임차건물을 점유하기 시작한 날과 사업자등록을 신청한 날을, 제5조제2항에 따른 우선변제권을 취득한 경우에는 임차건물을 점유하기 시작한 날, 사업자등록을 신청한 날과 임대차계약서상의 확정일자를 받은 날을 각 기재하여야 한다. 〈개정 2002. 10. 30., 2007. 10. 29., 2013. 12. 31.〉

③ 임차권등기명령신청서에는 2,000원의 인지를 붙여야 한다.

제3조(임차권등기명령신청서의 첨부서류)

임차권등기명령신청서에는 다음 각호의 서류를 첨부하여야 한다. 〈개정 2007. 10. 29., 2011. 9. 28., 2013. 12. 31.〉

1. 임대인의 소유로 등기된 주택 또는 건물에 대하여는 등기사항증명서
2. 임대인의 소유로 등기되지 아니한 주택 또는 건물에 대하여는 즉시 임대인의 명의로 소유권보존등기를 할 수 있음을 증명할 서면
3. 주택임차권등기명령신청의 경우에는 임대차계약증서, 상가건물임차권등기명령신청의 경우에는 임대차계약서
4. 임차인이 신청 당시에 이미 「주택임대차보호법」제3조제1항부터 제3항까지의 규정에 따른 대항력을 취득한 경우에는 임차주택을 점유하기 시작한 날과 주민등록을 마친 날을 소명하는 서류, 제3조의2제2항에 따른 우선변제권을 취득한 경우에는 임차주택을 점유하기 시작한 날과 주민등록을 마친 날을 소명하는 서류 및 공정증서로 작성되거나 확정일자가 찍혀있는 임대차계약증서, 「상가건물 임대차보호법」 제3조제1항에 따른 대항력을 취득한 경우에는 임차건물을 점유하기 시작한 날과 사업자등록을 신청한 날을 소명하는 서류, 제5조제2항에 따른 우선변제권을 취득한 경우에는 임차건물을 점유하기 시작한 날과 사업자등록을 신청한 날을 소명하는 서류 및 관할 세무서장의 확정일자가 찍혀있는 임대차계약서
5. 주택임차권등기명령신청의 경우 임대차목적물에 관한 등기부상의 용도가 주거시설이 아닌 경우에는 임대차계약체결시부터 현재까지 주거용으로 사용하고 있음을 증

명하는 서류, 상가건물임차권등기명령신청의 경우 임대차목적물의 일부를 영업용으로 사용하지 아니하는 경우에는 임대차계약체결시부터 현재까지 그 주된 부분을 영업용으로 사용하고 있음을 증명하는 서류

제4조(임차권등기명령의 효력발생시기등)

① 임차권등기명령의 신청에 대한 재판은 결정으로 한다.

② 제1항의 결정은 당사자에게 송달하여야 한다.

③ 임차권등기명령은 임대인에게 그 결정이 송달된 때 또는 제5조 단서의 규정에 따른 등기가 된 때에 효력이 생긴다.

제5조(임차권등기의 촉탁)

법원사무관등은 임차권등기명령의 결정이 임대인에게 송달된 때에는 지체 없이 초각서에 결정 등본을 첨부하여 등기관에게 임차권등기의 기입을 촉탁하여야 한다. 다만, 주택임차권등기명령의 경우에는 임대인에게 임차권등기명령의 결정을 송달하기 전에도 임차권등기의 기입을 촉탁할 수 있다.

제6조(임차권등기의 기록사항)

등기관은 제5조의 규정에 의한 법원사무관등의 촉탁에 의하여 임차권등기를 하는 경우에 주택임차권등기는 임대차계약을 체결한 날 및 임차보증금액, 임대차의 목적인 주택의 범위(임대차의 목적이 주택의 일부인 경우에는 그 목적인 부분을 표시한 도면의 번호를 함께 기록한다), 임차주택을 점유하기 시작한 날, 주민등록을 마친 날, 임대차계약증서상의 확정일자를 받은 날을 기록하고, 등기의 목적을 주택임차권이라고 기록하며, 상가건물임차권등기는 임대차계약을 체결한 날, 임대차의 목적인 건물의 범위(임대차의 목적이 건물의 일부인 경우에는 그 목적인 부분을 표시한 도면의 번호를 함께 기록한다), 임차보증금액, 임차건물을 점유하기 시작한 날, 사업자등록을 신청한 날, 임대차계약서상의 확정일자를 받은 날을 기록하고, 등기의 목적을 상가건물임차권이라고 기록하여야 한다. 이 경우 차임의 약정이 있는 때에는 이를 기록하여야 한다. 〈개정 2007. 10. 29., 2013. 12. 31., 2020. 5. 1.〉

제7조(등기완료통지서의 송부)

등기관은 제5조의 규정에 의한 법원사무관등의 촉탁에 의하여 임차권등기의 기입을 마친 후에 등기완료통지서을 작성하여 촉탁법원에 송부하여야 한다. 〈개정 2002. 6. 28., 2011. 9. 28.〉

제8조(민사소송법의 준용)
주택임대차보호법 제3조의3제4항 및 상가건물임대차보호법 제6조제4항의 규정에 의한 항고에 대하여는 민사소송법 제3편제3장의 항고에 관한 규정을 준용한다.

제9조(임차권등기명령의 대위신청)
① 「민법」 제404조의 대위신청에 의한 임차권등기명령에 따라 임차권등기를 하는 경우에는 「부동산등기법」 중 채권자대위에 의한 등기절차에 관한 규정을 준용한다.
② 「주택임대차보호법」 제3조의3제9항 또는 「상가건물 임대차보호법」 제6조제9항의 대위신청에 의한 임차권등기명령에 따라 임차권등기를 하는 경우에는 「부동산등기법」 중 「민법」 제404조 외의 법령에 따른 대위등기절차에 관한 규정을 준용한다. 이 경우 임차권등기의 대위원인으로 보증금반환채권의 양수 일자와 그 취지를 적는다.

부　　칙 〈대법원규칙 제1592호, 1999. 2. 27.〉
이 규칙은 1999. 3. 1부터 시행한다.

부　　칙 〈대법원규칙 제1781호, 2002. 6. 28.〉
이 규칙은 2002. 7. 1.부터 시행한다.

부　　칙 〈대법원규칙 제1797호, 2002. 10. 30.〉
① (시행일) 이 규칙은 2002년 11월 1일부터 시행한다.
② (적용례) 이 규칙은 이 규칙 시행후 체결되거나 갱신된 임대차부터 적용한다.

부　　칙 〈대법원규칙 제2105호, 2007. 10. 29.〉
이 규칙은 2007년 11월 4일부터 시행한다.

부   칙 〈대법원규칙 제2356호, 2011. 9. 28.〉

제1조(시행일) 이 규칙은 2011년 10월 13일부터 시행한다. 〈단서 생략〉

제2조부터 제4조까지 생략

제5조(다른 규칙의 개정) ①부터 ⑩까지 생략

⑪ 임차권등기명령 절차에 관한 규칙 일부를 다음과 같이 개정한다.

제3조제1호 중 "등기부등본"을 "등기사항증명서"로 한다.

제7조의 제목 "(등기필증의 송부)"를 "(등기완료통지서의 송부)"로 하고, 같은 조 중 "등기필증"을 "등기완료통지서"로 한다.

⑫ 생략

제6조 생략

부   칙 〈대법원규칙 제2513호, 2013. 12. 31.〉

제1조(시행일) 이 규칙은 2014년 1월 1일부터 시행한다.

제2조(경과조치) 이 규칙은 이 규칙 시행 당시 법원에 계속 중인 사건에도 적용한다.

부   칙 〈대법원규칙 제2895호, 2020. 5. 1.〉

① (시행일) 이 규칙은 공포한 날부터 시행한다.

② (계속사건에 관한 적용례) 이 규칙은 이 규칙 시행 당시 법원에 계속 중인 사건에 대하여도 적용한다.

부   칙 〈대법원규칙 제3102호, 2023. 7. 14.〉

제1조(시행일) 이 규칙은 2023년 7월 19일부터 시행한다.

제2조(계속사건에 관한 적용례) 이 규칙은 이 규칙 시행 전에 내려져 이 규칙 시행 당시 임대인에게 송달되지 아니한 임차권등기명령에 대해서도 적용한다.

5. 임차권등기에 관한 업무처리 지침

개정 2011. 10. 11. [등기예규 제1382호, 시행 2011. 10. 13.]

1. 목적

이 예규는 당사자의 신청에 의한 임차권설정등기, 임차권등기명령을 원인으로 한 임차권등기, 임차권이전 및 임차물전대의 등기에 관한 사항을 규정함을 목적으로 한다.

2. 당사자의 신청에 의한 임차권설정등기

가. 신청서의 기재사항

1) 「민법」 제621조에 의한 임차권설정등기(이하 "임차권설정등기"라 한다)의 경우신청서에 「부동산등기법」 제74조에서 정한 사항을 기재하여야 하나, 차임을 정하지 아니하고 보증금의 지급만을 내용으로 하는 임대차 즉 "채권적 전세"의 경우에는 차임을 기재하지 아니한다. 임차권의 목적이 토지 또는 건물의 일부인 때에는 임차권의 범위를 특정하여 기재하여야 한다.

2) 「주택임대차보호법」 제3조의4에 의한 주택임차권설정등기(이하 "주택임차권설정등기"라 한다)의 경우주택임차인이 「주택임대차보호법」 제3조의4제2항의 규정에 의하여 임대인의 협력을 얻어 주택임차권설정등기를 신청하는 때에는, 신청서에 위 1)에서 정한 사항 이외에 주민등록을 마친 날과 임차주택을 점유하기 시작한 날(「주택임대차보호법」 제3조제2항의 규정에 따른 대항력을 취득한 경우에는 지방자치단체장 또는 해당 법인이 선정한 입주자가 주민등록을 마친 날과 그 주택을 점유하기 시작한 날을 말한다. 이하 같다)을 기재하여야 하고, 주택임차인이 「주택임대차보호법」 제3조의2제2항의 요건을 갖춘 때에는 임대차계약증서(「주택임대차보호법」 제3조제2항의 경우에는 법인과 임대인 사이의 임대차계약증서를 말한다. 이하 같다)상의 확정일자를 받은 날도 기재하여야 한다.

3) 「상가건물임대차보호법」 제7조에 의한 상가건물임차권설정등기(이하 "상가건물임차

권설정등기"라 한다)의 경우상가건물임차인이 「상가건물임대차보호법」 제7조제2항의 규정에 의하여 임대인의 협력을 얻어 상가건물임차권설정등기를 신청하는 때에는, 신청서에 위 1)에서 정한 사항 이외에 사업자등록을 신청한 날과 임차상가건물을 점유하기 시작한 날을 기재하여야 하고, 상가건물임차인이 「상가건물임대차보호법」 제5조제2항의 요건을 갖춘 때에는 임대차계약서상의 확정일자를 받은 날도 기재하여야 한다.

나. 첨부서면
1) 신청서에 등기의무자의 인감증명ㆍ등기필정보와 임대차계약서(임차인이 「주택임대차보호법」 제3조의2제2항이나 「상가건물임대치보호법」 제7조제2항에서 정한 요건을 갖춘 때에는 공정증서로 작성되거나 확정일자를 받은 임대차계약서)를 첨부하여야 하고, 임대차의 목적이 토지 또는 건물의 일부분인 때에는 지적도 또는 건물의 도면을 첨부하여야 한다.

2) 주택임차권설정등기를 신청할 때에는 위 1)에서 정한 서면 외에 임차주택을 점유하기 시작한 날을 증명하는 서면(예: 임대인이 작성한 점유사실확인서)과 주민등록을 마친 날을 증명하는 서면으로 임차인(「주택임대차보호법」 제3조제2항의 경우에는 지방자치단체장 또는 해당 법인이 선정한 입주자를 말한다)의 주민등록등(초)본을 첨부하여야 한다.

3) 상가건물임차권설정등기를 신청할 때에는 위 1)에서 정한 서면 외에 임차상가건물을 점유하기 시작한 날을 증명하는 서면(예: 임대인이 작성한 점유사실확인서)과 사업자등록을 신청한 날을 증명하는 서면을 첨부하여야 한다.

3. 임차권등기명령을 원인으로 한 임차권등기
가. 임차권등기명령에 의한 주택임차권등기(이하 "주택임차권등기"라 한다)를 하는 경우에는 임대차계약을 체결한 날 및 임차보증금액(「주택임대차보호법」 제3조제2항의 경우에는 법인과 임대인 사이에 임대차계약을 체결한 날 및 임차보증금액을 말한다), 임차주택을 점유하기 시작한 날, 주민등록을 마친 날, 임대차계약증서상의 확정일자를 받은 날을 등기기록에 기록하고, 등기의 목적을 "주택임차권"이라고

하여야 한다. 이 경우 차임의 약정이 있는 때에는 이를 기록한다.

나. 임차권등기명령에 의한 상가건물임차권등기(이하 "상가건물임차권등기"라 한다)를 하는 경우에는 임대차계약을 체결한 날, 임차보증금액, 임차상가건물을 점유하기 시작한 날, 사업자등록을 신청한 날, 임대차계약서상의 확정일자를 받은 날을 등기기록에 기록하고, 등기의 목적을 "상가건물임차권"이라고 하여야 한다. 이 경우 차임의 약정이 있는 때에는 이를 기록한다.

다. 미등기 주택이나 상가건물에 대하여 임차권등기명령에 의한 등기촉탁이 있는 경우에는 등기관은 「부동산등기법」 제66조의 규정에 의하여 직권으로 소유권보존등기를 한 후 주택임차권등기나 상가건물임차권등기를 하여야 한다.

4. 임차권이전 및 임차물전대의 등기

임대차의 존속기간이 만료된 경우와 주택임차권등기 및 상가건물임차권등기가 경료된 경우에는, 그 등기에 기초한 임차권이전등기나 임차물전대등기를 할 수 없다.

5. 등록면허세

임차권등기명령에 의한 경우이든 신청에 의한 경우이든 차임이 있는 경우에는 「지방세법」 제28조제1항제1호(다)목 5)의 규정에 따른 세액을 납부하고, 차임이 없는 경우에는 같은 조 같은 항 같은 호 마목의 규정에 따른 세액을 납부한다. 임차권이전 및 임차물전대의 등기를 신청하는 경우에도 마찬가지이다.

6. 기록례

관련 기록례는 별지주)와 같다.

주 : 위 기록례는 부동산등기기재례집 제268항부터 제278항까지 참조

부 칙(2007. 10. 24. 제1213호)

이 예규는 2007. 11. 4.부터 시행한다.

부 칙(2011. 10. 11. 제1382호)

이 예규는 2011년 10월 13일부터 시행한다.

(기재례1) 부동산의 일부에 대한 임차권설정등기

【 을 구 】			(소유권 이외의 권리에 관한 사항)	
순위 번호	등기목적	접수	등기원인	권리자 및 기타사항
2	임차권설정	2007년 6월8일 제6231호	2007년 6월7일 설정계약	임차보증금: 금30,000,000원 차임: 월 금100,000원 차임지급시기: 매월 말일 범위: 건물 2층 동남쪽 40㎡ 존속기간: 2007년 6월 8일부터 2009년 　　　6월 7일까지 임차권자: 김갑동 560508-1456223 　　　서울특별시 서초구 서초동 12 도면편철장: 제3책 제5면

(기재례2) 당사자의 신청에 의한 주택임차권설정등기

【 을 구 】			(소유권 이외의 권리에 관한 사항)	
순위 번호	등기목적	접수	등기원인	권리자 및 기타사항
2	주택임차권 설정	2007년 6월8일 제6232호	2007년 6월1일 설정계약	임차보증금: 금80,000,000원 차임: 월 금200,000원 차임지급시기: 매월 말일 범위: 주택 전부 존속기간: 2007년 6월 5일부터 2009년 　　　6월 4일까지 주민등록일자: 2007년 6월 5일 점유개시일자: 2007년 6월 5일 확정일자: 2007년 6월 5일 임차권자: 이을동 360408-1456923 　　　서울특별시 노원구 중계동 24

※ 「주택임대차보호법」 제3조 제2항의 규정에 따라 대항력을 취득한 법인(「대한주택공사법」에 따른 대한주택공사 및 「지방공기업법」 제49조의 규정에 따라 주택사업을 목적으로 설립된 지방공사에 한함)이 임차권자인 경우, 주민등록일자와 점유개시일자란에는 지방자치단체장 또는 해당 법인이 선정한 입주자가 주민등록을 마친 날과 그 주택을 점유하기 시작한 날을 기재함.

(기재례3) 임차권등기명령을 원인으로 한 주택임차권등기

【 을 구 】	(소유권 이외의 권리에 관한 사항)			
순위 번호	등기목적	접수	등기원인	권리자 및 기타사항
2	주택임차권	2007년 6월8일 제6233호	2007년 6월 5일 서울중앙지방 법원의 임차권등기명령 (2007카기780)	임차보증금: 금80,000,000원 차임: 월 금200,000원 범위: 주택 전부 임대차계약일자: 2005년 5월 20일 주민등록일자: 2005년 5월 23일 점유개시일자: 2005년 5월 23일 확정일자: 2005년 5월 23일 임차권자: 박병동 450521-1456223 　　　서울특별시 성북구 종암동 36

(기재례4) 당사자의 신청에 의한 상가건물임차권설정등기

【 을 구 】	(소유권 이외의 권리에 관한 사항)			
순위 번호	등기목적	접수	등기원인	권리자 및 기타사항
2	상가건물임차 권설정	2007년 6월8일 제6234호	2007년 6월1일 설정계약	임차보증금: 금80,000,000원 차임: 월 금200,000원 차임지급시기: 매월 말일 범위: 상가건물 전부 존속기간: 2007년 6월 5일부터 2009년 　　　6월 4일까지 사업자등록신청일자: 2007년 6월 5일 점유개시일자: 2007년 6월 5일 확정일자: 2007년 6월 5일 임차권자: 최정동 680509-1453779 　　　서울특별시 강서구 방화동 48

(기재례5) 임차권등기명령을 원인으로 한 상가건물임차권등기

【 을 구 】	(소유권 이외의 권리에 관한 사항)			
순위	등기목적	접수	등기원인	권리자 및 기타사항

번호				
2	상가건물 임차권	2007년 6월8일 제6235호	2007년 6월5일 서울중앙지방 법원의 임차권등기명령 (2007카기356)	임차보증금 금80,000,000원 차임: 월 금200,000원 범위: 상가건물 전부 임대차계약일자: 2005년 5월 20일 사업자등록신청일자: 2005년 5월 23일 점유개시일자: 2005년 5월 23일 확정일자: 2005년 5월 23일 임차권자: 김갑순 730516-2456223 서울특별시 서초구 방배동 52

(기재례6) 미등기 주택이나 상가건물에 대한 등기명령에 의한 경우

【 갑 구 】	(소유권에 관한 사항)			
순위 번호	등기목적	접수	등기원인	권리자 및 기타사항
1	소유권 보존			소유자 이을순 621011-2345678 서울특별시 광진구 자양동 임차권등기의 촉탁으로 인하여 2007년 6월 8일 등기

【 을 구 】	(소유권 이외의 권리에 관한 사항)			
순위 번호	등기목적	접수	등기원인	권리자 및 기타사항
2	주택 (상가건물) 임차권	2007년 6월8일 제6236호	2007년 6월 5일 서울중앙지방 법원의 임차권등기명령 (2007카기351)	임차보증금: 금80,000,000원 차임: 월 금200,000원 범위: 주택(상가건물) 전부 임대차계약일자: 2005년 5월 20일 주민등록일자(사업자등록신청일자): 20 05년 5월 23일 점유개시일자: 2005년 5월 23일 확정일자: 2005년 5월 23일 임차권자: 김영희 650302-2345679 서울특별시 강남구 청담동

확정일자 신청서

※ 색상이 어두운 난은 신청인이 적지 않습니다.

(앞쪽)

접수번호		처리기간　즉시	

임차인 (신청인)	성명(법인명)	주민(법인)등록번호	
	상호	사업자등록번호	
	주소(본점)	전화번호	휴대전화번호

| 임대인 | 성명(법인명) | 주민(법인)등록번호 | |
| | 주소(본점) | 전화번호 | 휴대전화번호 |

임대차 계약내용	상가건물 소재지(임대차 목적물) *상가건물명, 동, 호수 등 구체적으로 기재*		
	계약일	임대차기간	
	보증금	차임	
	면적(㎡) 　　　　㎡	확정일자번호	

※ 아래 난은 대리인에게 확정일자 신청을 위임하는 경우 적습니다.

신청인은 아래 위임받은 자에게 확정일자 신청에 관한 사항을 위임합니다.

위임 받은 자	성명	주민등록번호
	신청인과의 관계	전화번호

「상가건물 임대차보호법」 제5조제2항에 따른 확정일자를 신청합니다.

년   월   일

신청인   (서명 또는 인)

위임받은 자   (서명 또는 인)

세무서장 귀하

유의사항

1. 임차한 상가건물이 주로 사업에 이용되는 경우만 신청대상이며, 주로 주거에 이용되는 경우에는 「주택임대차보호법」에 따라 신청하여야 합니다.
2. 「상가건물 임대차보호법」의 적용을 받기 위해서는 임차부동산의 소재지를 사업자등록증상의 사업장 소재지 등 공적 장부상 소재지와 일치되도록 적어야 합니다.
3. 「상가건물 임대차보호법」 제2조제1항 단서에 따른 보증금액을 초과하는 임대차의 경우 확정일자 부여를 신청할 수 없습니다.

210mm×297mm[백상지 80g/㎡]

첨부 서류	1. 상가건물 임대차계약서 원본
	2. 주민등록증, 운전면허증, 여권 또는 외국인등록증 등 신청인(또는 대리인)의 신분을 확인할 수 있는 서류
	3. 상가건물의 일부분을 임차한 경우 상가건물 도면(뒷면 상가건물 도면 양식 또는 별지로 제출)

상가건물 도면

※ 상가건물의 일부분을 임차한 경우에는 상가건물 도면을 제출해야 합니다.

임차인 (신청인)	성명(법인명) (서명 또는 인)		주민(법인)등록번호	
	상호		사업자등록번호	
	주소(본점)		전화번호	휴대전화번호

[도 면]

작성요령 1. 상가건물의 전체면적(㎡)과 해당 임차부분의 면적(㎡) 등을 표시합니다.

2. 평면도 등으로 작성하며, 통로·주출입구 등을 표시합니다.

3. 해당 임차부분을 빗금으로 표시합니다.

4. 임대차목적물의 면적이 변동된 경우 최종 총면적과 위치를 표시합니다.

5. 상가건물의 형상, 길이, 위치 등을 적어 위 도면으로 제3자가 해당 임차건물의 위치를 정확히 인지할 수 있도록 작성해야 합니다.

■ 상가건물 임대차계약서상의 확정일자 부여 및 임대차 정보제공에 관한 규칙 [별지 제2호서식]

《확정일자인》

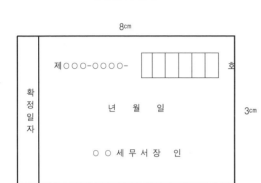

《확정일자용 관인》

50mm×30mm[재질: 고무]

확정일자부

상가건물 소재지(임대차 목적물):

확정일자 번호	확정 일자 부여일	임대인 성명, 주민등록번호	임대차기간	
		임차인 성명, 주민등록번호	면적	
		임차인 상호·사업자등록번호	보증금	차임

210㎜×297㎜[백상지80g/㎡]

■ 상가건물 임대차계약서상의 확정일자 부여 및 임대차 정보제공에 관한 규칙 [별지 제4호서식]

임대차 정보제공 요청서

※ 색상이 어두운 난은 신청인이 적지 않습니다.

(앞쪽)

접수번호		접수일자	발급일		처리기간 즉시

요청인	성명(법인명)	주민(법인)등록번호		사업자등록번호
	주소 또는 본점(주사무소) 소재지		휴대전화번호: 주소지 전화번호: 사업장 전화번호	
	□ 이해관계인*(해당 번호에 체크)* 1. 해당 상가건물의 임대인, 2. 해당 상가건물의 임차인, 3. 해당 상가건물의 소유자 4. 해당 상가건물 또는 그 대지의 등기부에 기록된 권리자 *(환매권자, 지상권자, 전세권자, 질권자, 저당권자, 근저당권자, 임차권자, 신탁등기의* *수탁자, 가등기권리자, 압류채권자 및 경매개시결정의 채권자 중 기재)* 5. 「상가건물 임대차보호법」 제5조제7항에 따라 우선변제권을 승계한 금융기관 6. 임대차 정보의 제공에 관하여 법원의 판결을 받은 자			
	□ 임대차계약을 체결하려는 자			
정보제공 대상	상가건물 소재지(임대차 목적물) *상가건물명, 동, 호수 등 임대차계약의 대상이 되는 상가의 범위를 구체적으로 기재합니다.*			
	상가건물 중 해당 임대차 대상 부분을 특정할 수 있는 표지 *'출입문에서 오른쪽 ○㎡' 등 임대차 대상을 특정할 수 있도록 구체적으로 기재합니다.*			
	등기 기록상 소유자	주민(법인)등록번호		
		사업자등록번호		
제공방법	1. 열람 ( ) 2. 출력물 교부 ( )			

「상가건물 임대차보호법」 제4조에 따라 위 건물 임대차에 대한 정보제공을 요청합니다.

년   월   일

(서명 또는 인)

요청인 성명

○○○ 세무서의 장   귀하

210mm×297mm[백상지 80g/㎡]

아래 난은 대리인에게 임대차 정보제공 요청을 위임하는 경우 적습니다.

요청인은 아래 위임받은 자에게 「상가건물 임대차보호법」 제4조에 따른 임대차 정보제공 요청 및 열람, 출력물 수령에 관한 일체의 권리와 의무를 위임합니다.

년   월   일

위임자

(서명 또는 인)

위임 받은 자	성명		주민등록번호	
	신청인과의 관계		전화번호	

아래 난은 '임대차 계약을 체결하려는 자'가 임대차 정보제공을 요청할 경우 임대인이 동의를 해 주었음을 확인하는 난입니다(별도 서식으로도 가능합니다).

임대인은 아래 임대차계약을 체결하려는 자의 「상가건물 임대차보호법」 제4조에 따른 임대차 정보제공 요청 및 열람, 출력물 수령에 관하여 동의합니다.

년   월   일

임대인

(서명 또는 인)

임대인	성명	주민(법인)등록번호
		전화번호
임대차계약을 체결하려는 자	성명	주민(법인)등록번호
		전화번호

첨부서류

1. 주민등록증, 운전면허증, 여권 또는 외국인등록증 등 요청인(대리인 포함)의 신분을 확인할 수 있는 서류
2. 이해관계인임을 증명할 수 있는 서류
3. 임대차계약을 체결하려는 자의 경우 임대인의 동의서 및 임대인의 신분을 확인할 수 있는 신분증 사본 등

유의사항

1. 임대차 정보제공은 「상가건물 임대차보호법」 제4조에 따라 요청자가 이해관계인이거나 임대차계약을 체결하려는 자로서 임대인의 동의를 받은 경우에만 허용됩니다.
2. 관할 세무서 아닌 세무서에 임대차 정보제공 요청서를 제출하더라도 관할 세무서장으로부터 임대차정보를 제공받을 수 있습니다.
3. 정보제공 요청은 「상가건물 임대차보호법」 제2조제1항 단서에 따른 보증금액을 초과하지 않는 임대차의 경우에 가능합니다.

■ 상가건물 임대차계약서상의 확정일자 부여 및 임대차 정보제공에 관한 규칙 [별지 제5호서식]

도면 제공 요청서

※ 색상이 어두운 난은 신청인이 적지 않습니다.

(앞쪽)

접수번호		접수일자		발급일		처리기간	3일

요청인	성명(법인명)		주민등록번호(법인등록번호)	사업자등록번호
	주소 또는 본점(주사무소) 소재지		휴대전화번호: 주소지 전화번호: 사업장 전화번호	
	□ 이해관계인 *(해당 번호 체크)* 1. 해당 상가건물의 임대인, 2. 해당 상가건물의 임차인, 3. 해당 상가건물의 소유자 4. 해당 상가건물 또는 그 대지의 등기부에 기록된 권리자 *(환매권자, 지상권자, 전세권자, 질권자, 저당권자, 근저당권자, 임차권자, 신탁등기의* *수탁자, 가등기권리자, 압류채권자 및 경매개시결정의 채권자 중 기재)* 5. 「상가건물 임대차보호법」 제5조제7항에 따라 우선변제권을 승계한 금융기관 6. 임대차 정보의 제공에 관하여 법원의 판결을 받은 자			
	□ 임대차계약을 체결하려는 자			
정보제공 대상	상가건물소재지 *상가건물명, 동, 호수 등 임대차 계약의 대상이 되는 상가의 범위를 구체적으로 적습니다.*			
	상가건물 중 해당 임대차 대상 부분을 특정할 수 있는 표지 *'출입문에서 오른쪽 ○㎡' 등 임대차 대상을 특정할 수 있도록 구체적으로 적습니다.*			
	등기 기록상 소유자	주민(법인)등록번호		
		사업자등록번호		
제공방법	1. 열람 ( ) 2. 사본 교부 ( )			

「상가건물 임대차보호법」 제4조에 따라 상가건물 임대차의 대상이 된 상가건물의 도면 제공을 요청합니다.

년   월   일

(서명 또는 인)

요청인 성명

○○○ 세무서의 장   귀하

210mm×297mm[백상지 80g/㎡]

☐ 보증금 있는 월세
☐ 전세   ☐ 월세

상가건물 임대차 표준계약서

임대인(이름 또는 법인명 기재)과 임차인(이름 또는 법인명 기재)은 아래와 같이 임대차 계약을 체결한다

[임차 상가건물의 표시]

소 재 지				
토 지	지목		면적	m²
건 물	구조·용도		면적	m²
임차할부분			면적	m²
유의사항: 임차할 부분을 특정하기 위해서 도면을 첨부하는 것이 좋습니다.				

[계약내용]

제1조(보증금과 차임) 위 상가건물의 임대차에 관하여 임대인과 임차인은 합의에 의하여 보증금 및 차임을 아래와 같이 지급하기로 한다.

보 증 금	금		원정(₩	)	
계 약 금	금	원정(₩	)은 계약시에 지급하고 수령함. 수령인 (	인)	
중 도 금	금	원정(₩	)은 _____년_____월_____일에 지급하며		
잔 금	금	원정(₩	)은 _____년_____월_____일에 지급한다		
차임(월세)	금 (입금계좌:	원정(₩	)은 매월 일에 지급한다. 부가세 ☐ 불포함 ☐ 포함)		
환산보증금	금		원정(₩	)	
유의사항: ① 당해 계약이 환산보증금을 초과하는 임대차인 경우 확정일자를 부여받을 수 없고, 전세권 등을 설정할 수 있습니다 ② 보증금 보호를 위해 등기사항증명서, 미납국세, 상가건물 확정일자 현황 등을 확인하는 것이 좋습니다 ※ 미납국세·선순위확정일자 현황 확인방법은 "별지"참조					

제2조(임대차기간) 임대인은 임차 상가건물을 임대차 목적대로 사용·수익할 수 있는 상태로 _____년

______월 _____일까지 임차인에게 인도하고, 임대차기간은 인도일로부터 ______년 _______월 ______일까지로 한다.

제3조(임차목적) 임차인은 임차 상가건물을 ________(업종)을 위한 용도로 사용한다.

제4조(사용 · 관리 · 수선) ① 임차인은 임대인의 동의 없이 임차 상가건물의 구조·용도 변경 및 전대나 임차권 양도를 할 수 없다.

② 임대인은 계약 존속 중 임차 상가건물을 사용 · 수익에 필요한 상태로 유지하여야 하고, 임차인은 임대인이 임차 상가건물의 보존에 필요한 행위를 하는 때 이를 거절하지 못한다.

③ 임차인이 임대인의 부담에 속하는 수선비용을 지출한 때에는 임대인에게 그 상환을 청구할 수 있다.

제5조(계약의 해제) 임차인이 임대인에게 중도금(중도금이 없을 때는 잔금)을 지급하기 전까지, 임대인은 계약금의 배액을 상환하고, 임차인은 계약금을 포기하고 계약을 해제할 수 있다.

제6조(채무불이행과 손해배상) 당사자 일방이 채무를 이행하지 아니하는 때에는 상대방은 상당한 기간을 정하여 그 이행을 최고하고 계약을 해제할 수 있으며, 그로 인한 손해배상을 청구할 수 있다. 다만, 채무자가 미리 이행하지 아니할 의사를 표시한 경우의 계약해제는 최고를 요하지 아니한다.

제7조(계약의 해지) ① 임차인은 본인의 과실 없이 임차 상가건물의 일부가 멸실 기타 사유로 인하여 임대차의 목적대로 사용, 수익할 수 없는 때에는 임차인은 그 부분의 비율에 의한 차임의 감액을 청구할 수 있다. 이 경우에 그 잔존부분만으로 임차의 목적을 달성할 수 없는 때에는 임차인은 계약을 해지할 수 있다.

② 임대인은 임차인이 3기의 차임액에 달하도록 차임을 연체하거나, 제4조 제1항을 위반한 경우 계약을 해지할 수 있다.

제8조(계약의 종료와 권리금회수기회 보호) ① 계약이 종료된 경우에 임차인은 임차 상가건물을 원상회복하여 임대인에게 반환하고, 이와 동시에 임대인은 보증금을 임차인에게 반환하여야 한다.

② 임대인은 임대차기간이 끝나기 6개월 전부터 임대차 종료 시까지 「상가건물임대차보호법」 제10조의4제1항 각 호의 어느 하나에 해당하는 행위를 함으로써 권리금 계약에 따라 임차인이 주선한 신규임차인이 되려는 자로부터 권리금을 지급받는 것을 방해하여서는 아니 된다. 다만, 「상가건물임대차보호법」 제10조제1항 각 호의 어느 하나에 해당하는 사유가 있는 경우에는 그러하지 아니하다.

③ 임대인이 제2항을 위반하여 임차인에게 손해를 발생하게 한 때에는 그 손해를 배상할 책임이 있다. 이 경우 그 손해배상액은 신규임차인이 임차인에게 지급하기로 한 권리금과 임대차 종료 당시의 권리금 중 낮은 금액을 넘지 못한다.

④ 임차인은 임대인에게 신규임차인이 되려는 자의 보증금 및 차임을 지급할 자력 또는 그 밖에 임차인으로서의 의무를 이행할 의사 및 능력에 관하여 자신이 알고 있는 정보를 제공하여야 한다.

제9조(재건축 등 계획과 갱신거절) 임대인이 계약 체결 당시 공사시기 및 소요기간 등을 포함한 철거 또는 재건축 계획을 임차인에게 구체적으로 고지하고 그 계획에 따르는 경우, 임대인은 임차인이 상가건물임대차보호법 제10조 제1항 제7호에 따라 계약갱신을 요구하더라도 계약갱신의 요구를 거절할 수 있다.

제10조(비용의 정산) ① 임차인은 계약이 종료된 경우 공과금과 관리비를 정산하여야 한다.

② 임차인은 이미 납부한 관리비 중 장기수선충당금을 소유자에게 반환 청구할 수 있다. 다만, 임차 상가건물에 관한 장기수선충당금을 정산하는 주체가 소유자가 아닌 경우에는 그 자에게 청구할 수 있다.

제11조(중개보수 등) 중개보수는 거래 가액의 ________% 인 ___________원(부가세 □ 불포함 □

포함)으로 임대인과 임차인이 각각 부담한다. 다만, 개업공인중개사의 고의 또는 과실로 인하여 중개의뢰인간의 거래행위가 무효·취소 또는 해제된 경우에는 그러하지 아니하다.

제12조(중개대상물 확인·설명서 교부) 개업공인중개사는 중개대상물 확인·설명서를 작성하고 업무보증관계증서(공제증서 등) 사본을 첨부하여 임대인과 임차인에게 각각 교부한다.

[특약사항]

① 입주전 수리 및 개량, ②임대차기간 중 수리 및 개량, ③임차 상가건물 인테리어, ④ 관리비의 지급주체, 시기 및 범위, ⑤귀책사유 있는 채무불이행 시 손해배상액예정 등에 관하여 임대인과 임차인은 특약할 수 있습니다.

본 계약을 증명하기 위하여 계약 당사자가 이의 없음을 확인하고 각각 서명날인 후 임대인, 임차인, 개업공인중개사는 매 장마다 간인하여, 각각 1통씩 보관한다.   년   월   일

별지)

〈 계약 체결 시 꼭 확인하세요 〉

【당사자 확인 / 권리순위관계 확인 / 중개대상물 확인·설명서 확인】

① 신분증·등기사항증명서 등을 통해 당사자 본인이 맞는지, 적법한 임대·임차권한이 있는지 확인합니다.

② 대리인과 계약 체결 시 위임장·대리인 신분증을 확인하고, 임대인(또는 임차인)과 직접 통화하여 확인하여야 하며, 보증금은 가급적 임대인 명의 계좌로 직접 송금합니다.

③ **중개대상물 확인·설명서**에 누락된 것은 없는지, 그 내용은 어떤지 꼼꼼히 확인하고 서명하여야 합니다.

【대항력 및 우선변제권 확보】

① 임차인이 **상가건물의 인도와 사업자등록**을 마친 때에는 그 다음날부터 제3자에게 임차권을 주장할 수 있고, 환산보증금을 초과하지 않는 임대차의 경우 계약서에 **확정일자**까지 받으면, 후순위권리자나 그 밖의 채권자에 우선하여 변제받을 수 있습니다.

※ 임차인은 최대한 신속히 ① 사업자등록과 ② 확정일자를 받아야 하고, 상가건물의 점유와 사업자등록은 임대차 기간 중 계속 유지하고 있어야 합니다.

② **미납국세와 확정일자 현황**은 임대인의 동의를 받아 임차인이 관할 세무서에서 확인할 수 있습니다.

〈 계약기간 중 꼭 확인하세요 〉

【계약갱신요구】

① 임차인이 임대차기간이 만료되기 6개월 전부터 1개월 전까지 사이에 계약갱신을 요구할 경우 임대인은 정당한 사유(3기의 차임액 연체 등, 상가건물 임대차보호법 제10조제1항 참조) 없이 거절하지 못합니다.

② 임차인의 계약갱신요구권은 최초의 임대차기간을 포함한 전체 임대차기간이 10년을 초과하지 아니하는 범위에서만 행사할 수 있습니다.

③ 갱신되는 임대차는 전 임대차와 동일한 조건으로 다시 계약된 것으로 봅니다. 다만, 차임과 보증금은 청구당시의 차임 또는 보증금의 100분의 5의 금액을 초과하지 아니하는 범위에서 증감할 수 있습니다.

> ※ 환산보증금을 초과하는 임대차의 계약갱신의 경우 상가건물에 관한 조세, 공과금, 주변 상가건물의 차임 및 보증금, 그 밖의 부담이나 경제사정의 변동 등을 고려하여 차임과 보증금의 증감을 청구할 수 있습니다.

【묵시적 갱신 등】

① 임대인이 임대차기간이 만료되기 6개월 전부터 1개월 전까지 사이에 임차인에게 갱신 거절의 통지 또는 조건 변경의 통지를 하지 않으면 종전 임대차와 동일한 조건으로 자동 갱신됩니다.

> ※ 환산보증금을 초과하는 임대차의 경우 임대차기간이 만료한 후 임차인이 임차물의 사용, 수익을 계속하는 경우에 임대인이 상당한 기간내에 이의를 하지 아니한 때에는 종전 임대차와 동일한 조건으로 자동 갱신됩니다. 다만, 당사자는 언제든지 해지통고가 가능합니다.

② 제1항에 따라 갱신된 임대차의 존속기간은 1년입니다. 이 경우, 임차인은 언제든지 계약을 해지할 수 있지만 임대인은 계약서 제8조의 사유 또는 임차인과의 합의가 있어야 계약을 해지할 수 있습니다.

〈 계약종료 시 꼭 확인하세요 〉

【보증금액 변경시 확정일자 날인】

계약기간 중 보증금을 증액하거나, 재계약을 하면서 보증금을 증액한 경우에는 증액된 보증금액에 대한 우선변제권을 확보하기 위하여 반드시 **다시 확정일자**를 받아야 합니다.

【임차권등기명령 신청】

임대차가 종료된 후에도 보증금이 반환되지 아니한 경우 임차인은 임대인의 동의 없이 임차건물 소재지 관할 법원에서 임차권등기명령을 받아, **등기부에 등재된 것을 확인하고 이사**해야 우선변제 순위를 유지할 수 있습니다. 이때, 임차인은 임차권등기명령 관련 비용을 임대인에게 청구할 수 있습니다.

【임대인의 권리금 회수방해금지】

임차인이 신규임차인으로부터 권리금을 지급받는 것을 임대인이 방해하는 것으로 금지되는 행위는 ① 임차인이 주선한 신규임차인이 되려는 자에게 권리금을 요구하거나, 임차인이 주선한 신규임차인이 되려는 자로부터 권리금을 수수하는 행위, ② 임차인이 주선한 신규임차인이 되려는 자로 하여금 임차인에게 권리금을 지급하지 못하게 하는 행위, ③ 임차인이 주선한 신규임차인이 되려는 자에게 상가건물에 관한 조세, 공과금, 주변 상가건물의 차임 및 보증금, 그 밖의 부담에 따른 금액에 비추어 현저히 고액의 차임 또는 보증금을 요구하는 행위, ④ 그 밖에 정당한 이유 없이 임차인이 주선한 신규임차인이 되려는 자와 임대차계약의 체결을 거절하는 행위입니다.

임대인이 임차인이 주선한 신규임차인과 임대차계약의 체결을 거절할 수 있는 정당한 이유로는 예를 들어 ① 신규임차인이 되려는 자가 보증금 또는 차임을 지급할 자력이 없는 경우, ② 신규임차인이 되려는 자가 임차인으로서의 의무를 위반할 우려가 있거나, 그 밖에 임대차를 유지하기 어려운 상당한 사유가 있는 경우, ③ 임대차목적물인 상가건물을 1년 6개월 이상 영리목적으로 사용하지 않는 경우, ④ 임대인이 선택한 신규임차인이 임차인과 권리금 계약을 체결하고 그 권리금을 지급한 경우입니다.

아래 난은 대리인에게 임대차 정보제공 요청을 위임하는 경우 적습니다.

요청인은 아래 위임받은 자에게 「상가건물 임대차보호법」 제4조에 따른 임대차 정보제공 요청 및 열람, 사본 수령에 관한 일체의 권리와 의무를 위임합니다.

년   월   일

위임자   (서명 또는 인)

위임 받은 자	성명	주민등록번호
	신청인과의 관계	전화번호

아래 난은 '임대차 계약을 체결하려는 자'가 임대차 정보제공을 요청할 경우 임대인이 동의를 해 주었음을 확인하는 난입니다(별도 서식으로도 가능합니다).

임대인은 아래 임대차계약을 체결하려는 자의 「상가건물 임대차보호법」 제4조에 따른 임대차 정보제공 요청 및 열람, 사본 수령에 관하여 동의합니다.

년   월   일

임대인   (서명 또는 인)

임대인	성명	주민(법인)등록번호
		전화번호
임대차계약을 체결하려는 자	성명	주민(법인)등록번호
		전화번호

첨부서류

1. 주민등록증, 운전면허증, 여권 또는 외국인등록증 등 요청인(대리인 포함)의 신분을 확인할 수 있는 서류
2. 이해관계인임을 증명할 수 있는 서류
3. 임대차계약을 체결하려는 자의 경우 임대인의 동의서 및 임대인의 신분을 확인할 수 있는 신분증 사본 등

유의사항

1. 임대차 대상이 된 상가건물 도면의 제공 요청은 상가건물 일부 임대차의 경우에만 가능합니다.
2. 도면의 제공 요청은 임차인이 제출한 도면이 보관되어 있는 세무서에서만 가능합니다.
3. 임대차 정보제공은 「상가건물 임대차보호법」 제4조에 따라 요청자가 이해관계인이거나 임대차계약을 체결하려는 자로서 임대인의 동의를 받은 경우에만 허용됩니다.
4. 정보제공 요청은 「상가건물 임대차보호법」 제2조제1항 단서에 따른 보증금액을 초과하지 않는 임대차의 경우에 가능합니다.

상가건물 임대차 권리금계약서

임차인(이름 또는 법인명 기재)과 신규임차인이 되려는 자(이름 또는 법인명 기재)는 아래와 같이 권리금계약을 체결한다.

※ 임차인은 권리금을 지급받는 사람을, 신규임차인이 되려는 자(이하 「신규임차인」이라한다)는 권리금을 지급하는 사람을 의미한다.

[임대차목적물인 상가건물의 표시]

소 재 지		상 호	
임대면적		전용면적	
업 종		허가(등록)번호	

[임차인의 임대차계약 현황]

임 대 차 관 계	임차보증금		월 차 임		
	관 리 비		부가가치세	별도( ), 포함( )	
	계약기간	년 월 일부터 년 월 일까지(월)			

[계약내용]

제1조(권리금의 지급) 신규임차인은 임차인에게 다음과 같이 권리금을 지급한다.

총 권리금	금 원정(₩)		
계 약 금	금 원정은 계약시에 지급하고 영수함. 영수자((인))		
중 도 금	금 년 월 일에 지급한다.		
잔 금	금 년 월 일에 지급한다.		
	※ 잔금지급일까지 임대인과 신규임차인 사이에 임대차계약이 체결되지 않는 경우 임대차계약체결일을 잔금지급일로 본다.		

제2조(임차인의 의무) ① 임차인은 신규임차인을 임대인에게 주선하여야 하며, 임대인과 신규임차인 간에 임대차계약이 체결될 수 있도록 협력하여야 한다.

② 임차인은 신규임차인이 정상적인 영업을 개시할 수 있도록 전화가입권의 이전, 사업등록의 폐지 등에 협력하여야 한다.

③ 임차인은 신규임차인이 잔금을 지급할 때까지 권리금의 대가로 아래 유형·무형의 재산적 가치를 이전한다.

유형의 재산적 가치	영업시설·비품 등
무형의 재산적 가치	거래처, 신용, 영업상의 노하우, 상가건물의 위치에 따른 영업상의 이점 등

※ 필요한 경우 이전 대상 목록을 별지로 첨부할 수 있다.

④ 임차인은 신규임차인에게 제3항의 재산적 가치를 이전할 때까지 선량한 관리자로서의 주의의무를 다하여 제3항의 재산적 가치를 유지·관리하여야 한다.

⑤ 임차인은 본 계약체결 후 신규임차인이 잔금을 지급할 때까지 임차목적물상 권리관계, 보증금, 월차임 등 임대차계약 내용이 변경된 경우 또는 영업정지 및 취소, 임차목적물에 대한 철거명령 등 영업을 지속할 수 없는 사유가 발생한 경우 이를 즉시 신규임차인에게 고지하여야 한다.

제3조(임대차계약과의 관계) 임대인의 계약거절, 무리한 임대조건 변경, 목적물의 훼손 등 임차인과 신규임차인의 책임 없는 사유로 임대차계약이 체결되지 못하는 경우 본 계약은 무효로 하며, 임차인은 지급받은 계약금 등을 신규임차인에게 즉시 반환하여야 한다.

제4조(계약의 해제 및 손해배상) ① 신규임차인이 중도금(중도금 약정이 없을 때는 잔금)을 지급하기 전까지 임차인은 계약금의 2배를 배상하고, 신규임차인은 계약금을 포기하고 본 계약을 해제할 수 있다.

② 임차인 또는 신규임차인이 본 계약상의 내용을 이행하지 않는 경우 그 상대방은 계약상의 채무를 이행하지 않은 자에 대해서 서면으로 최고하고 계약을 해제할 수 있다.

③ 본 계약체결 이후 임차인의 영업기간 중 발생한 사유로 인한 영업정지 및 취소, 임차목적물에 대한 철거명령 등으로 인하여 신규임차인이 영업을 개시하지 못하거나 영업을 지속할 수 없는 중대한 하자가 발생한 경우에는 신규임차인은 계약을 해제하거나 임차인에게 손해배상을 청구할 수 있다. 계약을 해제하는 경우에도 손해배상을 청구할 수 있다.

④ 계약의 해제 및 손해배상에 관하여는 이 계약서에 정함이 없는 경우 「민법」의 규정에 따른다.

[특약사항]

본 계약을 증명하기 위하여 계약 당사자가 이의 없음을 확인하고 각각 서명 또는 날인한다.

년   월   일

임 차 인	주 소						(인)
	성 명		주민등록번호		전화		
대 리 인	주 소						
	성 명		주민등록번호		전화		
신규임차인	주 소						(인)
	성 명		주민등록번호		전화		
대 리 인	주 소						
	성 명		주민등록번호		전화		

작 성 요 령

1. 이 계약서는 권리금 계약에 필요한 기본적인 사항만을 제시하였습니다. 따라서 권리금 계약을 체결하려는 당사자는 이 표준계약서와 **다른 내용을 약정할 수 있습니다.**

2. 이 계약서의 일부 내용은 현행 「상가건물임대차보호법」을 기준으로 한 것이므로 계약당사자는 법령이 개정되는 경우에는 개정내용에 부합되도록 기존의 계약을 수정 또는 변경할 수 있습니다. 개정법령에 **강행규정이 추가되는 경우**에는 반드시 그 개정규정에 따라 계약내용을 수정하여야 하며, 수정계약서가 작성되지 않더라도 **강행규정에 반하는 계약내용은 무효로 될 수 있습니다.**

3. 임차인이 신규임차인에게 이전해야 할 대상은 **개별적으로 상세하게 기재**합니다. 기재되지 않은 시설물 등은 이 계약서에 의한 이전 대상에 포함되지 않습니다.

4. 계약내용 제3조 **"무리한 임대조건 변경"** 등의 사항에 대해 구체적으로 특약을 하면, 추후 임대차 계약조건에 관한 분쟁을 예방할 수 있습니다.

   (예: 보증금 및 월차임 oo% 인상 등)

5. 신규임차인이 임차인이 영위하던 **영업을 양수**하거나, 임차인이 사용하던 **상호를 계속사용**하는 경우, **상법 제41조(영업양도인의 경업금지), 상법 제42조(상호를 속용하는 양수인의 책임)** 등 상법 규정을 참고하여 특약을 하면, 임차인과 신규임차인간 분쟁을 예방할 수 있습니다.

   (예: 임차인은 oo동에서 음식점 영업을 하지 않는다, 신규임차인은 임차인의 영업상의 채무를 인수하지 않는다 등)

   > 상법 제41조(영업양도인의 경업금지) ① 영업을 양도한 경우에 다른 약정이 없으면 양도인은 10년간 동일한 특별시·광역시·시·군과 인접 특별시·광역시·시·군에서 동종영업을 하지 못한다.
   > ② 양도인이 동종영업을 하지 아니할 것을 약정한 때에는 동일한 특별시·광역시·시·군과 인접 특별시·광역시·시·군에 한하여 20년을 초과하지 아니한 범위내에서 그 효력이 있다.

   > 상법 제42조(상호를 속용하는 양수인의 책임) ① 영업양수인이 양도인의 상호를 계속 사용하는 경우에는 양도인의 영업으로 인한 제3자의 채권에 대하여 양수인도 변제할 책임이 있다.
   > ② 전항의 규정은 양수인이 영업양도를 받은 후 지체없이 양도인의 채무에 대한 책임이 없음을 등기한 때에는 적용하지 아니한다. 양도인과 양수인이 지체없이 제3자에 대하여 그 뜻을 통지한 경우에 그 통지를 받은 제3자에 대하여도 같다.

■ 상가건물 임대차계약서상의 확정일자부여 및 임대차 정보제공에 관한 규칙 [별지 제6호서식]

상가건물 임대차 현황서

발급번호		처리기간	즉시

대상	상가건물 소재지(임대차목적물)		
임대인	성명	주민등록번호(앞부분 6자리)	
	※ 법인(법인 아닌 단체)의 경우		
	법인명(단체명) 대표자	법인등록번호(사업자등록번호 또는 고유번호)	

임차인별 현황 (□ 전부 □ 일부)

구분	인적사항 :성명(법인명), 주민등록번호(법인등록번호), 법인 등의 대표자 ※ 주민등록번호는 앞부분 6자리만 제공				
	사업자등록 신청일 (정정신고일)	위치 (건물명, 층· 열·호수)	면적(㎡)	임대차기간	보증금
					차임
	확정일자 부여일 ※ 새로운 확정일자 부여일이 있는 경우 차례대로 적습니다.				
1					
2					
3					

「상가건물 임대차보호법」 제4조에 따라 요청한 상가건물 임대차의 현황은 위와 같습니다.
※ 「상가건물임대차보호법」 제2조제1항 단서에 따른 보증금액을 초과하지 않는 임대차의 현황을 의미합니다.

년 월 일

○○○ 세무서의 장 [인]

210㎜×297㎜(백상지(80g/㎡)

홈택스(www.hometax.go.kr)에 서도 신청할 수 있습니다.

사업자등록 신청서(개인사업자용)

(법인이 아닌 단체의 고유번호 신청서)

※ 사업자등록의 신청 내용은 영구히 관리되며, 납세 성실도를 검증하는 기초자료로 활용됩니다.
   아래 해당 사항을 사실대로 작성하시기 바라며, 신청서에 본인이 자필로 서명해 주시기 바랍니다.
※ [ ]에는 해당되는 곳에 √표를 합니다.

(앞쪽)

접수번호		처리기간	3일(보정기간은 불산입)
			* 2020.7.1. 신청분부터 2일

1. 인적사항

상호(단체명)		연락처	(사업장 전화번호)
			(주소지 전화번호)
성명(대표자)			**(휴대전화번호)**
주민등록번호			(FAX 번호)

사업장(단체) 소재지	층 호
사업장이 주소지인 경우 주소지 이전 시 사업장 소재지 자동 정정 신청	([ ]여, [ ]부)

2. 사업장 현황

업 종	주업태	주종목	주생산요소	주업종 코드	**개업일**	종업원 수
	부업태	부종목	부생산요소	부업종 코드		

사이버몰 명칭		사이버몰 도메인	

사업장 구분	자가 면적	타가 면적	사업장을 빌려준 사람 (임 대 인)			임대차 명세		
			성 명 (법인명)	사업자 등록번호	주민(법인) 등록번호	임대차 계약기간	(전세) 보증금	월 세 (차 임)

	m²	m²			··· · ~ ···	원	원
허 가 등 사업 여부	[ ]신고 [ ]등록 [ ]허가 [ ]해당 없음		주류면허	면허번호		면허신청	
						[ ]여 [ ]부	
개별소비세 해 당 여 부	[ ]제조 [ ]판매 [ ]입장 [ ]유흥		사업자 단위 과세 적용 신고 여부			[ ]여 [ ]부	
사업자금 명세 (전세보증금 포함)	자기자금		원	타인자금			원
간이과세 적용 신고 여부	[ ]여 [ ]부		간이과세 포기 신고 여부			[ ]여 [ ]부	
전자우편주소			국세청이 제공하는 국세정보 수신동의	[ ]문자(SMS) 수신에 동의함(선택) [ ]전자우편 수신에 동의함(선택)			
그 밖의 신청사항	확정일자 신청 여부	공동사업자 신청 여부	사업장소 외 송달장소 신청 여부	양도자의 사업자등록번호 (사업양수의 경우에만 해당함)			
	[ ]여 [ ]부	[ ]여 [ ]부	[ ]여 [ ]부				

210mm×297mm[백상지(80g/㎡) 또는 중질지(80g/㎡)]

3. 사업자등록 신청 및 사업 시 유의사항 (아래 사항을 반드시 읽고 확인하시기 바랍니다)

가. 다른 사람에게 사업자명의를 빌려주는 경우 사업과 관련된 각종 세금이 명의를 빌려준 사람에게 나오게 되어 다음과 같은 불이익이 있을 수 있습니다.

  1) 조세의 회피 및 강제집행의 면탈을 목적으로 자신의 성명을 사용하여 타인에게 사업자등록을 할 것을 허락하거나 자신 명의의 사업자등록을 타인이 이용하여 사업을 영위하도록 한 자는 「조세범 처벌법」 제11조제2항에 따라 1년 이하의 징역 또는 1천만원 이하의 벌금에 처해집니다.

  2) 소득이 늘어나 국민연금과 건강보험료를 더 낼 수 있습니다.

  3) 명의를 빌려간 사람이 세금을 못 내게 되면 체납자가 되어 소유재산의 압류·공매처분, 체납명세의 금융회사 등 통보, 출국규제 등의 불이익을 받을 수 있습니다.

나. 다른 사람의 명의로 사업자등록을 하고 실제 사업을 하는 것으로 확인되는 경우 다음과 같은 불이익이 있을 수 있습니다.

  1) 조세의 회피 또는 강제집행의 면탈을 목적으로 타인의 성명을 사용하여 사업자등록을 하거나 타인 명의의 사업자등록을 이용하여 사업을 영위한 자는 「조세범 처벌법」 제11조제1항에 따라 2년 이하의 징역 또는 2천만원 이하의 벌금에 처해집니다.

  2) 「부가가치세법」 제60조제1항제2호에 따라 사업 개시일부터 실제 사업을 하는 것으로 확인되는 날의 직전일까지의 공급가액 합계액의 1%에 해당하는 금액을 납부세액에 더하여 납부해야 합니다.

  3) 「주민등록법」 제37조제10호에 따라 다른 사람의 주민등록번호를 부정하게 사용한 자는 3년 이하의 징역 또는 3천만원 이하의 벌금에 처해집니다.

다. 귀하가 재화 또는 용역을 공급하지 않거나 공급받지 않고 세금계산서 또는 계산서를 발급하거나 발급받은 경우 또는 이와 같은 행위를 알선·중개한 경우에는 「조세범 처벌법」 제10조제3항 또는 제4항에 따라 3년 이하의 징역 또는 공급가액에 부가가치세의 세율을 적용하여 계산한 세액의 3배 이하에 상당하는 벌금에 처해집니다.

라. 신용카드 가맹 및 이용은 반드시 사업자 본인 명의로 해야 하며 사업상 결제목적 외의 용도로 신용카드를 이용할 경우 「여신전문금융업법」 제70조제3항제2호부터 제6호까지의 규정에 따라 3년 이하의 징역 또는 2천만원 이하의 벌금에 처해집니다.

창업자 멘토링 서비스	신청 여부	[ ]여 [ ]부

※ 세무대리인을 선임하지 못한 경우 신청 가능하며, 서비스 제공 요건을 충족하지 못한 경우 서비스가 제공되지 않을 수 있음

대리인이 사업자등록신청을 하는 경우에는 아래의 위임장을 작성하시기 바랍니다.

위 임 장	본인은 사업자등록 신청과 관련한 모든 사항을 아래의 대리인에게 위임합니다. 본 인:　　　　　　　　　(서명 또는 인)

대리인 인적사항	성명	주민등록번호	전화번호	신청인과의 관계

위에서 작성한 내용과 실제 사업자 및 사업내용 등이 일치함을 확인하며, 「부가가치세법」 제8조제1항·제3항, 제61조제3항, 같은 법 시행령 제11조제1항·제2항, 제109조제4항, 같은 법 시행규칙 제9조제1항·제2항 및 「상가건물 임대차보호법」 제5조제2항에 따라 사업자등록 ([ ]일반과세자[ ]간이과세자[ ]면세사업자[ ]그 밖의 단체) 및 확정일자를 신청합니다.

년　　　월　　　일

신청인:　　　　(서명 또는 인)

위 대리인:　　　　(서명 또는 인)

세무서장　귀하

신고인 제출서류	1. 사업허가증 사본, 사업등록증 사본 또는 신고확인증 사본 중 1부(법령에 따라 허가를 받거나 등록 또는 신고를 해야 하는 사업의 경우에만 제출합니다) 2. 임대차계약서 사본 1부(사업장을 임차한 경우에만 제출합니다) 3. 「상가건물 임대차보호법」이 적용되는 상가건물의 일부분을 임차한 경우에는 해당 부분의 도면 1부 4. 자금출처명세서 1부(금지금 도매·소매업, 과세유흥장소에서의 영업, 액체연료 및 관련제품 도매업, 기체연료 및 관련제품 도매업, 차량용 주유소 운영업, 차량용 가스 충전업, 가정용 액체연료 소매업, 가정용 가스연료 소매업, 재생용 재료 수집 및 판매업을 하려는 경우에만 제출합니다)	수수료 없음

유의사항

사업자등록을 신청할 때 다음 각 호의 사유에 해당하는 경우에는 붙임의 서식 부표에 추가로 적습니다.
1. 공동사업자가 있는 경우
2. 사업장 외의 장소에서 서류를 송달받으려는 경우
3. 사업자 단위 과세 적용을 신청하려는 경우(2010년 이후부터 적용)

210mm×297mm[백상지(80g/㎡) 또는 중질지(80g/㎡)]

적용대상사건 및 당사자 1인당 송달료납부기준

송달료 및 수송달자 적용대상사건		당사자 1인당 납부기준	수송달자
1. 민사	민사제1심합의사건(가합)	15회	원고, 피고등
	민사제1심단독사건(가단)	15회	〃
	민사소액사건(가소)	10회	〃
	민사항소사건(나)	12회	항소인, 피항소인 등
	민사상고사건(다)	8회	상고인, 피상고인
	민사항고사건(라)	5회	항고인, 상대방
	민사재항고사건(마)	5회	재항고인, 상대방
	민사특별항고사건(그)	3회	특별항고인, 상대방
	민사준항고사건(바)	3회	항고인, 상대방
	화해사건(자)	4회	신청인, 상대방
	독촉사건(차)	6회	채권자, 채무자
	전자독촉사건(차전)	6회	채권자, 채무자
	가압류, 가처분사건(카합, 카단)	3회	신청인, 상대방
	임시의 지위를 정하는 가처분사건 (카합, 카단)	8회	신청인, 상대방
	가압류, 가처분결정에 대한 이의, 취 소(집행취소는 제외) 사건(카합, 카 단)	8회	〃
	공시최고사건(카공)	3회	신청인(신문광고 의뢰포함)
	담보취소사건(카담)	2회	신청인, 상대방
	담보제공, 담보물변경, 담보권리행 사최고사건(카담)	2회(단, 담보권리행사최고사건은 3회)	〃
	재산명시등사건(카명)	5회	신청인, 상대방
	채무불이행자명부등재, 명부등재말 소사건(카불)	5회	채권자, 채무자
	임차권등기명령등사건(카임)	3회	신청인, 피신청인
	강제집행정지사건(카정)	2회	신청인, 피신청인
	판결(결정)경정사건(카경)	2회	신청인, 피신청인
	제소명령사건(카소)	2회	신청인, 피신청인

재산조회(카조)	2회(단, 우편에 의하여 재산조회를 실시하는 조회대상 기관의 수를 가산한다)	신청인
소송구조사건(카구)	신청인수×2회	신청인 등
기타 민사신청사건(카기) (위헌법률심판제청사건은 제외)	2회(단, 의사표시의 공시송달, 법관·직원기피신청, 법원사무관등의 처분에 대한 이의사건은 신청인수×1회)	신청인, 상대방
소송비용액확정신청사건(카확)	3회	신청인, 피신청인
부동산등 경매사건(타경)	(신청서상의 이해관계인+3)×10회	채권자, 채무자, 이해관계인 등
채권등 집행사건(타채), 기타 집행사건(타기)	2회(단, 송달을 요하지 아니한 경우에는 제외)	채권자, 채무자, 제3채무자
부동산인도명령사건(타인)	3회	신청인, 피신청인
민사조정사건(머)	5회	신청인, 피신청인
비송사건(비합, 비단)(과태료사건은 제외)	2회	신청인, 사건본인 등
과태료결정에 대한 이의신청사건 (과)	3회	신청인, 검사
회생합의사건(회합)	40회 + (채권자수×3회)	신청인 등
회생단독사건(회단)	40회 + (채권자수×3회)	신청인 등
간이회생합의사건(간회합)	40회 + (채권자수×3회)	신청인 등
간이회생단독사건(간회단)	40회 + (채권자수×3회)	신청인 등
회생채권·회생담보권 조사확정사 건(회확)	5회	신청인, 상대방 등
회생 손해배상청구권 조사확정사건 (회기)	5회	신청인, 상대방 등
회생 부인의 청구사건(회기)	5회	신청인, 상대방 등
파산합의사건(하합)	40회 + (채권자수×3회)	신청인, 채무자 등
파산단독사건(하단)	10회 + (채권자수×4회)	신청인, 채무자 등
파산채권 조사확정사건(하확)	5회	신청인, 상대방 등
파산 손해배상청구권 조사확정사건 (하기)	5회	신청인, 상대방 등
파산 부인의 청구사건(하기)	5회	신청인, 상대방 등

	면책사건(하면)	10회 + (채권자수×3회)	신청인 등
	파산 면책취소사건(하기)	5회	신청인, 채무자 등
	복권사건(하기)	10회 + (채권자수×3회)	신청인, 채무자 등
	개인회생사건(개회)	10회 + (채권자수×8회)	신청인, 채권자 등
	개인회생채권 조사확정사건(개확)	5회	신청인, 상대방 등
	개인회생 부인의 청구사건(개기)	5회	신청인, 상대방 등
	개인회생 면책취소사건(개기)	5회	신청인, 채무자 등
	국제도산사건(국승, 국지)	4회	신청인 등
	선박, 유류등책임제한사건(책)	10회	신청인 등
	민사공조사건(러)	2회	당사자, 증인 등
2. 행정	행정제1심사건(구단, 구합)	10회	원고, 피고 등
	행정항소사건(누)	10회	항소인, 피항소인 등
	행정상고사건(두)	8회	상고인, 피상고인
	행정항고사건(루)	3회	항고인, 상대방
	행정재항고사건(무)	5회	재항고인, 상대방
	행정특별항고사건(부)	3회	특별항고인, 상대방
	행정준항고사건(사)	3회	항고인, 상대방
	행정신청사건(아) (위헌법률심판제청사건은 제외)	2회	신청인, 상대방
3. 선거	선거소송사건(수)	10회	원고, 피고 등
	선거상고사건(우)	8회	상고인, 피상고인
	선거항고(재항고, 준항고, 특별항고)사건(수흐)	3회 (단, 재항고사건은 5회)	항고인, 상대방
	선거신청사건(주)	2회	신청인, 상대방
4. 특수	특수소송사건(추)	8회	원고, 피고 등
	특수신청사건(쿠)	2회	신청인, 상대방
5. 특허	특허제1심사건(허)	10회	원고, 피고 등
	특허상고사건(후)	8회	상고인, 피상고인
	특허재항고사건(흐)	5회	재항고인, 상대방
	특허특별(준)항고사건(히)	3회	특별항고인, 상대방
	특허신청사건(카허) (위헌법률심판제청사건은 제외)	5회	신청인, 상대방
6. 가사	가사제1심소송사건(드합, 드단)	15회	원고, 피고 등
	가사항소사건(르)	12회	항소인, 피항소인 등
	가사상고사건(므)	8회	상고인, 피상고인
	가사항고사건(브)	5회	항고인, 상대방

	가사재항고사건(스)	5회	특별항고인, 상대방
	가사특별항고사건(으)	3회	특별항고인, 상대방
	가사신청사건(즈합, 즈단, 즈기) (위헌법률심판제청사건은 제외)	3회[단, 가압류·가처분에 대한 이의, 취소(집행취소는 제외)사건은 8회]	신청인, 상대방
	가사조정사건(너)	5회	신청인, 피신청인
	가사비송사건(느합, 느단)	라류 6회(단, 실종선고, 자의 종전의 성과 본의 계속사용허가, 자의 성과 본의 변경허가, 친양자 입양허가, 미성년자 입양허가 및 피성년후견인의 입양허가 청구사건, 친권자 지정 청구사건, 미성년후견에 관한 사건, 성년후견·한정후견·특정 후견·임의후견에 관한 사건은 각 10회)	청구인 등
		마류 12회	
	가사공조사건(츠)	2회	당사자, 증인 등
7. 가족 관계 등록	개명사건(호명)	6회	신청인
	가족관계등록(제적)비송사건(호기)	6회	신청인
	협의이혼의사확인 신청사건(호협)	2회(단, 부부 중 일방이 재외국민이거나 수감인인 경우에 한함)	신청인, 재외공관 또는 교도소(구치소)의 장
8. 각종사건에 대한 재심, 준재심사건(재심 대 상사건의 부호문자 앞에 "재"를 삽입)		재심대상사건의 송달료납부기준에 의함	원고, 피고 등
9. 각종 사건에 대한 기일지정신청사건(민사 소송법 제268조 제3항, 민사소송규칙 제67조)		기일지정신청대상사건의 송달료납부기준에 의함	원고, 피고 등
10. 인신 보호 사건	인신보호 제1심사건(납부당사자가 피수용자인 사건은 국고처리)	5회	구제청구자, 수용자
	인신보호 항고사건(납부당사자가 피 수용자인 사건은 국고처리)	3회	항고인, 상대방
	인신보호 재항고사건(납부당사자가 피수용자인 사건은 국고처리)	3회	재항고인, 상대방
	임시해제신청사건(납부당사자가 피 수용자인 사건은 국고처리)	3회	신청인, 상대방

[ ] 공동사업자 명세
[ ] 서류를 송달받을 장소

※ [ ]에는 해당되는 곳에 √표를 합니다.

1. 인적사항

상호(단체명)

성명(대표자)

주민등록번호

사업장(단체) 소재지

2. 공동사업자 명세

출자금		원	성립일		
성명	주민등록번호		지분율	관계	출자공동사업자여부

* 소득분배비율과 지분율이 다른 경우에는 소득분배비율을 적습니다.
* 출자공동사업자란 「소득세법 시행령」 제100조제1항에 따라 경영에는 참여하지 않고 출자만 하는 공동사업자를 말합니다.

3. 서류를 송달받을 장소

「국세기본법」 제9조 및 같은 법 시행령 제5조에 따라 사업장이 아닌 다음 장소에서 서류를 송달받고자 합니다.

이 신청서로 등록신청한 사업장에 대하여 발생되는 고지서나 신고안내문 등의 송달주소로 활용됩니다.

　- 구분 : [ ] 1.주민등록상 주소　　　　[ ] 2.기타　(전화번호 :　　　　　)

※ 주민등록상 주소를 선택한 경우 「주민등록법」 제16조에 따라 주소가 이전되면 송달주소가 이전된 주소로 자동으로 변경되는 것에 동의하는 경우 아래의 동의함에 체크하여 주시기 바랍니다.

　　　　　[ ] 동의함　　　　　　　　[ ] 동의하지 않음

송달받을 장소	주소
	전화번호
사유	

210mm×297mm[백상지(80g/㎡) 또는 중질지(80g/㎡)]

사업자 단위 과세 사업자의 종된 사업장 명세서(개인사업자용)

※ [ ]에는 해당되는 곳에 √표를 합니다.

종된 사업장 일련 번호 ( )	상 호		사업장 소재지	종된 사업장 개설일	업종	주업태	주종목	업종코드
			층 호			부업태	부종목	업종코드
	확정 일자 신청	도면 첨부	자가 면적	타가 면적	사업장을 빌려준 사람 (임대인)			임대차명세		
					성명 (법인명)	사업자 등록번호	주민(법인) 등록번호	임대차 계약기간	(전세) 보증금	월세
	예[ ] 부[ ]	예[ ] 부[ ]	㎡	㎡					원	원

종된 사업장 일련 번호 ( )	상 호		사업장 소재지	종된 사업장 개설일	업종	주업태	주종목	업종코드
			층 호			부업태	부종목	업종코드
	확정 일자 신청	도면 첨부	자가 면적	타가 면적	사업장을 빌려준 사람 (임대인)			임대차명세		
					성명 (법인명)	사업자 등록번호	주민(법인) 등록번호	임대차 계약기간	(전세) 보증금	월세
	예[ ] 부[ ]	예[ ] 부[ ]	㎡	㎡					원	원

종된 사업장 일련 번호 ( )	상 호		사업장 소재지	종된 사업장 개설일	업종	주업태	주종목	업종코드
			층 호			부업태	부종목	업종코드
	확정 일자 신청	도면 첨부	자가 면적	타가 면적	사업장을 빌려준 사람 (임대인)			임대차명세		
					성명 (법인명)	사업자 등록번호	주민(법인) 등록번호	임대차 계약기간	(전세) 보증금	월세
	예[ ] 부[ ]	예[ ] 부[ ]	㎡	㎡					원	원

종된 사업장 일련 번호 ( )	상 호		사업장 소재지	종된 사업장 개설일	업종	주업태	주종목	업종코드
						부업태	부종목	업종코드

				층 호				
확정일자신청	도면첨부	자가면적	타가면적	사업장을 빌려준 사람 (임대인)			임대차명세	
				성명(법인명)	사업자등록번호	주민(법인)등록번호	임대차계약기간	(전세)보증금 / 월세
예[ ]부[ ]	예[ ]부[ ]	㎡	㎡					원 / 원

종된사업장일련번호( )	상 호		사업장 소재지	종된 사업장개설일	업종	주업태	주종목	업종코드
			층 호			부업태	부종목	업종코드
	확정일자신청	도면첨부	자가면적	타가면적	사업장을 빌려준 사람 (임대인)		임대차명세	
					성명(법인명) / 사업자등록번호 / 주민(법인)등록번호		임대차계약기간 / (전세)보증금 / 월세	
	예[ ]부[ ]	예[ ]부[ ]	㎡	㎡			원 / 원	

210mm×297mm[백상지(80g/㎡) 또는 중질지(80g/㎡)]

사업자 단위 과세 사업자의 종된 사업장 명세서(법인사업자용)

※ [ ]에는 해당되는 곳에 √표를 합니다.

종된 사업장 일련 번호 ( )	상 호	대표자 성명	대표자 주민등록번호	사업장 소재지	종된 사업장 개설일	업종	주업태	주종목	업종코드
							부업태	부종목	업종코드
				층 호					
	확정 일자 신청	도면 첨부	자가 면적	타가 면적	사업장을 빌려준 사람 (임대인)			임대차명세	
					성명 (법인명)	사업자 등록번호	주민(법인) 등록번호	임대차 계약기간	(전세) 보증금	월세
	예[ ] 뷔[ ]	예[ ] 뷔[ ]	㎡	㎡					원	원

종된 사업장 일련 번호 ( )	상 호	대표자 성명	대표자 주민등록번호	사업장 소재지	종된 사업장 개설일	업종	주업태	주종목	업종코드
							부업태	부종목	업종코드
				층 호					
	확정 일자 신청	도면 첨부	자가 면적	타가 면적	사업장을 빌려준 사람 (임대인)			임대차명세	
					성명 (법인명)	사업자 등록번호	주민(법인) 등록번호	임대차 계약기간	(전세) 보증금	월세
	예[ ] 뷔[ ]	예[ ] 뷔[ ]	㎡	㎡					원	원

종된 사업장 일련 번호 ( )	상 호	대표자 성명	대표자 주민등록번호	사업장 소재지	종된 사업장 개설일	업종	주업태	주종목	업종코드
							부업태	부종목	업종코드
				층 호					
	확정 일자 신청	도면 첨부	자가 면적	타가 면적	사업장을 빌려준 사람 (임대인)			임대차명세	
					성명 (법인명)	사업자 등록번호	주민(법인) 등록번호	임대차 계약기간	(전세) 보증금	월세
	예[ ] 뷔[ ]	예[ ] 뷔[ ]	㎡	㎡					원	원

종된 사업장 일련 번호	상 호	대표자 성명	대표자 주민등록번호	사업장 소재지	종된 사업장 개설일	업종	주업태	주종목	업종코드

						부업태	부종목	업종코드
( )				층 호				

		확정일자신청	도면첨부	자가면적	타가면적	사업장을 빌려준 사람 (임대인)			임대차명세		
						성명(법인명)	사업자등록번호	주민(법인)등록번호	임대차계약기간	(전세)보증금	월세
( )		예[ ]부[ ]	예[ ]부[ ]	㎡	㎡					원	원

종된사업장일련번호	상 호	대표자성명	대표자주민등록번호	사업장소재지	종된 사업장개설일	업종	주업태	주종목	업종코드
							부업태	부종목	업종코드
				층 호					

종된사업장일련번호	확정일자신청	도면첨부	자가면적	타가면적	사업장을 빌려준 사람 (임대인)			임대차명세		
					성명(법인명)	사업자등록번호	주민(법인)등록번호	임대차계약기간	(전세)보증금	월세
( )	예[ ]부[ ]	예[ ]부[ ]	㎡	㎡					원	원

210mm×297mm[백상지(80g/㎡) 또는 중질지(80g/㎡)]

[개정2판]

부동산전문변호사가 알려주는

상가임대차분쟁해법

2024년 3월 20일 개정2판 1쇄 인쇄
2024년 3월 25일 개정2판 1쇄 발행

저　　　자　　김덕은
발 행 인　　　김용성
발 행 처　　　법률출판사
　　　　　　　서울시 동대문구 휘경로 2길3. 4층
　　　　　　　☎ 02) 962- 9154　　　팩스 02) 962- 9156
등 록 번 호　제1- 1982호
ISBN　　　978-89-5821-428-1　　13360
e-mail ：　lawnbook@hanmail.net